文化遗产保护与开发利用

任思远　高　梦　著

天津出版传媒集团
天津科学技术出版社

图书在版编目（CIP）数据

文化遗产保护与开发利用 / 任思远，高梦著. -- 天津：天津科学技术出版社，2023.4
ISBN 978-7-5742-1034-9

Ⅰ. ①文… Ⅱ. ①任… ②高… Ⅲ. ①文化遗产－保护－研究－中国②文化遗产－开发－研究－中国 Ⅳ. ①K203

中国国家版本馆CIP数据核字(2023)第056675号

文化遗产保护与开发利用
WENHUA YICHAN BAOHU YU KAIFA LIYONG

责任编辑：马　悦
责任印制：兰　毅
出　　版：天津出版传媒集团 / 天津科学技术出版社
地　　址：天津市西康路35号
邮　　编：300051
电　　话：（022）23332490
网　　址：www.tjkjcbs.com.cn
发　　行：新华书店经销
印　　刷：定州启航印刷有限公司

开本 710×1000　1/16　印张 13.5　字数 235 000
2023年4月第1版第1次印刷
定价：78.00元

专著简介

早在文明时代之初，人类就已经形成保护和研究文化遗产的传统。随着文明社会的发展、人类文化创造能力的增强和人类文化创造成果及其价值的增加，世界各地的人们也越来越热衷于保护和开发利用文化遗产。中国大运河是人类历史上超大规模水利水运工程的杰作，能为现存的或已消逝的文明或文化传统提供独特的或至少是特殊的见证。它还是一种建筑、建筑群、技术整体或景观的杰出范例，有着极高的文化价值。而文物是古代人们创造的文化遗物，是人类物质文明和精神文明发展史的遗迹，对文物的保护与文物在博物馆的展陈进行研究也有着重要意义。鉴于此，本书前四个章节对物质文化遗产和非物质文化遗产相关内容进行了介绍，分别用两个章节具体对大运河文化和文物的保护与展陈进行了研究。

本书分八章对文化遗产保护与开发利用进行研究。第一章为文化遗产概述，主要对文化遗产的内容进行了介绍，让读者对物质文化遗产和非物质文化遗产产生清晰的认知。第二章到第四章对物质文化遗产和非物质文化遗产的保护与利用进行了研究，具有理论和实践价值。第五章、第六章从大运河文化切入，研究了运河历史与其文化传承。第七章、第八章以文物研究与展陈设计为研究重点，介绍了文物保护的相关知识与博物馆展陈设计。

前　言

文化遗产是文化传统展示与传承的重要载体，是一个国家和民族文脉的显现。文化遗产保护与开发利用是一项系统性工程，必须在文化大视野中给予其合理定位。作为国家重要的文化资源和文化软实力构成要素，文化遗产的合理利用意义重大。我们应主动探寻文化遗产在现代社会传承文脉、重获新生的有效途径。2014 年，中国大运河（以下简称“大运河”）成为世界文化遗产，大运河文化开始受到全社会的关注与重视。大运河是祖先留给我们的宝贵遗产，是流动的文化，要统筹保护好、传承好、利用好。而博物馆作为文化遗产保护与传承的重要阵地，不仅要展示文物，还要突出其文化价值，让观赏者进入博物馆中，在观赏文物的过程中能够正确地领会文物所传达的文化信息。基于以上背景，本书对物质文化遗产和非物质文化遗产相关内容进行了介绍，并从大运河文化研究和文物展陈设计两个角度切入，对文化遗产的保护与开发利用进行了研究。

本书共分八章，由任思远与高梦合著完成。第一主编任思远负责第二章、第四章、第七章、第八章，约 10 万字；第二主编高梦负责第一章、第三章、第五章、第六章，约 10 万字。第一章是文化遗产概述，第二章是物质文化遗产的保护与传承，第三章是非物质文化遗产的保护与传承，第四章是文化遗产的开发利用，第五章是大运河文化研究，第六章是大运河文化的传承与发展，第七章是文物保护研究，第八章是文物展陈设计研究。

由于作者的水平和掌握的资料有限，书中难免存在不足之处，恳请专家、同行和广大读者提出宝贵意见。

任思远　高梦

目　录

第一章　文化遗产概述

第一节　文化遗产的形成

一、文化遗产的概念

“文化遗产”是个合成词，由“文化”和“遗产”两词组成。前者是限定词，后者是中心词。当今国际社会流行的“文化遗产”一词，本是西方人士指称物质形态的人类文化遗存而率先使用的术语，因联合国教科文组织使用于文件，并在第十七届大会上通过了《保护世界文化和自然遗产公约》(以下简称《世界遗产公约》）而为世界各国所接受。与“文化”组合而构成新词的“遗产”之义，则已引申为广义的先人遗留给后代的财产或财富。所谓“文化遗产”，指的是先人遗留给后代的具有文化价值的财产或财富。

早在文明时代之初，人类就已经形成珍惜和研究文化遗产的传统。“文化遗产”概念形成并为世界各国人们普遍接受，则在20世纪中叶以后。

二、古物、古董、古玩与民间文艺

在中国，先秦时期的人们就钟爱宝贵器物或艺术作品。君王不仅将价值高的器物视为国宝收藏在王宫里，还将具有较高价值的民间文学艺术作品征集到朝廷中。尤其是许多珍贵器物被作为权力、地位和身份的象征而赋予了政治、文化的寓意。

民以食为天，鼎为礼器首。本是原始社会末期的陶制食器——鼎，被先民奉为祭祀天地祖先神灵的首位礼器。至夏代，鼎更是被帝王铸造为国家和王权的象征性器物。相传夏禹治平洪水，安定天下，“收九牧之金，铸九鼎，象九州”。从此，九鼎就成了国家和王权的象征、夏商周三代王朝的第一重器且最为宝贵的文化遗产。殷人灭夏，即“鼎迁于商”，以定鼎商都作为夏亡商兴的标志。周人灭商，即“鼎迁于周”，以定鼎周都作为商亡周兴的标志。九鼎也因此成为先秦人心目中最为高贵和渴求一见的宝器。春秋时期，楚庄王率军挺进中原，饮马黄河，观兵周郊，怀着极大的好奇心和非分意，向东周王室派来劳军的使臣“问鼎之大小轻重”，由此形成了历史上著名的“问鼎中原”的典故。遗憾的是，九鼎在战国时代就已经不知去向，未能作为文化遗产保存至今。不过，商周贵族铸造的鼎及簋、鬲、尊、盘等青铜礼器大量遗存至今，而且这些器物上多铭刻有“万年永宝用”“子子孙孙永宝用”等文字，表明当时人们是将其作为珍贵遗产来传承的。当下，以鼎为首的商周青铜礼器成为珍贵的文化遗产，鼎文化也得到了继承和发扬。铸鼎祈愿、铸鼎志庆、铸鼎记事等活动风行全国且长盛不衰。走到各地的风景区内、纪念物前，新铸的大鼎十分常见。2000年，南岳衡山建起了中华寿坛，其顶部放置了一只高 9.9 米、重 56 吨的“中华万寿大鼎”，鼎身铭铸有 1 万个自中国有史以来各朝代、各民族和当代海内外著名人士书写的不同字体的“寿”字，以象征九九归一、中华统一、56 个民族和睦团结、共兴中华，表达海内外炎黄子孙对伟大祖国的深深祝福，祈愿中华统一、国家昌盛、民族团结、家庭幸福。

人以洁为上，玉为君子好。本为山中温润晶莹、细腻坚韧的美石，早在原始社会末期就被先民视为天地万物之结晶的宝玉。先民将其既琢且磨，制成美化自身的配饰和用作祭祀天地鬼神的礼玉。从古至今，玉雕制品，尤其是玉质优良、雕饰精美的制品，一直为世人珍爱。众所周知的“和氏璧”的故事恰恰能说明古人对美玉的珍爱。先秦的君王也致力搜求天下宝物，尤重美玉。战国末年，秦王嬴政欲驱逐客卿，李斯上《谏逐客书》，即在文中写道：“今陛下致昆山之玉，有随、和之宝，垂明月之珠，服太阿之剑，乘纤离之马，建翠凤之旗，树灵鼍之鼓。此数宝者，秦不生一焉，而陛下说之，何也？”可知，李斯所举秦王最爱的数宝中，以玉为首。

商周时期，国人不仅珍爱吉金美玉等器物类的物质文化遗产而予以珍藏传世，也喜爱民间诗歌、音乐、舞蹈等非物质文化遗产而予以搜集整理和表演传承。中国第一部诗歌总集《诗经》所收的“风”诗 160 篇就是周王朝搜集的 15 个诸侯国域或地区的土风民歌，其中不乏传统的民间歌谣。另外，周王朝以及诸侯国的乐官还荟萃各地的民间传统乐舞，用于宫廷表演。屈原

（约公元前 340—公元前 278 年）在《招魂》和《大招》中描写楚国宫廷歌乐舞蹈表演的盛况是“吴歈蔡讴，奏大吕些”“代秦郑卫，鸣竽张只”。屈原的《九歌》即楚地民间祭神乐歌的修改加工之作。虽然丰富的先秦歌谣乐舞等非物质文化遗产大都亡佚，但《国风》和《九歌》有幸传承至今。秦汉以来历朝历代的民间文艺作品和形式也都在文献中有所记录，在文物上有所反映。

无论是吉金美玉等器物类，还是歌谣乐舞等文艺类的文化遗产，古人都不以“文化遗产”名之，而是称器物类的文化遗产为“古物”“古董”（又作“骨董”“汩董”）、“古玩”，或与其他类的物质文化遗产一样直称其名，对文艺类及其他非物质文化遗产也是直称其名。

《辞源》“古物”条云：“古代的器物。《南齐书·孔稚珪传》：‘……君性好古，故遗君古物。’”

《辞海》“骨董”条云：“同‘古董’，指古器物。张萱《疑耀》卷五云：‘骨董’二字，乃方言，初无定字……朱晦庵《语类》乃作‘汩董’，今人作‘古董’字。”称古器物为“骨董”，当是宋人广泛爱好和搜求器物类文化遗产而自宋代流行开来的。宋人吴自牧在《梦粱录》卷十三《团行》中记载：“买卖七宝（泛指多种宝贵的古器物）者，谓之骨董行。”后来，俗称“骨董”为“古董”。“董”有“深藏”之义，“古董”实谓值得珍藏的古物。

“古玩”即可供赏玩的古器物，大概是自元代流行开来的语词。武汉臣（生卒年不详）的元曲剧本《生金阁·楔子》写道：“若到人家里，见了那好古玩好器皿，琴棋书画……教那伴当们借将来。”明清以来，“古玩”成了较“古董”更为大众化的语词。

显然，“古物”“古董”“古玩”之称仅指器物的古旧特征，而且一般指书画、碑帖以外的可供赏玩珍藏的古器物，与涵盖一切有形和无形的人类文化遗存且含有保护与利用意识的“文化遗产”概念不能相提并论。

国人也较早使用了“文化遗产”这一语词或概念，如胡适于 1933 年在美国芝加哥大学发表的著名演说《中国的文艺复兴》中就提及了“文化的遗产”。现今中国政府在法规性文件中也多次使用这一语词。1950 年颁布的《禁止珍贵文物图书出口暂行办法》和 1982 年颁布的《中华人民共和国文物保护法》就使用了“文化遗产”“历史文化遗产”等语词。不过，其所用语词的概念与当今世界流行的同一语词的概念不尽相同，并没有具体、明确的外延界定。

在西方，虽然贵族统治者很早就大力搜求器物类的珍宝，甚至建立了专门的收藏和研究机构，但其只重视其审美价值而以艺术品名之。托勒密·索特尔于公元前 3 世纪建造的专门收藏奇珍异宝的建筑，称为缪斯神庙。众所周知，缪斯（Muse）是古希腊神话中的艺术女神。将收藏珍器宝物的地方名为缪斯神庙，不言而喻是将其收藏视为鬼斧神工的艺术品。英国建立的世界第一家文化遗产收藏、展示和研究场所——阿什莫林博物馆，即采用了因缪斯神庙而新造的英语词汇“museum”。其义既指博物馆，又指美术馆。16世纪后期，英国学者开始重视器物类及其他物质文化遗产的历史价值，将有历史价值的物质文化遗产称为“古物”（antigue），并且成立了保护和研究古物的协会。

西方的“古物”概念较之中国古代的“古物”“古董”“古玩”以及艺术品，其已包含保护文化遗产的意识。1930年，国民政府颁布《古物保存法》，不仅采用了“古物”的概念，还将“古物”界定如下：“本法所称古物是指与考古学、历史学、古生物学及其他与文化有关之一切古物而言。”如此定义“古物”的概念较之西方本初的“古物”概念，有了更为丰富、深刻的含义，不仅范围更加宽泛，还强调其历史价值和文化意义。

三、文物与文化遗产

“古物”之称突出的是“物”之“古”，即物体的历史价值，不能直接突出物体的文化价值，故民国以来国人更习惯用“文物”一词称古物。1935年，北平（今北京）市政府设立了专门负责调查研究和维修保护古代建筑的旧都文物整理委员会，还编辑出版了《旧都文物略》。其所用的“文物”概念已经包含了可移动和不可移动的一切物质形态的文化遗存。

“文物”一词本为古汉语中的熟词。《左传·桓公二年》记载：“夫德，俭而有度，登降有数，文物以纪之，声明以发之；以临照百官，百官于是乎戒惧而不敢易纪律。”在这段话中，“文物”与“声明”（声教文明）对应，指的是礼乐典章制度。历代文献中常用的“文物”一词大都因之所指。《后汉书·南匈奴传论》云：“制衣裳，备文物。”骆宾王《夕次旧吴》云：“文物俄迁谢，英灵有盛衰。”顾炎武《日知录》云：“幽王之亡宗庙社稷，以及典章文物荡然皆尽。”不过，晚唐杜牧《题宣州开元寺水阁，阁下宛溪，夹溪居人》诗云：“六朝文物草连空，天淡云闲今古同。”诗句中的“文物”一词显然包含六朝的遗物、遗迹的意思。后世也有相同的用法。明人李梦阳《繁台秋饯何子》其二云：“地古饶文物，时平罢鼓鼙。巡行有佳兴，应遍绝崖题。”清人王士禛《池北偶谈》引录王象春诗句云：“韦曲杜陵文物尽，眼中多少可儿坟。”尽管如此，古人笔下的“文物”大体上还是指礼乐制度。民国时期，人们用古汉语中既有的“文物”一词取代“古物”一词，以指称物质文化遗产，使之成为与近代考古学和博物馆学理论相关而具有丰富含义和全新意义的词汇。

中华人民共和国成立后，“文物”一词沿用“人类在历史发展过程中遗留下来的具有文化价值的遗物、遗迹”之意。政府颁布的关于物质文化遗产保护的法规性文件，至2005年一直使用的是“文物”这一词语及其概念，并且在1982年颁行的《中华人民共和国文物保护法》中将“文物”一词确定为法律术语。

“文物”的含义与当前国际上使用的“物质文化遗产”一词大致相同。但“文物”概念的内涵和外延都比不上“物质文化遗产”。首先，“文物”只能涵盖物质文化遗产范围，已经不能满足全球化和现代化进程中全面保护和利用物质文化遗产和非物质文化遗产的要求。但是，国际上的“物质文化遗产”概念为了满足其要求，实际上包括了物质文化遗产和非物质文化遗产。其次，“文物”毕竟是一个技术名词和学术概念，适用于学术界和文物管理部门，但还不够普及和普遍，不能被大众认同为“物质文化遗产”。最后，“文物”概念与国际遗产保护理念的融合和世界遗产事业的发展不相适应。中国的文物事业已经融入世界遗产事业，中国特色的“文物”概念也必然会随着国际语境而变化。

当代的文化遗产保护和利用不仅关系到国家的生存，也关系到人类的未来。它已成为全人类的共同事业。我们要广泛宣传其重要性，引导人们积极参与文化遗产的大众化。

本来，世界各国对文化遗产（主要是物质文化遗产）没有统一的称谓，或称“古物”，或称“历史文化财产”，或称“历史遗产”，或称“文化财产”。1954年，《关于发生武装冲突时保护文化财产的公约》（以下简称《海牙公约》）使用了“文化遗产”这一术语，而且首次在对“文化财产”下的国际性定义中界定了文化遗产的类别。其定义主要反映了西方国家，主要是欧美国家人士对文化遗产的理解。从此，“文化遗产”一词在世界上逐渐流行起来。随着西方发达国家对遗产保护的重视和加强，这句话的含义不断丰富，国际社会也从遗产保护扩展到自然遗产保护。1970年前后，美国相继出台两个文件，分别是《国家环境政策法》和《人类环境行动计划》，不仅在其本国大力推进环境保护计划，而且积极倡导国际合作保护世界自然遗产。美国和一些国家的前瞻性建议和主张得到了国际社会的认可。20世纪70年代以前，联合国教科文组织发表的国际文件大多以“文化财产”涵盖或指代“文化遗产”。联合国教科文组织委托国际古迹遗址理事会起草《世界遗产公约》时，采用了“文化遗产”的概念。1972年，以保护人类自然环境和人文环境为宗旨的《世界遗产公约》通过，并公布了《关于在国家一级保护文化和自然遗产的建议》。在这两个文件的公布和联合国教科文组织领导下的世界遗产保护运动兴起，遗产、自然遗产和世界遗产的概念迅速在世界范围内传播，成为当今社会生活和国际交流中的新词汇和重要话题。

“文化遗产”这一国际概念自 1985 年中国加入《世界遗产公约》后，也在中国被广泛使用。

但是，国际社会最初承认的“遗产”概念只指物质文化遗产。《海牙公约》和《世界遗产公约》所指的财产或遗产是物质实体。正如联合国教科文组织一些成员国所建议的，随着世界遗产保护实践的深入和对遗产认识的加深，国际社会逐渐形成了遗产既包括物质文化遗产也包括非物质文化遗产的共识。经过 30 多年对非物质文化遗产保护的探讨和实践，联合国教科文组织在 2003 年第三十二届大会上通过了《保护非物质文化遗产公约》（以下简称《非遗公约》），不仅将“非物质文化遗产”定义为国际法律术语，还完善了“文化遗产”的国际概念。

根据《非遗公约》里对“非物质文化遗产”的定义，“非物质文化遗产”一般属于我国俗称的“民间传统”范畴。中国政府于 2003 年启动的中国民族民间文化保护工程，不仅基本涵盖了《非遗公约》定义的类别，还根据国情，拓展了《非遗公约》定义的范围。

中国政府正式使用国际通用的“文化遗产”概念，首次对其进行说明的重要文件是 2005 年国务院发表的《国务院关于加强文化遗产保护的通知》（以下简称《通知》）。“文化遗产”概念的明确阐述中，既采用了国际通用概念的含义，又基于国情遵守和整合了中国传统对“文物”和“民间文化”的传统认识。可以说，《通知》中“文化遗产”概念的使用和明确是中国文物和民营事业跨越遗产事业的标志，是中国文化遗产事业融入世界文化遗产事业的里程碑。

国际通用的“文化遗产”概念是随着 20 世纪世界各国特别是西方发达国家对遗产的保护和利用越来越重视而形成的，并在联合国教科文组织的领导下推进世界遗产保护运动的过程中逐渐确定下来。这个概念的形成和推广具有深远的社会意义，且这个概念的定义和使用不断丰富和发展着其含义。这个概念的最初含义仅限于实物和有价值的古代遗物和遗迹，而其现在的含义是一切有价值的人类遗存，包括物质和精神上的一切具有文化价值的东西。这一概念的流行使“文化遗产”成为许多国家年轻人和老年人使用的流行用语，这个概念的使用使“遗产”成为必须保护和利用的人类财产。

第二节　物质文化遗产

一、物质文化遗产的概念

《海牙公约》和《世界遗产公约》定义的文化遗产，无论是可移动的还是不可移动的财产，无论是文物、建筑群还是遗址，都是具有文化价值的实物遗存，属于国人习称的“文物”范畴。

《中华人民共和国文物保护法》(以下简称《文物法》)第二条规定：

在中华人民共和国境内，下列文物受国家保护：

(一)具有历史、艺术、科学价值的古文化遗址、古墓葬、古建筑、石窟寺和石刻、壁画；

(二)与重大历史事件、革命运动或者著名人物有关的以及具有重要纪念意义、教育意义或者史料价值的近代现代重要史迹、实物、代表性建筑；

(三)历史上各时代珍贵的艺术品、工艺美术品；

(四)历史上各时代重要的文献资料以及具有历史、艺术、科学价值的手稿和图书资料等；

(五)反映历史上各时代、各民族社会制度、社会生产、社会生活的代表性实物。

可见，中国现在使用的“文物”的概念基本上包括了《海牙公约》和《世界遗产公约》定义的遗产。它所指的一切客体都是物化、定型化的遗迹和人类遗留的实物，都是通过特定的物质载体而具有一定价值的物质财产。由于是实物文物和遗物，《文物法》根据其现存特征可分为可移动文物和不可移动文物。不可移动文物还包括文物丰富的城市、街区和村落。

根据《海牙公约》《世界遗产公约》的定义和《文物法》的规定，最早形成并流传于世界各地的“遗产”概念实际上是指物质文化遗产，与我国目前使用的“文物”概念基本相当。根据国务院《通知》的规定，物质文化遗产是具有艺术和科学价值的文物，包括古代遗址、古墓、古建筑、石窟寺、石刻、壁画、近代重要史迹和代表性建筑等不可移动文物，世界各时代的重要实物、艺术品、文献、手稿、图书资料等可移动文物。

这表明中国“文物”的概念与国际“物质文化遗产”的概念是相通的。以我国“文物”概念为基础，明确“物质文化遗产”的含义，明显比《世界遗产公约》中的“文化遗产”的定义更为全面、现实，体现了立足我国实际，丰富和深化与国际接轨的认识。

然而,《海牙公约》和《世界遗产公约》的定义、《文物法》的定义、《通知》的解释并不能作为严格意义上的物质文化遗产定义。这些定义都是列举性定义，列举了物质文化遗产的类别，着眼于需要保护的对象。

由上可见，物质文化遗产的独特属性是物质遗迹和遗物，是人类创造的有价值财产的遗存。鉴于此，笔者将物质文化遗产定义如下：物质文化遗产是人类在社会实践中创造的有价值物质财产的遗存，包括一切体现内容和价值的物质实体。在这个定义中，前一句是物质文化遗产的内涵，后一句是物质文化遗产的外延。

二、物质文化遗产的特点

（一）静态性

静态性指静止状态的特征。具有静态性的事物多表现为静止不动而固定存在的状态。

物质文化遗产中的所有遗迹、遗物，如《海牙公约》《世界遗产公约》定义的遗产、《文物法》指定的文物都是静态客观的存在。例如，遗址、墓葬、建筑、街区、村镇等都静态存在于原来的地方，附着在土地和其他不可移动的物体上，只要不受自然或人为的影响，就不会移动。因此，它们被列为不可移动文物，保护其历史文化价值。艺术品、文献、手稿、图书资料等未附着的遗物不一定在原地使用或保存，但现在多收藏于单位或个人，只要不受自然或人为的影响就不会改变。因此，它们被列为为了保护价值免受其特性的影响而可移动的文化财产，即可移动文物。

物质文化遗产的静态特征决定于其历史遗存物质的本质特征。它是物质的客观真实，而物质文化遗产是客观存在的遗迹，是有形而无声，让人可见、可感、可触的历史遗存物体。

（二）真实性

真实性是指原始而真实的特征。真实性的东西表示原始事物真实存在。

物质文化遗产中的一切遗迹、遗物都是一定时期人类创造的成果。每一个遗物和遗址都不同程度地反映了一个特定时期的社会生活和面貌，具有鲜明的时代特征。其建设或生产所使用的材料和技术是当时社会生产力发展水平的客观反映，其承载的艺术、科学等信息是经济、思想、时尚等当时社会生活面貌的综合反映。所以，物质文化遗产的价值在很大程度上体现在其真实性上。如果是重建、复制，甚至是仿制品，也就是俗称的假古董、赝品，就不具有原作的价值，不是遗产。

物质文化遗产的真实性是指物质文化遗产的不可再生性。每一个遗迹和遗物都是独一无二的，一旦被破坏，就不复存在了。对此，中国和世界遗产保护专家早有共识。中华人民共和国成立之初，当时的中央人民政府文化部文物局局长郑振铎（1898—1958 年）说："文物一旦被破坏，就绝不等于不能复活的人，原作不会再出现。他们的损失永远是金钱无法估量的。"1964 年颁布的《保护文物建筑及历史地段的国际宪章》（以下简称《威尼斯宪章》）提出了遗址保护和修复的基本原则，呼吁"真实、完全地继承它们是我们的责任"。《世界遗产公约》关于"文化遗产"的定义就具有真实性的含义。联合国教科文组织世界遗产委员会公布的《实施〈保护世界文化和自然遗产公约〉的操作指南》（以下简称《操作指南》）明确要求，以真实性作为遗产的首要标准，缔约国申报的世界遗产必须符合真实性标准。1992 年，在美国圣菲召开的世界遗产委员会第十六届会议就深入讨论了《操作指南》的真实性。1994 年，世界遗产委员会在日本奈良主办了奈良真实性会议，继续深入探讨遗产真实性的概念和应用。会议形成了《奈良真实性文件》共识，认为真实性是评估遗产价值的本质要素，强调"对原真性的理解，在文化遗产的所有科研中，在保护与修复规划中，也在《世界遗产公约》和其他文化遗产目录所采用的申报程序中，发挥着基础性作用"。

（三）完整性

完整性是指完全的整体特征。完整性多通过未损伤部分的现有状态来表示。

物质文化遗产中的一切遗迹、遗物，只有完整遗存才能最大限度地承载信息，充分体现其艺术和科学价值。古迹、古建筑、古墓葬、古器物、艺术品、文献、手稿、书籍等文物，如果受到某种原因的破坏，就会大大失去其原有的价值。因此，物质文化遗产的鉴定、评估、研究和保护必须重视其完整性。考古学家在遗址和墓葬中挖出的陶器、青铜器和其他拆除物的破碎部分需要重新黏合，以便尽可能地修复。只有最大限度地还原反映其完整性的遗址，才能充分展示其本来风貌，体现遗产价值。同样，绘画、文学、手稿、书籍等文化财产，如果破损也要裱起来修复，尽可能保持完整性。对建筑、墓葬、石窟寺、城镇、村落、街区等遗址的保护应考虑其原貌的完整性，同时考虑其原环境的完整性，即周围环境和所形成的传统格局和风貌的完整性。

国际社会不仅重视遗产的完整性，还提出了全面保护遗产的建议。1962年，联合国教科文组织发表了《关于保护景观和遗址的风貌与特性的建议》。这是基于保护遗产完整性的认识。《世界遗产公约》关于"文化遗产"的定义也有完整性的含义。《操作指南》将完整性和真实性列为申报和审查世界遗产所需的两个标准和条件，其核心精神是保护遗产的真实性和完整性。随着遗产保护实践的广泛深入，国际社会越来越重视遗产的完整性，各国也越来越重视遗产保护的完整性。2005年，国际古迹遗址理事会第十五届会议通过《西安宣言——关于古建筑、古遗址和历史区域周边环境的保护》(简称《西安宣言》)，强调保护遗产本身及其周边环境完整性的必要性。2008年国务院公布《历史文化名城名镇名村保护条例》，明确名城、名镇、名村总体保护原则，规定"历史文化名城、名镇、名村应当整体保护，保持传统格局、历史风貌、空间尺度，不得改变与其相互依存的自然景观和环境"。

（四）观赏性

观赏性是指看着享受的特征。具有观赏性的东西表现为获得审美感而使人们欣赏的存在状态。

物质文化遗产的观赏性来自其自身的艺术价值。人类几乎在形成初步意识功能时就萌发了审美意识。人类在有意识地进行创造活动的时候，有意识地美化着自己的创造成果。因此，物质文化遗产中的所有遗迹和文物都是特定时代人们依据美的规律创造的成果，具有艺术价值和相应的观赏性，但其艺术价值有高有低，观赏性也有强有弱。旧石器时代先民制作的早石器似乎没有观赏性，只有实用性。新石器时代先民打磨过的细小石器中，有相当一部分已经具有明显的艺术价值，如砂轮、磨刀石等。古代书画、雕刻等艺术品的观赏性自不必说，文献、手稿、书籍等文物在制作、创作、印刷、装订等方面仍然呈现观赏性。长城是军事防御工事，其建筑形式和整体形象同样具有很大的观赏性，成为中国的象征。

实际上，人们最早保存古代器物和古代书画，保护古代建筑，主要关注其观赏性。若我们将遗产古迹视为艺术品，那么保存和保护也便成为传统。

被保存的大量物质文化遗产大多具有很高的艺术价值，表现出很强的观赏性。因此，《威尼斯宪章》明确了古迹保护和修复的目的是作为证据和艺术品进行保护的宗旨。

物质文化遗产的观赏性是遗产价值的体现，也是遗产经济价值的体现，突出反映了遗产的旅游资源作用。

（五）纪念性

纪念性是指用记忆怀念的特征。

物质文化遗产中的所有遗迹和遗物都是产物，其在一定程度上包含着生成时代的信息，反映了生成时代的面貌。因此，物质文化遗产更具纪念性，尤其是建筑、遗址类不可移动的文物。欣赏某件文物，或参观古建筑和古迹，人们总会从它的形态中回忆起那个时代的关联。比如，看到湖北随州出土的曾侯乙的编钟，人们多会因其形制和铭文而回想起当时编钟的制作和演出，甚至引发对当时技艺精湛的工匠和高水平乐师的怀念。访问土耳其特洛伊古城遗址，人们多会因其姿态而回忆当时的特洛伊战争，甚至引发对当时大战英雄人物的怀念。与重大事件和著名人物直接相关的遗迹和文物，往往强调纪念性，多被标记为纪念物或纪念地。

国际社会对遗产的保护十分重视其纪念性，强调其纪念意义。《海牙公约》中“财产”的定义实际上是指遗产和遗产保护设施。对该定义的第三种解释是被称为“纪念物”的可移动遗产和保存有很多不可移动遗产的单位。《威尼斯宪章》说：“历史古迹的概念不仅包括单个建筑物，而且包括能从中找出一种独特的文明、一种有意义的发展或一个历史事件见证城市或乡村环境。”相对于《世界遗产公约》遗产的定义，公认的三大遗产实际上是不可移动的、具有纪念意义的物质文化遗产。《操作指南》世界遗产价值标准规定，“在一定时期内或世界某一地区内能够对建筑、技术、古迹艺术、城市规划或景观设计的发展产生重大影响，并能为已消失的文明或传统提供独特或至少特殊的证据”是值得纪念的标准。在 1976 年联合国教科文组织第十九届大会通过的《中期规划（1977—1982）》中，语言和物质类型遗产强调了“特别是纪念物”，表明国际社会特别重视物质文化遗产的纪念性。

总体而言，物质文化遗产中包含的所有遗迹和遗物，意义越大，纪念性越明显。

纪念性和前文所述的静态性、真实性、完整性、观赏性可以说是物质文化遗产的 5 个基本特征，彼此相互补充、相互反映。

第三节　非物质文化遗产

一、非物质文化遗产的概念

2003 年联合国教科文组织通过的《非遗公约》第二条规定了非物质文化遗产的定义。"'非物质文化遗产'，指被各社区、群体，有时是个人，视为其文化遗产组成部分的各种社会实践、观念表述、表现形式、知识、技能以及相关的工具、实物、手工艺品和文化场所。这种非物质文化遗产世代相传，在各社区和群体适应周围环境以及与自然和历史的互动中，被不断地再创造，为这些社区和群体提供认同感和持续感，从而增强对文化多样性和人类创造力的尊重。在本公约中，只考虑符合现有的国际人权文件，各社区、群体和个人之间相互尊重的需要和顺应可持续发展的非物质文化遗产。"具体来说，非物质文化遗产包括各种民族传统和民间知识，主要包括以下几个方面：口头传统和表现形式，包括作为非物质文化遗产媒介的语言；表演艺术；社会实践、仪式、节庆活动；有关自然界和宇宙的知识与实践；传统手工艺。

从这个定义来看，非物质文化遗产是遗产的一部分，其范围非常广泛，主要包括四个要素。

第一，从"各种社会实践、观念表述、表现形式、知识、技能以及相关的工具、实物、手工艺品和文化场所"看，非物质文化遗产概念所指对象是文化遗产中的"文化"部分——"社会实践、观念表述、表现形式、知识、技能"和文化遗产中的"文化产物"部分——"相关的工具、实物、手工艺品和文化场所"。它强调非物质文化遗产以实践、观念、表现、知识、技能等方式存在。非物质文化遗产的一部分可以非物质形态保存，其他部分本质上属于艺术和实践的非物质文化遗产，应当以一定的外在物质形态"固化"。这里定义的非物质文化遗产不是这个遗产的"固化物"本身，而是"固化"过程。为此，《非遗公约》在强调上述形式后，增加了"相关的工具、实物、手工艺品和文化场所"等部分。需要注意的是，工具、实物、手工艺品和文化场所本身不是非物质文化遗产，而是非物质文化遗产所涵盖的技艺。从这个意义上说，即使这些物品具有物质性，也不影响非物质文化遗产的非物质性。它包括物质依托和无形依托，包括没有固定表现形式和固定表现形式的具有多种民族内涵的无形遗产。

第二，“被各社区、群体，有时是个人，视为其文化遗产”是对第一要素的限制，包括三种情况：第一要素中的对象被一个集团作为遗产；第一要素的对象被集体视为遗产；第一要素中的对象被某些人视为其遗产。

第三，进一步说明第一要素和第二要素：“这种非物质文化遗产世代相传，在各社区和群体适应周围环境以及与自然和历史的互动中，被不断地再创造”，说明作为第一要素的非物质文化遗产可以发展和创新。同时，“为这些社区和群体提供认同感和持续感，从而增强对文化多样性和人类创造力的尊重”是对第二要素的补充。

第四，“在本公约中，只考虑符合现有的国际人权文件，各社区、群体和个人之间相互尊重的需要和顺应可持续发展的非物质文化遗产”是对首要因素范围的多重限制。“顺应可持续发展”是首要限制，“各社区、群体和个人之间相互尊重的需要”是次要限制。该条约对非物质文化遗产的定义有广义和狭义两个概念，符合第一、第二、第三要素的是广义概念，符合全部四个要素的是狭义概念。

2005 年国务院公布的《通知》定义了非物质文化遗产。也就是说，它是以无形的形式存在的，与大众生活密切相关的，代代相传的各种传统表现。口头传统、传统表演艺术、民俗活动和礼仪与节庆、有关自然界和宇宙的传统知识与实践、传统手工技能等，以及与上述传统文化表现形式相关的文化空间都包括在内。可见，《通知》对非物质文化遗产的定义与《非遗公约》非常一致。

二、非物质文化遗产的特点

非物质文化遗产的内容广泛而复杂。为了进一步加深对其的认识，我们必须了解其特征。非物质文化遗产作为一种综合性遗产类型，具有基本特征。但作为具体的遗产项目，每个项目又有各自的重点。

（一）独特性

非物质文化遗产一般具有反映特定民族、国家或地区人民独特创造力的艺术或表现、物质成果或特定行为方式、礼仪、习俗中存在的独特性、独创性和不可逆性。另外，间接反映的思想、感情、意识、价值观也很独特，很难模仿和再现。例如，纸质艺术不仅有着中国民间艺术的独特艺术风格，更是人们表达情感的一种手段。它的独创性令人钦佩。说起民间剪纸，其在刺绣服装、装饰、庆典等方面有非常普遍的用途。但剪纸也是一种象征，具有丰富的内涵，是中国人独特的祈祷和祝福方式，具有独特的审美价值。每个民族都有自己独特的传统因素、特定的基因和民族记忆，这些是民族赖以生存和发展的“根源”。失去它们，我们的特性和可持续发展的动力也必将失去。非物质文化遗产蕴含着民族特有的智慧和精神财富，是生命的源泉和社会持续发展的源泉。联合国开发计划署强调记忆的重要性，指出记忆对创造力、个人和所有民族都很重要，国家记忆与传统有着深厚的联系。但是，记忆容易被忽视和忘记，容易无意识地消失。因此，保护非物质文化遗产意味着保护独特的基因、传统和国家记忆。另外，这种独特性必须与独特的创造性相关联。例如，“周村芯子”起源于明清时期的接驾（泰安奶奶）习俗，是周村（现淄博市周村区）老艺人从高跷和蜡烛灯台中得到的启发，最终形成了这一独特的民间表演艺术形式。周村芯子有“抬芯子”“车芯子”“撅芯子”之分，同时有单人、双人、多人芯子之分。演员高悬空中，踩着花瓶、水槽等锐利易碎的东西，仅依靠固定在“核心地板”上的铁棒。灯芯紧贴着下面演员的身体通过，一直延伸到上面演员的脚、腰、背。这些演员扮成戏剧（民间传说）中的人物，在铿锵的锣鼓声中穿过市场，十分精彩。

（二）动态性

重视人的价值观、生命因素、动态因素和精神因素、技术和技艺高超、智力和独创性、人的创造力、民族感情和自我表现的意义和价值的非物质文化遗产是传统、智慧、思维、世界观、价值观和美学的源泉。非物质文化遗产具有物质因素和物质载体，但主要不是以物质形式反映其价值，而是人类行为活动的范畴，有些必须通过行为来表现。非物质文化遗产的表达、传承需要语言和行动，是一个动态的过程。就具体的非物质文化遗产类型而言，舞蹈、戏剧等表演艺术类型都是在动态表达中完成的。图腾崇拜、武术、民俗、庆典等也是一个动态的过程。器物、器具的制作工艺也可以通过动态的过程表现出来。所有现有的无形价值都需要在自然、现实、互动中不断发展、变化、创新，需要持续运作和改变。也就是说，无形的具体价值观、生命形式和特殊性造就了无形的生命特征。

（三）传承性

从持续的角度看，非物质文化遗产的传承主要取决于世代传承，其形式通常是口头和背诵。遗传活动停止就意味着死亡。以拥有鲜明国家和家族商标的品牌的传承为例，在其家族中，传承人的选择和决定主要集中在与选择者的亲密关系和机密性的认可上。一般来说，通过语言教育和个人教育，这些技术、技巧能够从上一代转移到下一代。这些无形资产也将成为活生生的证据。周村丝绸染织技艺就十分有代表性。周村前身是商代的於陵侯国，是中国桑蚕丝绸业的发源地之一。《现代本国地图》中介绍，“周村丝织业之盛，所织绢、绉、绸、绫之属，称山东第一”。周村丝绸染色技术产生于2 000多年前的周村地区，经过千百年的发展，现在已传承到第五代。利用周村丝绸染色技术制作而成的产品具有东方民族的特点和艺术风格，是中国传统珍品和民间艺术的瑰宝。

（四）流变性

从公示的角度看，非物质文化遗产一方面可以有意识地学习，另一方面可以通过精细的教育，或者通过公众自发的相互学习，传播到其他国家和地区，促进非物质文化遗产的传播。这种交流方式反映了动态变化的本质，使非物质文化遗产共享成为可能，也是非物质文化遗产和物质文化遗产的重要区别之一。一般来说，物质文化遗产的传播可以通过复制来实现，根据设计图或施工图进行复制就足够了。但非物质文化遗产传播是动态变化的，是传承与变异、一致性与差异的辩证结合。在传播过程中，它始终与当地民族特色相融合，表现出传承与发展的共存。必须指出，尽管有了变化和发展，但其仍有基本的一致性或连贯性。

（五）综合性

非物质文化遗产是所有时代生活的有机组成部分。它是一定时代、环境、时代精神的产物，是各种表现形式的综合。从功能上看，非物质文化遗产往往具有认知、欣赏、娱乐、休闲、教育、科学等多种功能。例如，妈祖起源于宋代福建，1 000多年的时间里从福建传播到中国台湾和世界各地的华人聚居区，通过神话、传说、故事、舞蹈、作品、歌谣、游戏、仪式、民俗服饰等展现丰富的内容，也会通过建筑、雕塑等有形形式表现出来。此外，妈祖在促进中华民族精神认同方面起着不可替代的作用。可以说，妈祖是物质文化遗产和非物质文化遗产相互交织的产物，也是多种表现形式融合的产物。

（六）民族性

民族性是民族特有的深刻民族烙印，反映了特定民族独特的思维方式、智慧、世界观、价值观、审美意识等因素。特定民族的特征大部分是自然形成的，受自然生态系统的影响很大，也有一部分是遗传结果。最深刻的民族特征包括世界观、信仰、思维方式、价值观、民族心理结构、审美情趣、生活方式、民族认同等。这些因素是长期形成的，反映在日常生活和行为的各个方面，非常稳定，不容易改变。事实上，民族特色的形式和内容多以非物质文化遗产的形式表现出来。2001 年，中国昆曲作品被联合国教科文组织认定为人类口头和非物质文化遗产代表作品。昆曲出现于明代，几百年来形成了鲜明的民族特色，在中国戏曲史上占有重要地位。昆曲有力地体现了中国传统戏曲的人文内涵和完整的演出体系，其文本由诗、散文、方言词汇构成。诗主要用于唱歌，散文和方言词汇主要用于独白和人物对话。昆曲的风格婉约细腻，诗意地表达了人物的各种感情。其旋律流畅、遥远，对许多歌曲产生了影响。其表演是一门非常和谐的有机艺术，不仅需要演员的演唱、阅读、游戏，还需要完美而统一的演出。从世界口述和非物质文化遗产代表作中对昆曲的选择来看，昆曲的表演方式和内容具有强烈的民族性，而这正是其存在的价值所在。

（七）地域性

非物质文化遗产多出现在特定地区，与环境密切相关。特定地区的自然生态环境、信仰、生产和生活水平、日常生活习惯和习俗决定了该地区各方面的特点及其相关遗产。可以说，地域性不仅反映了非物质文化遗产的民族性，更增强了非物质文化遗产的民族性。

第四节　物质文化遗产与非物质文化遗产的关系

作为人类的物质性创造活动及其成果遗存的物质文化遗产，与人类的精神性创造活动及其成果遗存的非物质文化遗产的关系，大致体现在如下几个方面。

一、两者是文化遗产不可或缺的组成部分

为了满足自己生存和发展的需要，人类创造了物质财富和精神财富。人类创造的物质财富是物质文化遗产，精神财富则主要通过非物质文化遗产表现出来。物质文化遗产和非物质文化遗产的总和构成遗产。根据联合国教科文组织的《第二个中期规划（1984—1989）》，文化遗产包括“物质的”和“非物质的”两个方面。国务院发行的《通知》明确指出“遗产包括物质文化遗产和非物质文化遗产”。

无论是物质文化遗产还是非物质文化遗产，都是人类社会实践中创造性活动及其成果的遗产。因此，物质文化遗产和非物质文化遗产是人类共同见证、共同承载人类文明、共享遗产不可缺少的两个主要组成部分，是遗产完整性的综合体现。

丝绸之路沿线地区物质文化遗产丰富，非物质文化遗产也各有特色。它们共同构成了丝绸之路的宝贵遗产，具有十分重要的艺术价值、精神价值和经济价值。

二、两者相互依存，不可截然分开

物质文化遗产是物质状态的体现和静态存在，凝聚着人的智慧和观念，具有精神价值。那些价值高的物质文化遗产，大部分都有审美价值。物质文化遗产之所以具有审美价值，是因为其造型、装饰、色彩、结构、布局等具有艺术性。这种艺术性的根源在于其创造者的审美意识、艺术情趣。因为其是创造者基于自己的审美理想，按照美的规律创造的成果。因此，人们在欣赏中国的青铜器佳品时，往往会赞叹其奇特的造型和华丽的雕刻。参观雅典卫城的人不得不佩服这座精心设计的宏伟建筑。许多物质文化遗产还含有军事和哲学等思想。世界各国的王室宫殿、祭坛、陵园等大型建筑在一定程度上寄托了当时帝王和统治阶级的思想。军事设施类遗产多反映了一定的军事思想。金字塔、神殿、教堂、私家庭院等建筑物大多反映了哲学和宗教意识。《文物法》列举的文物包括“历史上各时代珍贵的艺术品、工艺美术品”和“历史上各时代重要的文献资料以及具有历史、艺术、科学价值的手稿和图书资料等”。艺术品和工艺品不仅与《非遗公约》规定的保护对象一致，还反映了“传统手工艺”。文献资料、手稿、图书资料都是以纸张等物

质资料为载体，以文字为符号的前人知识记录和思想表达。因此，物质文化遗产虽然是客观存在的实物，但其蕴含的无形要素即精神内涵和价值是不容忽视的。

非物质文化遗产是生存状态的表现和动态存在，但其表现方式和表现过程需要大量利用物质载体。比如，昆曲要利用服装、道具、背景等将表演艺术完整、完美地展现出来；古琴艺术只有依靠精湛的乐器，才能充分展现演奏技巧、乐曲的美感和精神价值；礼仪和庆典离不开特定的场所、设施、用具。《非遗公约》明确了非物质文化遗产和物质文化遗产之间存在“内在的相互依存关系”。《中华人民共和国非物质文化遗产法》（以下简称《非遗法》）对非物质文化遗产的定义还包括“与传统文化表现形式相关的实物和场所”，特别是“属于非物质文化遗产组成部分的实物和场所，凡属文物的，适用《中华人民共和国文物保护法》的有关规定”。这说明两者是相互依存、相辅相成的。由于非物质文化遗产的表达离不开“相关的工具、实物、手工艺品和文化场所”，《非遗公约》将这些原本作为物质形态的载体和场所作为非物质文化遗产保护对象，纳入非物质文化遗产定义。

三、与创造性劳动相关

它们都是人类社会实践中创造性活动及其成果的体现，分别表现为创造性成果和创造性活动。

物质文化遗产是物质状态的客观存在，是人类在社会实践中创造性成果的遗物。埃及金字塔是古埃及人为法老建造的坟墓，展示了古埃及人的智慧。龙门石窟是北魏至宋代佛教石雕的洞穴，展示中国古代石雕的成果。都江堰是战国时期建设的大型水利工程，体现了中国古代水利建设的成就。可见，各种物质文化遗产的完成都是人们创造的成果。

四、与人类文化的发展及成就相关

两者共同反映了人类的发展及其成果。

文化的结构或层次有两大部分或两个层次（物质文化和精神文化）、三大部分或三个层次（物质文化、制度文化和精神文化）、四大部分或四个层次（物态文化、制度文化、行为文化和心态文化）等多种说法。今天，人们普遍知道的构成是物质与精神的总和，以物质为表层，以精神为内层。从事研究的学者喜欢四分法，认为文化可以分为四大部分或四个阶段，这样可以更准确地区分类型和描述特征。

在二分法、三分法、四分法等分类方法中，物质是重要的组成部分和表层结构。作为物质遗留的物质文化遗产所反映的是表层的发展及其成果。精神不仅是重要的部分，也是内层。非物质文化遗产则主要反映了长期得以流传的人类活动及其成果。本质特征和结构方式决定了物质文化遗产和非物质文化遗产反映了人类发展和成就的特殊性。

五、与人类文化的多样性相关

物质文化遗产主要是生产力的物质表现。在人类社会发展过程中，先进生产力的形成总是主导广大地区乃至全世界的发展，促进物质创造的融合。特别是 20 世纪以来，随着世界经济一体化趋势，世界各国家和地区的物质创造传统进一步弱化。因此，世界近现代物质文化遗产清楚地反映出物质文化遗产的多样性正随着发展而减弱或同化。

非物质文化遗产主要是意识形态外部化形式的传承。民族心理积淀深厚，民族传统深厚，民族和地域特色尤为突出，是非物质文化遗产多样性和独特性的体现。在文明交流和冲突的过程中，世界各地区、各民族的无形创造也相互影响，但大部分在传承过程中吸收的不是替代，而是传承着能够自觉、坚定地维护反映民族自我个性和身份的传统。与同时期的物质文化遗产相比，近现代的非物质文化遗产更加鲜活、持久。

由于非物质文化遗产反映的多样性相对明显和持续，国际社会也从多样性的表现和保护世界多样性对人类社会可持续发展的意义出发，认识到了保护非物质文化遗产的必要性。

第二章　物质文化遗产的保护与传承

第一节　可移动文物的保护与传承

一、文物与可移动文物概述

“文物”一词是一个在中国使用比较广泛的概念，有时经常被人们与“文化遗产”一词混用或交替使用。《中国大百科全书·文物博物馆》对“文物”界定如下：“文物是人类在历史发展过程中遗留下来的遗物、遗迹。各类文物从不同的侧面反映了各个历史时期人类的社会活动、社会关系、意识形态以及利用自然、改造自然和当时生态环境的状况，是人类宝贵的历史文化遗产。”

中国自古以来就有“文物”的概念。查阅古代典籍文献，以前使用“文物”一词主要指礼乐典例制度。唐代文物主要指前代文物。北宋时期出现“肉物”和“古物”的称谓，主要指青铜器、碑刻、石刻等古代器物。明代至清代初，“古董”的提法比较普遍。这些概念经常与“文物”一词交替使用，虽然内涵略有不同，但意义基本一致。

1949 年中华人民共和国成立后，“文物”一词成为法定概念。1982 年 11 月 19 日，第五届全国人民代表大会常务委员会第二十五次会议通过的《中华人民共和国文物保护法》(以下简称《文物保护法》)明确了在中华人民共和国境内，“文物”受国家保护。

1982 年以来，《文物保护法》经过几次修改（1991 年、2002 年、2007 年、2013 年、2015 年），对遗产种类做了进一步区分。2002 年修订的《文物保护法》对遗产类型使用了“可移动文物”和“不可移动文物”的提法。其中，“不可移动文物”主要包括具有历史、艺术、科学价值的古文化遗址、古墓葬、古建筑、石窟寺和石刻；与重大历史事件、革命运动和著名人物有关的，具有重要纪念意义、教育意义和史料价值的建筑物、遗址、纪念物。“可移动文物”主要包括历史上各时代珍贵的艺术品、工艺美术品；重要的革命文献资料以及具有历史、艺术、科学价值的手稿、古旧图书资料等；反映历史上各时代、各民族社会制度、社会生产、社会生活的代表性实物；具有科学价值的古脊椎动物化石和古人类化石。

二、可移动文物早期收藏的历史实践

文物收藏是对文物的有效保存和保护方式。世界各国都有着丰富的可移动文物收藏经验。

（一）国外文物收藏的历史与发展

欧美文物收藏由个人收藏演化为博物馆收藏。在博物馆出现之前，文物收藏多是个人收藏。早期主要表现为人们自发的艺术品收集行为，其收集和保护的动机与特定时期人们对艺术的爱好和价值相关。

公元前 4 世纪，马其顿的儿子亚历山大继承王位。亚历山大在扩大自己版图的过程中，收集并掠夺了许多地方的稀有物品和战争纪念品。公元前 4 世纪到公元前 3 世纪，托勒密一世在亚历山大的宫殿里建造了亚历山大博物馆，其中就收藏着许多贵重物品。

古罗马时代，许多贵族在自己的别墅里开设展览厅供客人参观。中世纪，法国、意大利、德国、俄罗斯等国家的大教堂专门放置贵重物品、法器、圣像、手稿、教主遗物。当时，意大利威尼斯的圣马克可大教堂、德国的哈雷教堂和瑞士的圣莫里斯修道院因收集宗教遗物而名声大振。除了收集宗教文物，当时的王室和贵族也热衷于收集世俗遗产，其收藏场所大部分也在住宅里。

15 世纪，罗马的保罗二世收藏了众多早期古代遗物和早期基督教遗物。他建造了威尼斯宫殿，在画廊里展示这些藏品。之后，西克斯图斯四世把其中的一部分藏品卖给了美第奇家族，另一部分捐给了卡皮托林山的保护大楼，并于 1471 年在保护大楼开设了第一个关于文艺复兴的公共博物馆。

作为佛罗伦萨最有名的家族，美第奇家族热衷于收集古代艺术珍品。1565 年，艺术家瓦萨里按照科西莫一世 · 德 · 美第奇的旨意建造了乌菲齐博物馆。这是第一个现代意义上的博物馆，其中囊括了各种各样的藏品。1581 年，弗朗切斯科一世将乌菲齐博物馆的顶层变成了画廊，向公众开放。此后，乌菲齐博物馆以美第奇家族藏品为基础，增加了佛罗伦萨艺术协会、银行家协会、教堂、修道院和众多私人收藏家捐赠的艺术品，成为收藏文艺复兴艺术品的代表性收藏机构。此后，冈萨加家族、伊斯特家族、斯福尔扎家族也效仿美第奇家族，收集藏品。

17 世纪至 18 世纪，一些藏品开始向社会开放。1660 年，英国的伦敦塔皇家军械库向公众开放。1671 年，瑞士巴塞尔的阿梅巴赫内阁向公众开放。1694 年，法国市立馆成立并向公众开放。1793 年 8 月 10 日，卢浮宫成立中央艺术博物馆并向公众开放。卢浮宫向社会开放后，欧洲其他国家也建立了国家博物馆。同时，一些个人收藏场所开始向社会开放。但是这种开放是有限制的，一般的社会群体不能进入。不可否认，在这一时期，博物馆对文物珍品的收集起到了重要的保护作用。博物馆真正向整个社会开放是在 19 世纪。随着工业革命和工业文明的广泛发展，在资产阶级倡导知识开放和教育改革运动的同时，博物馆必须具备社会教育功能。正因如此，博物馆向全社会的开放逐渐趋于正常。

随着现代社会的发展，博物馆藏品在文物保护中起着更重要的作用。而随着博物馆数量的增加，其类型也越来越丰富，除综合博物馆外，艺术博物馆、考古博物馆、军事博物馆、海事博物馆、工业博物馆、科学博物馆、地方博物馆、主题博物馆（乐器博物馆、邮票博物馆、书籍博物馆、声音博物馆、铁路博物馆等）层出不穷。

（二）中国文物收藏的历史与发展

中国很早就有藏书、藏画、藏钟鼎古器物的历史。《周礼 · 春官 · 天府》中记载："天府掌祖庙之守藏，与其禁令，凡国之玉镇大宝器藏焉。若有大祭、大丧，则出而陈之，既事，藏之。"也就是说，天府是掌管祖庙中的收藏以及有关禁令的地方。凡国家的玉镇和大宝器都收藏在祖庙中。如果有大祭祀或大丧事就拿出来陈设，事毕后再收藏起来。而《周礼 · 天官 · 玉府》也记载："玉府掌王之金玉、玩好、兵器。凡良货贿之藏，共王之服玉、佩玉、珠玉。王齐则共食玉。"这里的"玉府"专门负责玉石的管理，是掌管国家大典和宫廷重大礼仪必备用品的机构。各地发现珍贵玉石后，应当上缴玉府保管。西周时期的玉府可以说是我国第一家有文字记载的专业玉器保存管理部门。

从周朝开始，之后历朝历代的帝王都热衷于文物收藏。汉朝的时候，收藏成为帝王贵族的特权，他们特别重视人物画像和书法的收藏。宋代的时候，宋徽宗也喜欢书画，收藏了各种书画珍品、名人秘籍。除书画外，宋徽宗也喜欢收集商周时期的青铜器。仅政和年间（1111—1117 年），宋皇宫收藏的青铜器就有 6 000 件以上。

建于清康熙四十八年（1709 年）的皇家园林圆明园收藏有唐、宋、元、明、清历代名人书画、秘府典籍、钟鼎宝器、金银珠宝等珍贵文物。然而，1860 年英法联军攻入北京，园内奇珍异宝惨遭洗劫，园林更遭大火焚烧摧毁殆尽。

民间个人收藏源于汉朝，真正繁荣是在宋朝。宋朝的赵明诚和李清照夫妇特别热衷于收藏商周青铜器和汉唐金石拓本。著名诗人苏轼的书房甚至藏着举世闻名的楚王钟。与此同时，宋朝的民间收藏研究不断深化，目录学、鉴定学开始发展。应该说，与西方社会收集古物的行为相比，中国收藏家收集研究、欣赏、编辑、整理古物的乐趣要多得多。这方面的著作就更加丰富了，如北宋刘敞的《先秦古器图碑》、欧阳修的《集古录》、吕大临的《考古图》和王黼的《宣和博古图》、李清照夫妇的《金石录》。明清时期，这方面的著作更为丰富，如明代曹昭写的《格古要论》、清代阮元的《积古斋钟鼎彝器款识》等。

中华人民共和国成立后，政府高度重视古代文物的保护，国家藏品成为保存和保护文物的合法方式和重要手段。

三、可移动文化遗产保护体系的界定

根据国内外“体系”的定义和前述分析，可移动文化遗产保护体系可以定义为以传承和保护移动遗产为目的，由可移动文化遗产保护工作的各构成体系和要素有机结合而形成的整体。具体而言，该定义包括以下三层含义。

（一）可移动文化遗产保护体系建设和运行的目的是传承和保护可移动文化遗产

如上所述，可移动遗产保护工作的开展是在保护人类遗产的背景下进行的，因此最大限度地保护可移动遗产是构建可移动遗产保护体系和可移动遗产保护工作的最终目标。特别是可移动遗产保护体系的建设和运行，要维护可移动遗产的真实性和完整性，协调可移动遗产保护体系的社会、自然和人的关系，协调体系内各要素之间的联系，实现可移动遗产的可持续利用，成为人类可持续发展的一部分。

与其他体系相比，可移动遗产保护体系的目的有其独特的一面。许多体系构建的目标是实现人的需求价值化、利益最大化，并以此为中心对人、财政、事物等进行整体、高效、动态的配置和管理。可移动遗产保护体系则不同。可移动遗产保护是公益事业，建立可移动遗产保护体系的目的不是为了追求利益，而是更好地保存和传承人类文明的宝藏、记忆。可移动遗产是全人类的共同遗产，不仅是国家的，更是国际的，因此可移动遗产保护体系更加重视全球可移动遗产保护技术和战略的共享这一目的。可移动遗产保护体系的建立决定了它与其他体系的建立有明显的差异和独特性。

（二）可移动文化遗产保护体系建立的主体是人，客体是其各项活动

第一，可移动遗产按所有权可以分为共有和私有，其中私有的可移动遗产在可移动遗产总数中占有很大的比重。实际上，很多宝贵的可移动遗产仍然分散在民间，因此个人是可移动遗产的主要所有者。第二，人是可移动遗产保护的直接参与者和实施者。即使一些保护活动由组织进行，具体工作也由个人执行。因此，民众的保护意识对可移动遗产的保护具有重要影响。目前，参与保护的民众主要是普通民众、保护专家、保护管理者等。由于接触可移动遗产的机会不同，民众对遗产的心理共鸣和保护意识不同，这在一定程度上影响着保护行为的执行、保护效果的实现。第三，系统、综合保护体系的建立和运行需要不同的保护群体消除分歧，形成共同的心理认识和良好的保护意识。这是建立和运营可移动遗产保护系统的首要前提。

根据可移动遗产保护的定义，可移动遗产保护体系建设的对象是与可移动遗产保护相关的各种活动。可移动遗产保护以社会科学、技术科学、自然科学为基础，传统的可移动遗产保护主要包括仓库环境维护和质量管理、恶劣环境条件管理、受损可移动遗产管理和恢复等。随着联合国教科文组织、国家档案委员会、国际博物馆协会等国际组织的成立，新的可移动遗产保护平台得以建立，这使可移动遗产保护工作突破了单一的技术保护层面，纳入了法律法规建设、管理体制创新、组织体系重建等内容。

（三）可移动文化遗产保护体系是一个由系统和要素组成的整体

体系是由多个子系统和几个基本要素组成的综合系统，完整性是其基本特征。可移动遗产保护体系也是一个整体，是由与可移动遗产保护相关的各

种各样的东西组成的整体。技术开发、组织管理、法规建设等与可移动遗产保护相关的主要工作分别是构成可移动遗产保护体系的子系统。可移动遗产保护体系与各子系统和基本要素相互依存，不可分离。

关于体系的完整性，一般系统理论的创始人贝塔朗菲曾提出过著名的“非加和定律”。作为系统和要素的整体，体系的整体效果并不是各子系统和要素的简单叠加，而是综合各种优势，进一步拓展和创新，产生不同于各组件的新功能、新效果。当然，根据“非加和定律”，系统在放大整体功能的同时，有时还会缩小整体功能。同理，可移动遗产保护体系只有实现可移动遗产保护的放大效应，减少缩小效应，才能达到继承和保护可移动遗产的目的。

四、可移动文化遗产保护体系的组成

构成一个体系的单位主要是各系统和要素。系统和要素之间有明确的层次和等级，且组织有序。因此，合理划分系统层次，准确排列各子系统和要素位置，是体系构建过程中的关键问题。

一般来说，系统分为目标使命层、体系服务层、系统服务层、系统行为层四个层次。行为、行为主体、效果测试方法不同。

（一）目标使命层

目标使命层位于系统层的第一层，属于宏观引导层。目标是体系行为的动力，包括体系发展的战略和方针。这个层面的行为主体要么是体系的权威者，要么是政策和战略的制定者，以明确体系的实施目的，实现以体系为中心的使命。具体的实施效果是以政策和战略的有效性来衡量的。

（二）体系服务层

体系服务层位于系统层的第二层。体系服务是指为实现体系目标或完成目标使命而实施的行为。这个层次的行为主体是每个子系统的特定管理者，其主要利用给定的人力和技术资源执行既定的政策或战略。执行的效果取决于政策和战略是否有助于实现系统使命。

（三）系统服务层

系统服务层位于系统层的第三层。系统服务既可以为了实现系统服务而执行，也可以为了满足系统服务的需求而执行。因此，系统服务层是系统层的执行层。该层的特定项目是负责指定人员和技术资源组合支持多系统服务的行为主体。实施效果是通过系统任务对该层的好坏来衡量的。

（四）系统行为层

系统行为层位于系统层的第四层。当体系服务层和系统服务层主要关注系统操作时，此层主要关注系统的功能。本层次的行为主体是项目经理，其主要通过操作指定人员和技术资源组成的系统提供支撑产品。实施效果通过系统性能测试和系统运行所需系统行为的好坏来衡量。这一层次是整个体系的微观层次，属于具体行动层。

作为体系的一种，可移动遗产保护体系的划分也可以据此进行。可移动遗产保护体系的建设目标以保护和传承可移动遗产为中心，是全人类不可回避的使命。为了实现这个目标，需要从技术、管理、标准、法律法规、制度以及人、财、物、信息等六个方面制定一系列的政策。这六个方面构成了可移动遗产保护系统的六个子系统，围绕六个子系统，每个系统可以进一步分解为多个系统和元素。这些系统和元素均具有较强的可操作性，此操作级的运行可以实现各子系统或子系统的功能，实现可移动遗产保护的总体目标。

第二节　不可移动的文化遗产的保护与修复

一、文物古迹保护的国际经验

（一）意大利

19 世纪 70 年代，意大利正式统一后，政府相继制定了一系列有关文物保护的条例。1939 年，政府通过的《文物保护条例》明确规定了考古和人类研究中有价值的艺术品，未经有关部门批准，禁止任何形式的拆除、修改和修复。1947 年 12 月 22 日，意大利《宪法》正式颁布，其将遗产的保护、开发、利用作为本国的长期国策，规定“意大利共和国负责对国家的艺术、遗产、自然遗产进行保护”。1975 年，意大利政府设立文物保护工作的最高机构——文化遗产部，负责全国文物保护工作，同时下设了 18 个保护局，直接管理全国各地的重要遗址、考古区、古迹、文物、博物馆藏品等。

在文物保护资金方面，意大利的文物保护除联合国教科文组织和欧盟提供有限资金外，主要由政府承担，每年支出的保护经费达 20 亿欧元，并呈逐年增加趋势。但是，与需要保护的遗产数量相比，这笔资金仍然无法支撑。为此，意大利中央政府积极向社会募集资金。1996 年，意大利在法律中规定了全国彩票收入的 8‰ 作为遗产保护基金，每年可以提供约 15 亿欧元的经费保障。同时，国家将对赞助投资、文物修复的企业提供税收优惠政策，引导民间资本进入。意大利还制定了退税法“艺术津贴”，规定为修复文化财产而捐赠的所有企业都将领取税收津贴，并在捐赠后 3 年内将捐赠金额的 65% 通过退税返还。由此可见，意大利拥有完善的法律政策和资金供应环境。

具体来说，意大利在保护遗产古迹的道路上，特别注重保护和利用的结合。在意大利，许多古建筑被用作办公室和住宅。许多古建筑的外部甚至仍保持着几千年前的样子，只在内部进行了改造和加固，以满足现代社会人们的生活需要。人们之所以继续使用这些建筑物，与意大利传承的“整体保护”观念有关。也就是说，不仅要保护宝贵的建筑，还要将这些建筑与当地居民的生活相融合，保护当地人的传统生活状态和生活方式。当然，在使用旧建筑物的同时，用户也有义务承担相应的责任。意大利政府实行的是将旧建筑物的一部分服务和使用权限通过投标租给民营企业的“领养人”制度。因此，政府将从中获得部分扣除，规定用户承担建筑物的日常阶段性维护工作，并严格遵守使用文物的相关规定。

此外，政府还向其他社会大众提出了要求。例如，文物保护部门意识到机动车排气污染对文物古迹的无形危害，要求所有进城的旅游巴士必须支付昂贵的“进城费”，更禁止旅游车辆直接进入景点，所有车辆均应停放在远离古迹的指定停车场。

通过多方位的保护体系，意大利在文物古迹保护方面取得了不错的效果。目前，意大利拥有世界上约 60% 的考古和艺术资源，仅登记的珍贵文物就有 300 多万件，其中包含可移动文物 2 000 多件，城堡 4 万多座，教堂 10 万多座，其他各种古建筑 3 万多处。

（二）法国

在法语中，不可移动遗产被称为“patrimoinebâti”，主要体现为对建成遗产的保护，如建筑遗产、景观遗产。纵观法国文化遗产保护的历程，作为保护对象的建成遗产，在被保护的类型上，经历了几个明显的历史变化。

文艺复兴之前，遗产保护的主要建筑物是宗教建筑。这是因为这些宗教建筑不仅充分体现了法国人对宗教的理解和感悟，具有广泛的社会用途，得到了社会的广泛认可。

文艺复兴时期，受意大利考古发掘热潮的影响，法国王室对古代文物产生了浓厚的兴趣。1533 年，弗朗索瓦一世命人修复尼姆的卡雷屋，要求拆除影响文物建筑完整性的部分家具。在王室的影响下，当时学术界的学者开始热衷于文物建筑研究，积极收集有关过去的各种证据，用于艺术创作和教育。但是，在这个时期，人们更多的是对“过去”的认识，没有明确的保护意识和行动。例如，在波旁王朝时代，大量的先进建筑被拆除。路易十六拆除圣日耳曼昂雷和拉谬尔特城堡至今仍受到法国人的谴责。

法国大革命爆发后，许多建筑物被视为封建体制和旧意识形态的象征物（如城堡和修道院），遭到疯狂破坏。一些建筑物甚至被分解成石头出售或完全拆除。对革命者来说，拆除这些建筑物等于破坏旧的体制和宗教。例如，法国革命刚爆发时，革命家拆除了查理五世于 1370 年下令修建的巴士底城堡、万森城堡、圣德尼教堂；铲除了巴黎圣母院西立面上的国王群雕（认为不应该向国王顶礼膜拜）。1792 年，巴黎圣母院的塔被拆除，因为它被认为是“平等的对立面”。1794 年，巴黎圣母院也成了储藏的大仓库。据统计，法国大革命后，巴黎四分之三以上的古老教堂消失了。

法国大革命期间，革命家对代表宗教和封建制度的建筑物、艺术品的过度破坏在一定程度上激发了民众对社会遗产的保护意识。1790 年，国民议会决定成立遗产建筑委员会，调查需要保护的建筑物。1792 年，国民议会决定建立临时保护机制，为保护艺术品设立“国家艺术品基金”。1794 年，文物建筑委员会被艺术委员会取代，出版了关于文物调查和保护的手册。1796 年，亚历山大·雷诺阿在巴黎的小奥古斯特修道院内举办了一次展览，主要展出其在大革命中抢救出来的建筑画作和模型。1810 年，拿破仑时期的内政部长亚历山大·德·拉博德要求省长编制一份在大革命中幸免于难的文物建筑清单。1816 年，根据年代编制的文物建筑目录出版。

1815 年拿破仑失败后，浪漫主义运动在法国兴起。浪漫主义者对工业革命带来的工业品没有好感，更多的是怀念工业化前的艺术和建筑。运动领袖维克多·雨果开创了法国古代建筑保护的先河。对于当时进行的建筑物破坏活动，雨果予以强烈谴责。1823 年，雨果在诗《黑段》中痛斥了文物古迹的破坏者和掠夺者。1825 年，雨果撰文《对破坏者的斗争》，正式向文化财产破坏者宣战。

1830 年，法国政府明确了文物建筑的概念，并阐明对其保护的目的是防止伟大建筑物遭到破坏。与此同时，政府设立了文物建筑总监一职。1834 年，就任文物建筑总监的梅里美要求各省编制中古时期文物建筑目录，对文物建筑进行分级。1840 年，法国政府正式启动《历史纪念物法》，将国家对文物建筑保护的干预法律合法化，将符合艺术价值和“国家利益”的建筑纳入保护框架。

第二次世界大战后，由于大规模的城市化浪潮和战争造成了大量建筑物废墟，城市住房紧张问题越来越突出。在此期间，城市建筑主要集中在满足功能主义的实际需要上，建筑风格越来越单一。相比之下，人们对传统建筑的怀念促使法国社会重新审视历史建筑遗产的价值。

二、欧美国家文物古迹修复的主要理论

维护和修复对于保护文物和历史遗迹而言至关重要。随着欧美国家文物保护运动的发展，古迹修复理论也在发展，一些流派的观点更在不同时期影响了当时的文物修复实践。杜克认为修复并非是对其修缮或重建，而是将一座建筑恢复到过去任何时候可能都不曾存在过的完整状态。他强调建筑风格的统一，认为每一座建筑物，或者建筑物的每一个局部，都应当修复到它原有的风格。除了重视建筑物外部风格的修复外，杜克还强调内部结构风格的统一。杜克建议，任何项目开始之前都要进行细致的研究和可靠的评估调查。

基于这种理论认识，杜克参与了许多中世纪建筑的修复工程，其中法国巴黎圣母院的修复影响很大。巴黎圣母院是一座哥特式建筑，在法国大革命期间遭到严重破坏。杜克是 1844 年至 1864 年巴黎圣母院后期修复工程的总建筑师。按照杜克的设想，修复后的巴黎圣母院将出现两座 90 米高的尖塔。这种想法后来遭到大众的强烈反对。然而，从巴黎圣母院的实际修复情况来看，仍有很多的改动是后期有意加上去的。例如，巴黎圣母院前视图中的大多数主要雕塑都是由杜克重新设计的，包括他和其他两位建筑师的头像；教堂交汇处的尖顶原本在法国大革命时期就被破坏了，其修复也是杜克根据自己的想象进行的。

杜克风格修复理论不仅在法国占有重要地位，在英国、意大利、奥地利等国家也得到广泛认可。在英国，建筑师安东尼·萨尔文按照这一修复理论，大刀阔斧地修复了剑桥的罗马教堂，不仅去掉了建造后期添加的所有

建筑构件，还通过恢复所谓早期设计师的设计思路，添加了新的建筑构件。当时，这种拆了重建的例子很多，相关理论也有所丰富。具体理论有以下几种。

（一）拉斯金的反修复理论

当修复理论在欧洲大行其道时，英国著名艺术评论家约翰·拉斯金带头掀起了对风格修复理论的批判浪潮，提出了文物保护的“反修复”思想。

拉斯金认为，即使是最忠实的修复也会破坏建筑物上所承载信息的“唯一性和真实性”。建筑物的老化和最终倒塌是事物发展的自然规律，这是任何人为的努力都难以改变的。1849年，他在《建筑的七盏明灯》中写道，“修复”这个词不为公众所知，关心公共古迹的人也不知道。他认为修复是最彻底的破坏，人无法在建筑中修复过去的伟大与美好。

关于建筑，他说：“我想通过这种方式最大限度地保护这些建筑中存在的一切。当保护它们也不能让建筑本身再延续下去的时候，我宁愿不采取任何措施，让它们一点一点地自然腐烂，这比任何胡乱修补都好。”

拉斯金如此拒绝修缮建筑，主要是因为他对“美”有特殊理解。在他看来，当建筑、绘画和雕塑被视为工匠和艺术家在特定语境下的独特创造时，时间的痕迹就是艺术品的基本元素。只有经过几个世纪的洗礼，艺术品的这种美才能算是“成熟”的美。

实际上，拉斯金反对修复并不是忽视建筑，而是在必要的日常维护之外，对建筑进行不必要的改动和更换。他认为，对待所有的石头，要把它们看作王冠上的宝石；你必须像守城的士兵观察敌情一样仔细观察，松动的地方用铁固定，倾斜的地方用木头支撑。

受反修复理论的影响，英国也广泛采用了保存废墟的做法。对于即将倒塌的教堂和修道院，人们只清除易腐的材料，保留原有的砖石即可，追求一种残缺美。

（二）威廉·莫里斯的保守性整修理论

威廉·莫里斯是19世纪英国著名的建筑师。在英国牛津大学早期学习期间，他深受拉斯金的影响，尤其是拉斯金的《威尼斯之石》一书。但与拉斯金不同的是，莫里斯的古建筑修复思想被后人称为“保守重建”理论。

莫里斯认为，任何时代的艺术都应该是那个时代社会生活的写照。由于古今社会生活的根本区别，如果不改变现代社会的基本要素，哥特式建筑是不可能复兴和恢复的。现代工人不是古代工匠那样的艺术家，他们不能“调换”工作。古代意味着古老，是中世纪的哥特式，任何19世纪的仿制品都只是赝品。

莫里斯在一封发表于《雅典娜神庙》杂志的信中表达了对当时的文物进行破坏性修复的强烈不满，并建议成立一个保护建筑的协会。1877年，英国古建筑保护协会正式成立，莫里斯被选为协会的名誉秘书。在此期间，他还写了《古建筑保护协会纲领》，这个文件在之后的现代古建筑保护政策中发挥了重要作用。

莫里斯用“保护”而不是“修复”，是因为他认为过去的修复往往固定在一个时期的风格上，而仅模仿风格就失去了古迹的真实性。“保护”古迹就是尊重古迹的真实性，应通过基础加固或覆盖进行日常维护，保持原位。

（三）卡米洛·博伊托的文献性修复理论

19世纪60年代末至70年代，以杜克为代表的法国复辟派与以拉斯金、莫里斯为代表的反复辟派、保守复辟派发生了激烈的争论。在文艺复兴的发源地意大利，建筑师对这两个流派的理论和相关论点提出了不同的看法。其中最具代表性的是文献修复论，其代表性人物是卡米洛·博伊托。

1883年，博伊托在罗马举行的第三届工程师和建筑师代表大会上发表了一篇论文，主题是修复是否应该模仿原来的建筑，以及建筑和修复是否应该明确表达。关于建筑古迹的修复，博伊托建议，所有后来的改动和添加都应被视为文献，所有新的部分都应尽量减少。同时，他建议新的部分采用现代风格，但与原组件反差不宜太大；修复工作要详细记录，并在古迹上简要说明各种干预的日期。综合他的观点，我们可以发现他认为传统建筑古迹的价值不仅仅在于建筑研究的作用，还在于在漫长的岁月中，不同的人在各个时期所解释和说明的重要文献。而作为有价值的文件，它们应该受到严格和虔诚的尊重。对它的任何改变，无论多么细微，只要对原来的状态形成局部的改变，就会引起误解，最终导致错误的推论。

（四）卢卡·贝尔特拉米的历史性修复理论

博伊托的学生卢卡·贝尔特拉米有在法国巴黎学习和工作的经历，深受法国风格修复理论的影响，后继承博伊托的文献性修复思想，提出了历史性修复理论。

贝尔特拉米强调文献档案在建筑修复中的重要作用，认为建筑应该恢复原貌，但真正的修复要根据确凿的史料进行。他反对对建筑风格复原理论的原始状态的臆测，要求保护工作要建立在扎实的文献研究基础上，尽可能收集资料，深入研究，而不能依靠主观分析和推理。

从这些观点来看，贝尔特拉米参与了当时许多建筑的修复和重建，并给予了指导。其中一个著名的例子是1902年至1910年威尼斯圣凯尔教堂钟楼的重建。1902年，贝尔特拉米参与了钟楼重建工程的准备阶段，决定“照原样”重建钟楼。从塔的最终建成来看，其完全再现了倒塌前的样子。但其建筑材料和内部建筑结构发生了很大变化，现代钢筋混凝土结构取而代之。这种做法的争议很大，主要集中在对这种重建的价值判断上。

（五）古斯塔沃·乔万诺尼的科学性修复理论

科学性修复理论是20世纪上半叶产生于意大利的代表性修复理论。从思想渊源看，科学性修复理论继承了19世纪建筑修复的相关理念，并契合了20世纪上半叶特殊的时代、社会背景。

古斯塔沃·乔万诺尼是该理论的奠基人。在乔万诺尼的职业生涯中，他一直在思考平民建筑对城市肌理持续性的意义，并发展出一套名为“‘淡化’城市肌理”的历史地区现代化理论。其理论的主要内容包括在历史地区之外容纳城市的主要交通、避免新街道分割历史区域、改善社会及卫生条件和保留历史建筑等。

在具体保护历史建筑的方式上，乔万诺尼强调日常性维护的重要性，认为在日常的维护基础上，如果确实有必要，现代技术是可以采用的，如水泥填补、金属或隐蔽的钢筋混凝土加固等。只是为了保存建构物的真实性，任何现代添加物都必须被明确、准确地标注上添加日期。乔万诺尼的这些思想后来被引入了1933年在历史纪念物建筑师及技师国际会议上通过的《雅典宪章》中。可见，乔万诺尼的思想深受博伊托理论的影响。

与此同时，乔万诺尼表达了他对杜克修复理论的不满，认为杜克的理论是“反科学”的。正是因此，后世又将其修复理论称为“科学性修复”理论。

三、中国不可移动文物古迹保护的机制与原则

中华人民共和国成立至今，在政府和学界的共同探索下，形成了以《文物保护法》为核心，各类行政法规、部门规章及地方性法规相配套的法律保护机制；形成了中央和地方相互配套的行政保护机制，具备了较为完善的文物保护管理体系。

（一）不可移动文物古迹主要的保护制度

目前，我国不可移动文物古迹的保护主要采取文物保护单位分级管理制度、名城名镇名村制度等。

我国文物保护单位鉴定分级管理制度初步确定于1961年国务院颁布的《文物保护管理暂行条例》（以下简称《条例》），其规定："各级行政部门要经常进行文物普查。重要的革命遗址、纪念建筑物、古建筑、石窟寺、石刻、古遗址、古墓葬等也应该是陆续入选的。根据其价值，按以下步骤确定为县（市）级文物保护单位或省（自治区、直辖市）级文物保护单位。"

其中，县（市）级文物保护单位，由县、市文化行政部门报县、市人民委员会核定公布，并报省、自治区、直辖市人民委员会备案；省（自治区、直辖市）级文物保护单位，由省、自治区、直辖市文化行政部门报省、自治区、直辖市人民委员会核定公布，并报国务院备案。此外，《条例》还提出要认定"全国重点文物保护单位"，具体认定方法是，由文化部（现重组为"文化和旅游部"）在省（自治区、直辖市）级文物保护单位中，选择具有重大历史、艺术、科学价值的文物保护单位，分批报国务院核定公布，作为全国重点文物保护单位。

1982年正式公布的《文物保护法》将全国重点文物保护单位的认定办法调整为，从各级文物保护单位中选出具有重要艺术价值、科学价值的全国重点文物保护单位，或者直接指定全国重点文物保护单位报国务院审核公布。据此，《文物保护法》以法律形式延续并确认了文物保护单位分级管理制度。

自1961年以来，我国政府公布了八批全国重点文物保护单位，其中，1961年第一批全国重点文物保护单位认定180处，1982年第二批62处，1988年第三批258处，1996年第四批250处，2001年第五批518处，2006年第六批1 080处，2013年第七批有1 944处，2019年第八批有762处。

名城保护制度的提出晚于文物保护单位制度。国务院1982年通过的《文物保护法》第八条明确规定："保存文物特别丰富、具有重大历史价值和革命意义的城市，由国家文化行政管理部门会同城乡建设环境保护部门报国务院核定公布为历史文化名城。"

历史文化街区保护制度建立于2002年。2002年《文物保护法》修订后，增加了"保存文物特别丰富并且具有重大历史价值或者革命纪念意义的城镇、街道、村庄，由省、自治区、直辖市人民政府核定公布为历史文化街区、村镇，并报国务院备案”的条款。与此同时，《文物保护法》规定“历史文化名城、历史文化街区、村镇所在地的县级以上地方人民政府应当组织编制专门的历史文化名城和历史文化街区、村镇的保护办法，并纳入城市总体规划”，名城、街区、名村、名镇的保护措施由国务院具体制定。

（二）“不改变文物原状”的保护原则

中国的文物工作实行“保护为主、抢救第一、合理利用、加强管理”的基本方针，要求文物保护要坚持“不改变文物原状”的基本原则。我国政府在颁布文物保护的法律法规时，始终坚持将这一原则写入其中。与此同时，文物保护实践领域遵循了该原则。国内学术界对“不改变文物原状”原则的讨论与阐释如下。

事实上，文物保护原则一直是国内学术界争论的焦点。是保留现状还是恢复原状？两者有什么区别？从辩论的内容来看，主流观点是保持现状和恢复原状是完全不同的概念。保持现状一般是指保持建筑物现有的健康外观，其中包括对建筑物在不同时期、不同环境下的维护和重建等客观事实的尊重。恢复原状就是恢复建筑在建造初期的原状。这里的“原始状态”在理论界是有争议的，主要体现在对早期建筑风貌和早期建筑形式的不同理解上。

前者的理解是恢复一个建筑在最初建造时期的风格，按照那个时代的观念恢复文物。后者则主张了解一个建筑刚建成时的实际形状，还原当时建筑的样子。第一种理解方式类似于 19 世纪法国以杜克为代表的风格还原理论，只是这种理论后来在实践中受到了后人的批判。中国理论界的主流意见倾向第二种理解方式。

事实上，恢复原状是一项极其复杂的工程。为了实施还原计划，整个建筑必须满足非常严格的条件。其中最根本的条件是有主体部分，即梁架、斗拱等木构架，大部分要保留原建造时期的风格和构件，或部分缺失或改变，如此才能恢复原状。而且，要修复或维护古建筑，相关人员必须严格保证四个方面：原始的建筑造型、原始的建筑结构、原始的建筑构件质量、原始的建筑技术。

第三节　历史文化名城的保护与传承

一、国家历史文化名城的申报与审定

（一）申报条件

2008 年，国务院颁布的《历史文化名城名镇名村保护条例》规定，具备下列条件的城市、镇、村庄，可以申报历史文化名城、名镇、名村：保存文物特别丰富；历史建筑集中成片；保留着传统格局和历史风貌；历史上曾经作为政治、经济、文化、交通中心或者军事要地，或者发生过重要历史事件，或者其传统产业、历史上建设的重大工程对本地区的发展产生过重要影响，或者能够集中反映本地区建筑的文化特色、民族特色。另外，申报历史文化名城的，在所申报的历史文化名城保护范围内还应当有两个以上的历史文化街区。

（二）审定原则

中国的历史城市数量非常多，但究竟哪些城市能够被认定为历史文化名城，则是需要相应的审定原则的。1986 年，国务院在批转的《城乡建设环境保护部、文化部关于请公布第二批国家历史文化名城名单报告的通知》中对此做出了说明：第一，不但要看城市的历史，还要着重看当前是否保存有较为丰富、完好的文物古迹和具有重大历史、科学、艺术价值。第二，历史文化名城和文物保护单位是有区别的。作为历史文化名城的现状格局和风貌应保留着历史特色，并具有一定的代表城市传统风貌的街区。第三，文物古迹主要分布在城市市区或郊区，保护和合理使用这些历史文化遗产对该城市的性质、布局、建设方针有重要影响。

二、历史文化名城保护规划的编制与规范

1983 年 2 月，《城乡建设环境保护部关于加强历史文化名城规划工作的通知》要求，历史文化名城保护规划要体现在城市总体规划中，影响城市形

态、布局和用地。历史文化名城保护规划是以保护城镇中的文物古迹、风景名胜及其环境为重点的专项规划，应当包括保护城市优秀传统和合理布局。同时，在编制保护规划时要深入调查研究，协调好生产发展与历史文化名城保护的关系、旧城改造与古城风貌保护的关系、旅游与名城保护的关系以及做好规划、文物、园林与设计部门的协调工作。

1994 年 9 月 5 日发布的《历史文化名城保护规划编制要求》从技术上明确了规划的编制。2005 年发布的《历史文化名城保护规划规范》进一步对历史文化名城保护专项规划的内容和要求进行了完善。

历史文化名城保护规划是以保护城市区域内的文物古迹、风景名胜及其环境为重点的专项规划。它是城市总体规划的重要组成部分，广义上也包括对城市优秀传统的保护和合理布局。在保护规划的编制中，个别文物、古建筑或建筑残片区域和街区、古城遗址、古墓葬区、山川河流等应根据其重要性，以点、线、面的形式进行保护。

三、历史文化名城保护协调工作

（一）发展生产和保护历史文化名城的关系

从理论上讲，在社会主义制度下，生产的发展和生产力的布局是由国民经济计划和地区经济发展计划决定的。生产的发展促进城市的整体发展，城市通过合理的规划为生产的发展提供必要的条件。这两者必须协调一致。因此，历史文化名城的规划应严格控制新建工业项目，对城区内的工厂、企业、单位要认真调查，区别对待，妥善处理；对非法占用、滥污染、严重破坏重要文物和风景名胜的，要采取转产、拆迁等措施予以解决；对影响环境协调、有一般污染、近期已无条件转移的，严格控制其发展，通过技术改造和污染治理逐步改善其环境质量，同时在规划中考虑长期转移的可能性，保留无污染危害、不影响文物保护和环境协调的。

（二）旧城改造和古城风貌的关系

随着国民经济和社会的发展，老城区将逐步改造，城市设施和社会生活将逐步现代化，历史文化名城也将不断丰富和发展。这是必然的发展趋势。但是，历史文化名城的建设和发展要特别注意整体空间环境的协调。各级文物保护单位划定了必要的保护范围，明确规定根据文物保护的实际需要，可以在文物保护单位周边划定一定的建设控制地带。在文物保护单位的保护范围内，一般不得进行其他工程建设。建筑面积既要根据需要控制新建项目的高度和体量，又要使建筑形式和风格与古城环境相协调。建筑的形式和风格没有固定的模式可循，也不能靠行政命令来规定。这就需要规划设计部门密切配合，通过各种方案的比较，在实践中不断探索创新；有条件的可以采取方法策划设计竞赛，进行学术研讨交流，寻求设计水平的共性。在历史文化名城保护规划中，我们在确定保护项目、划定保护范围和建立控制地带时必须非常谨慎，并通过调查和科学评估，因地制宜。

（三）发展旅游事业和保护历史文化名城的关系

一般历史文化名城都以悠久的传统和优美的自然风光而闻名，吸引着国内外的游客。中国的历史文化名城旅游在未来必将有很大的发展。这对建设社会主义物质文明和精神文明，进一步扩大我国的国际影响是非常重要的。因此，必须强调，所有的旅游设施都要纳入城市总体规划，按照城建、文物、园林等部门的有关规定进行管理、规划和建设。历史文化名城的规划建设也要为旅游事业的发展创造必要的条件，按照本城市的具体条件开发建设新的旅游点，扩大旅游环境容量。

（四）各部门工作关系的协调

历史文化名城保护涉及规划、计划、设计、文物、园林、宗教等多个部门，需要这些部门的密切合作。其实，文物古迹、宗教寺庙、园林景点往往是一体的，相互依存，相辅相成。它们必须通过规划在城市的整体环境中有机地组织起来，并得到适当的保护和管理。建筑和市政工程设计是城市规划思想的体现，也是规划实施过程中的重要环节，对历史文化名城的形成有重要影响。规划、文物、园林及相关设计部门要密切配合，协调行动。历史文化名城的保护和建设需要必要的资金和规划部门的支持。

第四节　传统村落的保护与传承

传统村落保护的基本宗旨是保存、延续与更新，在整体保存历史风貌的同时，改善其实用功能，不断更新，以满足人们社会生活的需求，并在处理好保存与更新关系的基础上，将地方历史特色可持续地进行延续。

一、中国传统村落保护的意义

传统村落是农业文明的社会结晶，是农业文明不可再生的遗产。以农业家庭为单位的传统村落构成了中华民族的重要社会，凝聚着中华民族宝贵的民族精神。保护传统村落，既是维系中华民族集体记忆的社会载体，也是华夏子孙维系身份认同的纽带。传统村落消失后，城市的存在是不可靠的；没有传统的价值伦理，中国人的集体价值观就无从谈起。因此，保护传统村落是一个重要的社会问题。

在中国庞大的遗产体系中，名镇名村的遗产数量惊人。农村是由农耕集聚发展起来的，农耕集聚又是由农耕、自然、人文环境等多种因素碰撞融合而形成的。名镇名村的遗产主要体现在文物、建筑和街道的传统特色上。在一定程度上，保护传统村镇就是尽最大努力维护传统文脉，促进传统村落遗产的传承和发展。

目前，在我国新农村建设的大潮中，仍有很多古建筑等物质文化遗产等待我们去保护。鉴于此，新农村建设不仅要注重改善建筑空间条件，还要关注农村整体环境，创造性地整合地域内涵和其他人文资源，尊重地域精神，深入挖掘农村的古建筑等物质文化遗产，做好传统村落遗产的保护与传承。

传统村落遗产的保护和利用意义重大。一方面，传统村落遗产的保护和利用有助于开发传统村落的优质资源，为传统农业、制造业等传统产业注入创意产业，促进农村产业结构的改善，探索遗产旅游等适合本村的发展路径，通过实现农村传统工业化发展，促进农村经济结构的优化，从而增加本村的就业机会；另一方面，传统村落遗产的保护和利用可以保护农村遗产，提高村庄的整体价值，有助于建设生态和谐的社会主义新农村，并促进农村的发展。

21 世纪，在城市化、工业化和信息化的背景下，传统村落的保护和发展不仅体现了一个国家和广大人民群众的自觉，还促进了农村经济、社会和内部的协调发展，有利于保持中国模式的完整性和多样性。

二、传统村落文化遗产传承的原则

文化遗产保护和传承原则的确立应对不同类型和级别的文化遗产区别对待，具体如下。

（一）“博物馆式”传承

对已被列为文物保护单位的村落不可移动资源和保存完好的特色古建筑可采取“博物馆式”保护方式。也就是说，这些居民楼和公共建筑由政府维护，按照风格恢复建筑的内外装饰。

（二）整旧若旧

对于村内一些不完整的老建筑，我们应本着“保旧”的原则，在不破坏原有遗址信息和科学艺术价值的前提下，尽量减少不必要的新建，恢复的部分也要在建筑外观上与原有部分基本一致。同时，根据世界公认的遗产修复原则，新增部分与剩余部分应有一定的区别，以便区分哪些部分是现代复制品。

（三）可逆转的原则

在增加、加固或支撑现有建筑物时，我们可遵循可逆原则。如此一来，一些新的东西即便在未来被丢弃或替换，也不会影响传统建筑的现有形式和基本结构。这种方法旨在为未来可能的改造留有余地，并根据面临的新问题及时修改现有计划。

（四）从全局出发的原则

传统村落的遗产传承要从全局出发，涉及建筑、胡同空间格局、传统景观节点、公共设施、民俗传统等。这种保护不仅仅是对一些单体建筑的保护，更是对整个乡村的保护。

（五）分阶段、严慎有序的保护原则

一旦出现调查工作深化、调查偏差等问题，粗放式的村庄改造便会出现建设性的破坏。因此，分阶段开发和改造传统村落可以更有效地促进遗产保护。

（六）多元化介入的原则

多元化介入包括多学科介入和多主体介入。传统村落遗产传承是社会学、旅游学、人文科学、环境工程等学科的综合研究。这些学科的成果可以丰富遗产保护的理论和科学性。但是，传统村落遗产的保护既不是政府的主

观意志，也不是个人的意志。其进展是否顺利，需要政府、企业、村民、设计师、开发团队、其他领域专家等诸多利益相关方的共同介入，整合各种意愿，共同推动。

（七）重视非物质文化遗产传承的原则

众所周知，非物质文化遗产是不可复制的。传统村落之间存在地域差异，所以其中蕴含的非物质文化遗产更加丰富多彩。发展传统村落的特色非物质文化遗产，不仅有助于提升传统村落的人文价值，还能教育年青一代积极参与非物质文化遗产保护，成为优秀的非物质文化遗产传承人。

三、传统村落文化遗产传承的机制

乡村建筑空间系统是乡村的主要物质载体和不可移动物质文化遗产。空间系统所包含的传统民居建筑、公共建筑、街巷是容纳村民生产生活诸多方面的空间集合体，是不同地域建筑的传承。

乡村遗产是村落的重要精神载体，是村落赖以生存的灵魂，是一个村落区别于其他村落的显著标志。比如，古代戏曲形式、传统舞蹈、传统手工艺、民间庆典等，这些都是农民生活经验的总结，是他们生活感受的体现。

新农村建设的提出具有一定的时代特征。新农村建设旨在满足新时期农村发展过程中不断产生的各种需求。

综上所述，建筑空间体系、非遗传承和新农村建设相辅相成，缺一不可，它们的和谐共存将不断推动我国传统村落遗产的保护和利用。

四、中国历史文化名镇名村保护的规划制定

2003 年以来，住房和城乡建设部、国家文物局等有关部门选择文物特别丰富、具有重要价值和革命纪念意义、能够较完整地反映当地传统风貌和部分时期地方民族特色的村镇，将其认定为中国名镇名村。

2012 年 12 月，住房和城乡建设部、文化部（现文化和旅游部）、财政部联合下发了《关于加强传统村落保护发展工作的指导意见》（以下简称《意见》），对传统村落的保护和发展做出了具体部署。《意见》明确了保护和发展传统村落的原则是规划先行、统一领导、整体保护和发展、兼顾生态传承、政府主导和村民参与；传统村落保护发展的任务是不断完善传统村落调查，建立国家和地方传统村落名录，建立保护发展管理体系和技术支撑体系，制定发展政策措施，培养宣传教育人才。

《意见》还就如何开展传统村落保护提出了几个具体要求。

一是继续进行全面的传统村落调查。一方面，调查要对已登记的传统村落进行补充，进一步完善村落信息档案；另一方面，调查应重视非物质文化遗产丰富的传统建筑、传统区位结构和村落，特别是加强对少数民族地区和空白地区的复查。

二是建立传统村落名录体系。据《传统村落评价认定指标体系（试行）》，住房和城乡建设部、文化部（现文化和旅游部）和财政部按照省级推荐、专家委员会审定、社会公示的程序，将符合国家级传统村落条件的村落列入中国传统村落名录。同时，各地相关部门要落实当地传统村落认定标准，积极开展本行政区域内传统村落的审核认定工作，建立当地传统村落名录。受审查的传统村落分阶段向公众公布。

三是促进保护和发展计划的编制和实施。各级传统村落要制定保护发展规划，划定保护范围和控制区域，明确保护对象和措施，明确控制要求；安排村庄设施和公共服务设施建设维护项目；明确传统要素资源利用方式；提出传承和发展传统生产生活的措施。地方住房和城乡建设部门和财政部门要建立专家评审制度和巡查制度，保障发展规划，确保发展规划实施，确保规划质量。为便于公众参与和监督，这些部门还要做好前期宣传工作，确保规划成果的长期宣传；加强规划实施管理的人员经费保障，确保专人负责。

四是保护和传承文化遗产。传统村落保护应保持遗产的真实性、完整性和可持续性，尊重传统建筑风格，不改变传统建筑风格，及时修缮已确定保护的濒危建筑物、构筑物，整治影响传统村落整体风貌的建筑；尊重传统选址格局与周边景观环境的依赖关系，注重整体保护，禁止各种破坏活动和行为。如果损害已经造成，就应该恢复。尊重村民作为遗产所有者的主体地位。鼓励村民按照传统习俗开展乡社文化活动，并保护与之相关的空间场所、物质载体以及生产生活资料。因重大原因确需迁并的传统村落，必须经省级住房和城乡建设部门、文化部门、财政部门同意，并报中央部门备案。

五是改善村庄生产生活条件。正确处理传统村落保护与村民改善生活意愿的关系，在符合保护规划要求的前提下，优先安排传统村落设施和公共服务设施建设项目，积极引导居民对传统建筑进行节能改造和功能提升，改善居住条件和居住环境质量。正确处理传统村落保护与发展的关系，在挖掘和发挥传统遗产资源价值、延续传统生产生活方式的基础上，适度发展特色产业，增加村民收入。正确处理保护和利用的关系，对不同类型的资源提出合理的利用方法和措施，纠正无序和盲目建设，禁止大规模建设和拆除。

六是建立政府推动、社会参与的协同保护和开发机制。加大对传统村落保护开发项目的支持力度，鼓励社会力量参与传统村落保护开发，多渠道筹集保护开发资金，建立政府推动、社会参与的协调保护开发机制。村庄整治等建设项目应当向传统村落倾斜。各地住房和城乡建设部门会同财政部门，建立传统村落保护与发展协调机制，成立专家指导委员会，负责研究开发、总体技术指导和战略决策咨询，并提供现场指导。建立村民参与机制，在制定保护开发规划和实施保护利用项目时，必须充分尊重村民意愿。

七是加强监管。各级传统村落应当设立保护标志，建立保护档案，未经批准不得迁移传统村落。住房和城乡建设部、财政部建立了传统村落动态监测信息系统，收集村落基本情况、保护规划和建设项目等信息，跟踪监测传统村落保护现状和规划实施情况。加强对传统村落保护发展的监管，对违反保护要求或未能保护好传统遗产资源的，给予警告和通报批评。在开发过程中，对传统建筑、选址、结构、风格等造成破坏的，将发布濒危预警，取消名录认定和项目支持。情节严重的，有关部门将依法查处。

第三章　非物质文化遗产的保护与传承

第一节　非物质文化遗产的传承主体

由于非物质文化遗产是植根于民族流行土壤中的活的文化，是一种发展着的传统的行为方式和生活方式，它不能独立于生产者和消费者而存在，而是存在于特定群体生活中，是一种“活”的传承和“活”的保护。从这个意义上讲，遗产主题是保护非物质文化遗产的核心因素。如果从事非物质文化遗产的传承人数量减少，甚至没有传承人，那么他们持有的非物质文化遗产就不会得到传承和发展，而是会逐渐消失。因此，保护非物质文化遗产项目的传承人和传承群体，充分发挥各级传承人的作用，是抢救和保护非物质文化遗产的根本。

一、何谓“传承主体”

传承是非物质文化遗产的基本特征：只有通过对传承主题的口头和心领神会的传授，才能世代相传，永不停歇。非物质文化遗产主要有两种形式：一种是群体遗产，如礼俗仪式、年令、季令、社会祭祀、庙会等大型群众性活动，一般属于群体记忆或群众记忆，由群体创造和拥有，并可通过群体代代相传；另一种是传承人传承，如口头文学、表演艺术、手工艺、通俗知识和通俗文化。传承人通过口头和心领神会的传授将他们的技能传给后代。迄今为止传承下来的每一项非物质文化遗产都是经过几代人甚至几十代人的创造、传承和创新，逐步发展和锻造的。以於陵帛为例，春秋战国时期，齐国於陵邑（现淄博市周村区）丝绸生产已经初具规模，具有较高的工艺水平。司马迁《史记》中记述："齐带山海，膏壤千里，宜桑麻，人民多文采布帛鱼盐。"丝绸除了用于制衣，还用于书画。齐国稷下学宫黄老学派失传很久的经典巨作《黄帝四经》，于1973年在长沙马王堆汉墓中，以帛书的形式重见天日。由此可见，齐国帛当时已在全国范围普遍使用。明末以来，周村丝绸业规模宏大，产品行销各地，为山东丝绸主要生产地。清朝末年，近代化的缫丝厂相继在周村成立。2007年8月，丝织二厂实施政策性破产，重组成立了淄博海润丝绸发展有限公司。该公司自组建以来，不断加大对齐鲁丝绸文化的挖掘、传承和保护，在传承和发展的基础上，成功复制书画专用真丝绸——於陵帛，并获得四项国家专利，再现了2 700前的齐国古韵，填补了国内空白。於陵帛展示了齐文化的软实力，推动了传统文化的传承和发扬光大，促进了非物质文化遗产的保护和发展。这说明在非物质文化遗产不断传承和发展的过程中，传承主体始终是主角。

任何非物质文化遗产的传承都取决于传承主体。那么，什么是非物质文化遗产的传承主体呢？非物质文化遗产传承人是指某一非物质文化遗产的特殊传承人，即代表某一遗产深厚的民族大众文化传统，掌握某一非物质文化遗产的知识、技能和技术的个人或群体。他们具有很高的水平，并具有公认的代表性、权威性和影响力，得到了社区、群体和族裔群体的承认。传承人是非物质文化遗产的重要载体和传播者，他们以非凡的智慧和灵性，创造、掌握和传承与非物质文化遗产相关的文化传统和精湛技能。例如，在我国古代非物质文化的传承中，华佗、孙思邈、李时珍是传统医药行的祖师。从战国到西汉时期，生产力的提高和社会制度的变革促进了医药学从经验学向理论高度的深化。据《灵枢》记载，当时的金属医针有九种不同形状和用途，称为"九针"。晋代名医葛洪撰《肘后备急方》，普及医药知识，其中多为针灸治法。这个时期还出现了针灸腧穴图。隋唐时期加快了医药学的发展，针灸逐渐发展成为一门专科。辽宋金元时期，印刷术的广泛应用促进了医药学文献的积累，加快了传播和发展进程。王惟一在公元1026年撰成《新铸铜人腧穴针灸图经》，设计并制成了两具铜人模型，外刻经络腧穴，内置脏腑。明代，针灸学术发展到高潮，流派众多。至清代，医者重药轻针，针灸逐渐转入低潮。民国时期，针灸仍在民间流传。新中国成立后，国家采取一系列措施发展中医事业，使针灸学术得到了前所未有的普及和提高。乐康中医针灸通过理、法、方、穴、术的有机结合，达到了系统诊治疾病的目的。在历史的长河中涌现的这些代表性人物便是我国古代优秀的非物质文化的创造者和传承者的代表。由此可见，非物质文化遗产的保护以代表性传承人开展传承活动为重要特征。

非物质文化遗产的传承更为复杂，突出了人对物质文化遗产的作用。由于非物质文化遗产是一种动态的遗产，是人类生存文化能力和精神的传承和发展，它必须在发展中生存。传承主体承担着传承与创造的双重使命，不仅要将高超的技能和能力传递给子孙后代，还要通过创新和发展提高传承的技能和能力。

国家和各级政府指定或认定的非物质文化遗产传承主体的传承人和传承群体，有责任和义务将自己的技能和技术传承给子孙后代，为社会做出贡献，并享有非物质文化遗产开发权。要承担这一责任并履行其义务，传承人要提高文化遗产意识，认识到个人拥有的某种特殊文化能力和技术属于自己或特定群体，是我国优秀传统文化的有机组成部分，是全人类的宝贵财富。因此，传承人应以开放的心态和开放的良知，改变只在家庭内部保守秘密和传播技能、技术的限制做法，扩大学徒制的范围，并寻求一切可能的方式聚集愿意学习的年轻人，从而使自己的技能和技术能够得到更好的传承、发展和提升。

关于非物质文化遗产传承人应尽的义务，联合国教科文组织颁布的《关于建立“人类活珍宝”制度的指导性意见》中规定：“人类活珍宝”的义务应当是改进他们的技艺与技术；将他们的技艺与技术传授给徒弟；在无版权问题和争议的情况下，允许以有形的方式（录像、录音、出版）对他们的活动进行记录；在常规条件下，向公众发表运用其技艺和技术生产的产品。可以看出，优秀传承人的义务不仅是教徒弟，还要对他们的技能和技术进行改进和创新。这符合事物发展的客观规律。如果任何一种技能或艺术保持在同一水平上，它就不能随着时代的进步而不断进化和发展，而是在传承中缺乏活力，甚至会被社会淘汰。

2008 年 6 月 14 日起施行的《国家级非物质文化遗产项目代表性传承人认定与管理暂行办法》（以下简称《办法》）是我国第一个国家级非物质文化遗产项目的相关管理文件，标志着我国在非物质文化遗产保护法规建设上的重要进步。《办法》的第十三条对国家级非物质文化遗产项目代表性传承人应承担的义务规定如下：在不违反国家有关法律、法规的前提下，根据文化行政部门的要求，提供完整的项目操作程序、技术规范、原材料要求、技艺要领等；制订项目传承计划和具体目标任务，报文化行政部门备案；采取收徒、办学等方式，开展传承工作，无保留地传授技艺，培养后继人才；积极参与展览、演示、研讨、交流等活动；定期向所在地文化行政部门提交项目传承情况报告。这五条规定具有可操作性的指导意义，明确了国家级非物质文化遗产项目代表性传承人应该做什么和怎样去做。

二、传承主体保护的紧迫性、重要性

中国的非物质文化遗产保存在许多杰出传承人的记忆和技能中。非物质文化遗产传承最重要的渠道是传承人的口头和衷心指导。可以说，非物质文化遗产的保护归根结底是对传承制度、传承环境和传承主体的保护。目前，我国非物质文化遗产的遗传链十分脆弱，许多项目传承人的生活状况不容乐观。在代表国家级非物质文化遗产项目的第一批传承人中，226 名传承人的年龄在 60 岁以上。这就导致许多国家级非物质文化遗产的传承人虽有独特的技能，但没有传给后代。以“锦灰堆”为例，其技术含量高，工艺复杂，要求绘画者多才多艺，能模仿各家字体和善画各种花鸟鱼虫、山水人物，能够熟知各种碑拓、青铜器造型，还能篆刻各种印章。“锦灰堆”的制作耗时之长，一幅作品往往需要花费 1 月或数月的时间来完成，胜任者极少。即使有少数善画者也因年事已高而难以胜任。这就要求我们必须对非物质文化遗产的传承人进行调查、鉴定、管理和保障，保护和传承他们的特殊技能。

一些项目的遗留问题很严重，而且缺乏接班人，原因有很多。首先，它受到传统传承方式的限制。在物质匮乏的农耕社会，艺术家对某些从祖先那里传承下来的、经过多年认真学习和完善而获得的独特技能和能力抱着自私的态度。在他们看来，他们掌握的技能是建立在社会基础上并支持家庭的唯一技能。这种技能只属于他们的家庭或某个民族。这是绝对保密的，不能传播。这就形成了一些通俗技艺的单行传承模式，即父子、母女、师徒传承。为了确保家庭所拥有的某些技能不外传，还有一种现象，即只传给儿子，不传给儿媳。例如，沙河藤牌阵被列入第一批国家级非物质文化遗产名录，是中国北方唯一的古代军事作战技术。它自明朝以来已有数百年的历史。如今，它只存在于中国河北省沙河市十里铺村。它的遗产范围狭窄的原因是，几个世纪以来，遗产的主体始终遵循“只传男人，不传女人”的传承方式。另外，藤牌阵练习者只允许练习武器，不允许用文字和数字记录矩阵。因此，70 多种藤牌阵没有文字痕迹，只有少数“藤帮领袖”对其有所了解。这种传承方式不可避免地导致一些流行技能的传播范围狭窄，掌握这些技能的人数少。

其次，它受到现代文化和现代生活方式的影响。相对封闭的社会文化环境是保持传统文化稳定和完整的客观条件，是传统民族技能和大众技能世代自然延续的客观条件。一旦这种客观条件发生变化，文化遗产将受到威胁，遗传链将断裂成若干环。随着现代化浪潮和商品经济的深入发展，少数民族地区也深受现代文化和现代生活方式的影响，人们普遍认同现代文化和现代生活方式。特别是年轻人大多对现代艺术充满热情，追求现代时尚，而对传统艺术和技能的热情有所减退。以上海古老的松江顾绣为例，其以技法精湛、形式典雅、艺术性极高而著称于世，被誉为鲁绣、苏绣、湘绣的渊源。顾绣的制作较为复杂，需要绣工先将丝线剖成 24 份，然后用 12 号小针穿上剖成 1/24 细的丝线，所以一幅作品往往需要耗时几个月甚至几年才能完成。而这对于年轻人而言，难度很大。

最后，现代科学技术的发展和人们审美趣味的变化也对传统文化艺术造成了一定的冲击。稻草画、刺绣、剪纸等大多有着古老的主题，数百年来，其展示的多是文人才女、宫女、花、鸟、虫、鱼、梅、兰、竹、菊等事物，已经与当前人们的审美需求有所偏离，吸引力降低，后继乏人。由此可见，非物质文化遗产的自发传承过程受到了现代化浪潮的影响，需要我们采取必要的行动对其进行保护，促进其传承。

三、对传承主体的保护

为了有效地传承和保护国家级非物质文化遗产项目，鼓励和支持代表性传承人开展传习活动，进而建立起一套科学有效的传承机制，根据《办法》，文化部（现文化和旅游部）2007 年至 2012 年相继评定并公布了四批共 1 986 名国家级非物质文化遗产项目代表性传承人。地方各省（区、市）也陆续认定与命名了省级非物质文化遗产项目代表性传承人近 9 000 名，涵盖民间文学、杂技与竞技、民间美术、传统音乐、传统舞蹈、传统戏剧、曲艺、传统手工技艺、传统医药及民俗十大类，产生了广泛的社会影响。

此外，一些地方政府也非常重视代表性传承人的识别和保护。各省公布了省级非物质文化遗产项目的代表性传承人。例如，云南省、北京市等省市已经任命了一批省级非物质文化遗产项目的代表性传承人。江苏、浙江、陕西、河南等省随后制定了《非物质文化遗产保护项目代表性传承人认定和管理办法》。一些省市重视对代表性传承人的保护，不仅为他们提供生活帮助，还对他们的传承活动进行档案记录和数字记录。总之，识别和保护代表非物质文化遗产的传承人已受到各级主管部门的重视，并已成为非物质文化遗产保护的最高优先事项。

为了有效加强和进一步完善对非物质文化遗产核心主体的保护，各方必须共同努力，争取更多成果。从实际角度来看，至少需要以下几个层面的共同努力。

（一）政府层面

各级政府在保存、保护和传承非物质文化遗产方面发挥着主导作用，承担着重要责任。中国政府应参考联合国教科文组织有关文件的精神，结合中国国情，制定一套符合中国国情的非物质文化遗产文物评估鉴定制度，并对救援保护工作的实施出具指导意见。

国家级传承主体的认定，应考虑或参照联合国教科文组织颁布的《关于建立"人类活珍宝"制度的指导性意见》中提出的四条选择尺度，即其杰出的、罕见的人类创造性价值；对于一种文化传统和历史来说，它是独一无二的或至少是特殊的证明；它具有一个特定地区或特定流派的显著特征；它正面临消失的危险。只有坚持这样的标准，才能确保确定的传承人是"国宝"，是中国非物质文化遗产的代表性传承人。各省、市、县在审查认定本区非物质文化遗产代表作品时，还应选择创作这些代表作品的传承人和传承群体，建立各级传承人名单，明确抢救和保护对象，以便有针对性地开展非物质文化遗产主体保护工作。

完成普查和身份鉴定只是保存和保护遗传主体的第一步。除此之外，各级政府应通过财政支持、宣传和鼓励传承人（传承群体），建立科学合理的非物质文化遗产传承机制，并采取切实的方法和措施，加强对传承人的保护。

首先，建章立制，保护和管理好代表性传承人。例如，为了做好代表性传承人的工作，浙江省文化和旅游厅建立了代表性传承人访问和报告制度，规定了"三必须报告"，即地方文化部门了解并在工作中发现代表性传承人家庭突发事件时，必须报告；代表性传承人病情严重时，必须报告；代表性传承人的艺术成就必须报告。这一制度的实施，不仅可以及时了解传承人的情况，更充分体现了政府对传承人的关怀。

其次，加强扶持和资助的力度。在对传承人的支持和补贴方面，各省都采取了许多积极措施。例如，山东省已建立 167 家博物馆和非物质文化遗产学习中心。其中，7 个单位被命名为"山东省非物质文化遗产研究基地"，20 个单位被命名为"山东省非物质文化遗产保护基地"，9 个单位被命名为"山东省非物质文化遗产教育基地"。这些博物馆和基地的建立，有效地促进和保障了山东省非物质文化遗产的进一步发展。可见，各级政府采取各种措施保护非物质文化遗产，有利于改善传承人的生活和工作条件，为其从事非物质文化遗产的传承创造有利的环境。

（二）传承主体层面

传承人对非物质文化遗产的传承必须得到国家政策法规的保障。为此，国家制定了相关的政策和法律，各级政府已经或正在制定相应的法规或保护意见。2011 年 6 月 1 日起开始实行的《非遗法》的第三十一条明确规定了非物质文化遗产代表性项目的代表性传承人应履行的义务：“开展传承活动，培养后继人才；妥善保存相关的实物、资料；配合文化主管部门和其他有关部门进行非物质文化遗产调查；参与非物质文化遗产公益性宣传。”此条还明确了代表性传承人的退出与重新认定问题，即“非物质文化遗产代表性项目的代表性传承人无正当理由不履行前款规定义务的，文化主管部门可以取消其代表性传承人资格，重新认定该项目的代表性传承人”。这些规定已更新为法律规定，为中国非物质文化遗产代表性项目的传承提供了相应的政策法规，有利于传承主体更有效地履行职责和义务，开展各种传承活动。

1. 传承主体要积极开展传承活动，培养后继人才

传承主体要提高传承非物质文化遗产的主动性和自觉性，改变过去保守自发的状态，逐步走上开放自觉的传承之路，扩大传承的范围和方式，毫无保留地将“独特技能”传递给子孙后代，为弘扬民族传统文化做出贡献。在各级任命的代表性传承人中出现了许多感人的行为。他们以“延续文化底蕴，传承珍宝”为已任，免费接收学徒，培养了许多“青出于蓝”的优秀接班人。20 世纪 30 年代初，济南厨师刘兆贤拜金氏后人金世禄为师，他细心观察，掌握其要领，反复揣摩，举一反三，终成一代鲁菜大师。得知师傅有祖传的宫保尚书宴的烹饪技能后，刘兆贤多次恳请学习，最终掌握了这一技能。20 世纪 40 年代末，刘兆贤在聚丰德饭店担任主厨，收崔义清为徒。崔义清从刘兆贤那里学到了宫保尚书宴的主要制法，尤以爆熘炸炒，调制清汤、奶汤等技法叫绝。20 世纪七八十年代，崔义清又将一手绝技传授给徒弟崔伯成。崔伯成在传承的基础上，通过挖掘历史资料线索，深入研究，不断实践，完善了宫保尚书宴菜品。20 世纪 90 年代，尚慎明拜崔伯成为师，学习正宗鲁菜及宫保尚书宴的制作。近几年，在崔伯成大师的具体指导下，尚慎明带领其厨师团队，不断总结提升，将宫保尚书宴进一步细化，形成由

八个主题组成的系列，并采用多种形式，对制作方法进行归纳建档，为后人留下了较为完整的宫保尚书宴的文字资料和影像资料。

目前，传承方式正在不断创新和演变，在原有家庭传承的基础上，出现了一些新的传承和保护形式。例如，艺术家刘仁创建的“刘仁剪纸馆”就展览着数百件精美的剪纸作品。这里的作品有的简单而富有活力，有的小巧精致。作品的内容也很丰富，涉及成语、故事、肖像、花鸟虫鱼等，尤其是那些有着节日气氛的剪纸展现出健康的审美情趣和丰富的精神内涵。

在各级政府主管部门的大力支持下，代表性传承人在履行义务的过程中，不断拓宽传承渠道，形成了多种有效的传承方式。一是突破了“师导徒”的传统传承模式，搭建了平台，与职业教育相结合，将个体化、封闭式的传承模式转变为系统化、规模化的传承模式。二是依托传统文化教育，从孩子抓起，开展特色教学，提高大众保护和传承非物质文化遗产的意识和责任感。三是传承人广泛招收弟子，采取群体传承的方式，有效传承和发展了非物质文化遗产。

2. 传承主体要配合文化主管部门和其他有关部门进行非物质文化遗产调查

非物质文化遗产调查是非物质文化遗产保护的一项基础性工作，旨在通过调查了解和全面掌握各地区各民族非物质文化资源的类型、数量、分布、生存环境、保护现状和存在的问题。传承人有义务与各级文化主管部门及其他有关部门合作调查非物质文化遗产，如提供完整的项目操作规程、技术技艺、材料配方等。

3. 传承主体要积极参与非物质文化遗产公益性宣传

为了更好地传承非物质文化遗产，各级政府和主管部门积极组织丰富多彩的活动，为非物质文化遗产代表性项目搭建节庆平台、广告平台和展示销售平台。2006 年以来，文化部（现文化和旅游部）等部委、中国艺术学院等部门举办了“中国非物质文化遗产恢复成果展”“中国非物质文化遗产专项展”“中国非物质文化遗产传统技艺展”“中国非物质文化遗产 100 位工艺美术大师技艺展”“中国非物质文化遗产珍稀歌剧展”“中国少数民族传统音乐舞蹈展”“中国非物质文化遗产生产性保护成果展”等。在这些展览和表演中，“民间艺术大师”现场表演，让观众大开眼界，深刻感受到了中国民间艺术和技法的迷人魅力。可见，传承人的积极参与有利于非物质文化遗产的传承和大众保护意识的提高。

总之，只有做好传承主体的抢救与保护工作，才能使非物质文化遗产的传承生生不息、永续发展。

第二节　非物质文化遗产的保护主体

我国非物质文化遗产保护是继承和弘扬中华民族优秀传统文化，推进中国特色社会主义先进文化建设的一项系统工程。想要实现非物质文化遗产的有效抢救和保护，非物质文化遗产保护主体的重要作用不可或缺。如果参与保护工作的组织、部门和团体不能履行各自的任务，并且只存在于名义上，那么救援和保护工作将不会实施，最全面的计划和措施将只停留在纸面上。因此，关注各级各类保护主体的作用是保存和保护非物质文化遗产的关键。

一、何为“保护主体”

非物质文化遗产保护的主体是指国际组织、国家政府、各级非物质文化遗产保护机构、社区和民众。

各级各类保护主体负有不同的责任，承担着不同的保护工作，但是工作的目标是一致的。国务院办公厅颁布的《关于加强我国非物质文化遗产保护工作的意见》中明确规定了我国非物质文化遗产保护工作的目标，即“通过全社会的努力，逐步建立起比较完备的、有中国特色的非物质文化遗产保护制度，使我国珍贵、濒危并具有历史、文化和科学价值的非物质文化遗产得到有效保护，并得以传承和发扬”。要实现这一目标，保护主体在工作实践中就要坚持保护工作原则，即“政府主导、社会参与，明确职责、形成合力；长远规划、分步实施，点面结合、讲求实效”。强调“政府主导”，是因为文化建设属于政府五大建设（政治、经济、社会、文化、生态）之一，是政府的主要职能。政府在非物质文化遗产保护工作中居于领导地位，是组织者和管理者。强调“社会参与”，是因为非物质文化遗产是人类的瑰宝，分布广泛，涉及多个领域，但其自我保护能力非常有限。这需要整合社会各方面的资源，需要全社会的共同关注、参与和支持。此外，非物质文化遗产的保护是一项专业性、学术性和群众性的工作；社会参与将在很大程度上决定非物质文化遗产保护的进展和成功。因此，只有通过充分调动各主管部门的积极性，明确分工和职责，形成合力，构建稳定、高效的非物质文化遗产保护长效工作机制，非物质文化遗产的保护才能层层落实、协调推进。

二、各级各类保护主体的职责

各级各类非物质文化遗产保护主体都负有什么职责？其应如何履行这些职责呢？下面逐层探讨一下各级各类保护主体的作用和应尽的职责。

（一）国际组织

非物质文化遗产是全人类共同的精神财富。成功的国际保护对于确保这一宝贵财富得到全人类的共同关注和重视，实现各国在非物质文化遗产保护方面的国际交流、合作、互助，更好地保护人类文化多样性至关重要。

综合来看，国际组织在非物质文化遗产保护工作中应履行的主要职责如下：

第一，制定具有普遍指导意义的工作准则、建议，起草和通过相关的国际公约和法律议案。

第二，进行调研和科研，对未来人类非物质文化遗产保护工作中可能出现的各种情况，做出前瞻性的预测，并及时推出指导性意见。

第三，充分发挥联合国教科文组织内设立的保护非物质文化遗产政府间委员会的作用。该委员会的职能在《非遗公约》中列出了 7 条，归纳起来看，它的职能主要是提供国际合作与援助来保护非物质文化遗产。它负责制定急需保护的非物质文化遗产的标准，负责定期遴选和公布人类非物质文化遗产代表作名录。

第四，促进各国间的交流与合作。国际组织主要通过研讨、培训和一系列学术活动，促进各国沟通信息、交流经验，采取共同的保护行动；共同缔结条约，互相开展合作，使各国建立完善的保护非物质文化遗产工作机制。

第五，对需要援助的缔约国实施各种形式的援助活动。诸如帮助培训各类所需人员，提供专家和专业人员，提供设备和技能，在必要时提供低息贷款和捐助，等等。

第六，在保存和保护人类非物质文化遗产方面，国际组织作为保护主体的作用不容忽视。国际组织对非物质文化遗产的支持、指导、鼓励、监督、协调、传播和参与有利于各国政府加强对非物质文化遗产的保护，使保护工作走上正轨。

（二）国家政府

非物质文化遗产虽然是全人类的文化遗产，但存在于不同的国家，其发明者也存在于不同的国家。从物权的角度看，国家是人类非物质文化遗产的主体，有权拥有、使用、接受和处置非物质文化遗产。政府是非物质文化遗产最重要的守护者，在决策、组织和融合方面发挥主导作用。因此，全面深入推进非物质文化遗产保护，离不开政府的领导决策、战略部署、有力举措和有效监督，离不开各级政府的人力、物力、财力。国家政府要切实发挥领导作用，就必须认真履行保护职责，具体如下：

1. 建立健全保护工作领导机制，及时颁布相关政策、法规

国家政府的主要职能是决策、指挥、组织、管理、协调、监督、统筹等。国家政府通过调动各种行政资源，采取法律、技术、行政、财政等措施，支持和保障非物质文化遗产的保护、传承与传播。非物质文化遗产保护工作属于文化行政主管范畴，由国家文化行政主管部门和各级政府相关机构实施决策和领导。2005 年 3 月，国务院办公厅颁布的《关于加强我国非物质文化遗产保护工作的意见》中明确指出："要发挥政府的主导作用，建立协调有效的保护工作领导机制。由文化部牵头，建立中国非物质文化遗产保护工作部际联席会议制度，统一协调非物质文化遗产保护工作。文化行政部门与各相关部门要积极配合，形成合力。同时，广泛吸纳有关学术研究机构、大专院校、企事业单位、社会团体等各方面力量共同开展非物质文化遗产保护工作。"这就明确了我国非物质文化遗产保护工作的各级保护主体以及各自的职责。中国非物质文化遗产保护的主管机构为文化部（现文化和旅游部）。2006 年 7 月，国家非物质文化遗产保护工作专家委员会成立。2008 年，文化部设立了非物质文化遗产司，确立了文化行政部门作为非物质文化遗产工作主管部门的地位。文化部作为保护工作的牵头者，其职责是在与相关部委的统一协调中，依据我国国情，制定中国非物质文化遗产保护的总体战略、规划和计划，并依据《中华人民共和国非物质文化遗产法》，及时颁布与之配套的重大政策、法规；指导、监督、协调有关部委和部门在国家一级有效实施保护非物质文化遗产的指导方针、原则和战略，以实现保护的总体目标；组织和协调重大项目的实施；参与国家一级非物质文化遗产项目的介绍和评价；组织先进民族文化的传播和传承；各级政府要根据国家的部署需要，建立相应的领导机构，统筹好与保护非物质文化遗产有关的重要问题；

完善省、市、县三级保障机制，各级应协调运行、分级负责、落实到位。

2. 建立权威、科学的非物质文化遗产保护决策机构，保证决策的合理与合法

国家政府是保护非物质文化遗产的最高决策者和领导者，决定着保护非物质文化遗产的全局和主要行动方向。成功的决策来自一个好的决策机构。一个好的决策机关必须有合理的组成、明确的权限、科学的协调机制、规范的决策程序和公正的决策方法。为保护非物质文化遗产，国家应当设立由有关管理机构和有关专家组成的非物质文化遗产决策机构。为确保非物质文化遗产保护项目决策过程科学、专业、合理、公正，各国应制定有效的决策程序，明确决策方式，既要注重公民参与，又要充分考虑专家、学者的意见，接受社会和公众的严格监督。

3. 实施对保护工作的领导，充分发挥政府的主导作用

国务院文化行政部门负责组织、协调和监督全国范围内国家级非物质文化遗产的保护工作。具体内容如下：

（1）组织全国非物质文化遗产调查，对非物质文化遗产予以认定、记录、建档及建立相关数据库。

（2）通过制定评审标准，组织推荐、评审及科学认定国家级代表性项目，建立非物质文化遗产名录体系；组织制订保护规划，对国家级非物质文化遗产代表性项目予以保护。

（3）组织评审、认定国家级代表性传承人，建立传承机制。对已认定的代表性传承人，国务院文化行政部门要提供传承场所、经费资助，支持其开展授徒、传艺、交流、传播等活动。

（4）对非物质文化遗产代表性项目集中、特色鲜明、形式和内涵保持完整的特定区域，建立文化生态保护实验区，实施活态整体性保护。

（5）鼓励和支持发挥非物质文化遗产资源的特殊优势，在有效保护的基础上，合理利用非物质文化遗产代表性项目，开发具有地方、民族特色和市场潜力的文化产品和文化服务，实施生产性保护。

4. 培育大众的文化自觉，使非物质文化遗产的保护深入人心

为了提高人民的民族意识，达到文化意识，政府必须运用教育手段，广泛传播中国先进的传统文化，普及中国最好的民间文艺作品，全面提高人民

的素质，实施非物质文化遗产的全方位教育和传承；利用舆论媒介宣传保护非物质文化遗产的意义、原则和有关政策，确认积极领导的良好做法，为保护非物质文化遗产创造有利环境。

（三）非物质文化遗产保护机构

想要落实国家政府的非物质文化遗产保护规划和保护战略，各种非物质文化遗产保护机构的作用不容忽视。综合来看，非物质文化遗产保护机构主要有非物质文化遗产保护中心、文化艺术研究机构、民间组织、公共文化机构、传统艺术表演团体等。

1. 非物质文化遗产保护中心

非物质文化遗产保护中心是非物质文化遗产保护工作的执行者之一。我国非物质文化遗产保护的主要工作机构是2006年在中国艺术研究院成立的“中国非物质文化遗产保护中心”，它是经中央机构编制委员会办公室批准（中央编办复字〔2006〕03号）成立的国家非物质文化遗产保护专业机构，其职能大致如下：开展与国家非物质文化遗产保护相关的具体活动，并就非物质文化遗产保护工作开展政治协商；组织全国人口普查；领导保护计划的实施；开展非物质文化遗产保护的理论研究；组织学术、展览（表演）和公益活动，交流、推广和宣传保护工作的成果和经验；组织实施研究成果发布、人员培训等。

2. 文化艺术研究机构

文化艺术研究机构拥有很多精通非物质文化遗产保护工作的专业人员，能够为传承和保护非物质文化遗产提供智力支持。例如，中国艺术学院由于收藏和保存了丰富而珍贵的民族音乐文学和音像资料，被联合国教科文组织列入“世界记忆”名录。

3. 民间组织

国家和地方民间组织在传承和保护非物质文化遗产方面发挥了重要作用，并取得了重大成果。中国民间文学与艺术研究会成功组织、编撰并出版了三部中国民间文学“整合”丛书。2003年，中国人民艺术家协会发起实施的“中国人民文化遗产抢救工程”产生了重大社会影响。泉州南音研究会、苏州评弹研究会、昆山昆曲研究会、陕北民歌研究会等各地不断壮大的民间组织，积极主动地为具体项目做了大量的保护工作。可以预见，在未来的非物质文化遗产保护工作中，民间组织仍是保护主体中的新生力量之一。

4. 公共文化机构

国务院办公厅在《关于加强我国非物质文化遗产保护工作的意见》中指出，充分发挥各级图书馆、文化馆、博物馆、科技馆等公共文化机构的作用，有条件的，建设特色博物馆或展览馆，明确要求“各级图书馆、文化中心、博物馆、科技馆和其他公共文化机构积极传播和展示非物质文化遗产”。

图书馆和博物馆在收集、处理、保存和使用图形和视听材料方面发挥着重要作用。图书馆可以利用其优势开展与非物质文化遗产有关的图书馆活动；博物馆可以举办非物质文化遗产资料图片展和具有代表性的艺术展览。

文化中心和群众艺术中心是政府设立的公共文化福利机构。目前，我国的非物质文化遗产保护组织大都设在文化中心或群众艺术中心，其功能如下：充分利用各自的人才和资源，利用所形成的文化网络，在城市或地区开展非物质文化遗产普查和相关数据的收集和检索；开展丰富多样的非物质文化遗产项目的宣传展示、保护传承、指导培训等活动；领导业余文艺队伍建设和文学民间艺术创作，组织传统民间艺术表演；开展对外大众文化交流。

5. 传统艺术表演团体

传统艺术表演团体是传递和保护传统表演艺术形式的主要机构。目前，我国大概有 2 600 个专业艺术团体，其中大部分是戏剧和传统表演团体。这些团体中的民间艺术工作者在国内积极活动，为非物质文化遗产的传承创造了条件。

（四）社区与民众

各种非物质文化形态是在基层社区和民众日常生活中演绎和发展的，是社区民众文化艺术生活的重要组成部分。

在抢救和保护非物质文化遗产的实践中，重视基层社区的作用是国际学术界的基本共识。草根社区或村镇社区是各民族和地方社区社会生活方式的主要基础，也是传统文化和民间艺术产生、传承和发展的基础。没有这片生长的土壤，传统文化和民间艺术之树就无法茁壮成长并结出果实。因此，在基层社区或村镇开展非物质文化遗产保护工作是一项有效措施。首先，在社区文化生态和社区文化背景的支持下，非物质文化遗产不仅可以在人们的生活中长期存在，还可以在新的条件下获得“再生产”的机会，即成为社区文化创意的源泉。其次，基层社区实施遗产保护项目可以有效促进社区地方教育的发展，有助于探索大众智慧在社区世代传承的新途径。

广大人民群众生活在特定的民俗条件下，他们是丰富民俗文化的创造者、拥有者、使用者、继承者和开发者。在一定程度上，民众的态度决定了非物质文化遗产在传承或放弃方面的命运。因此，在传承和保护非物质文化遗产时，政府要充分调动民众的积极性。一是要提高人民群众对文化的认识，铲除错误观念，正确认识和对待先辈创造的先进文化遗产，调动他们的积极性和参与性，使他们自觉参与非物质文化遗产的保护和发展，成为真正的辩护对象。二是在动员广大人民群众积极参与的同时，既要开展宣传教育，又要坚持“人对人”的原则，注重尊重各民族、各地区人民的生活方式、宗教信仰和风俗习惯，促进不同文明之间的平等交流与对话。同时，政府必须从人民的实际利益出发，尊重人民的实际需要，使他们能够从非物质文化遗产的保护和发展中获得真正的利益。

第三节　非物质文化遗产保护的必要性

一、文化的长时段效应需要在合理、恰当的轨道上运行

由于文化的长期效应，在工业文明几乎取代农业文明的今天，非物质文化遗产作为农业文明的遗产，在当今社会特别是思想和习俗领域发挥着作用，仍然具有很大的惯性力。一些非物质文化遗产已经成为地方或民族最宝贵的特征和核心。面对新的或外部的冲击时，一个地区或民族的人们总是选择、吸收或改变自己原有的冲击。

更重要的是，工业文明再强大，也不可能根除一切非物质文化遗产。因为许多非物质文化遗产具有不可替代的价值和作用，其在现在和将来会一直存在。

非物质文化遗产之所以存在到今天，是因为它具有满足人们物质需求或精神需求的功能。比如，传统手工艺具有很高的实用性，能够满足人们的物

质需要。许多口头艺术和表演艺术的主要功能是自娱自乐，同时保存民族记忆、进行道德教育，其主要满足人们的精神需求。

就非物质文化遗产的存在而言，一些非物质文化遗产的商业化也是其在现代社会的生存方式之一，这是必然的，也可以理解。传统手工艺要生存，就必须遵循商业规律，生产符合现代人需要的消费品。戏剧、民间艺术等表演艺术已经成为人们谋生的职业。从事这类表演艺术的人只有积极参与商业演出，才能获得更大的生存空间。

但是，非遗的传承仍应谨慎对待消费主义带来的商业化。

为了跟上时代，越来越多的创作者进行了各种尝试。嫁接非物质文化遗产和现代性也成为方式之一。在这次尝试中，一些流行制片人以变革为名，将传统表演艺术与说唱、爵士乐等国外流行元素随意结合。殊不知，这样容易造成大众对传统的误解。

鉴于此，政府必须采取多种干预措施，防止或减少已经成为一个国家和民族基因且仍然具有强大生命力的非物质文化遗产受到侵蚀，帮助其长期运行在合理、恰当的轨道上。

二、民间文化的价值需要被重视

自从文字出现之后，能否使用文字就逐渐成了区分是否有文识的重要的标准。长期学习写作的专业教育只能由少数人负担，大部分是富贵阶层的权利，为成为社会的管理者而准备。在工业化时代以前的独裁国家，愚民是一种统治战略，平民往往被剥夺接受文字教育的权利。在古代中国，由于封建主义制度的施行，一些平民百姓也得到了成为高级官员和社会管理者的机会，有职业抱负的平民家庭为了达到光宗耀祖的目的，为了扎紧衣服，培养读书人，形成了崇文重教的社会风气，平民知识分子也应运而生。但社会上有教养的人的比例仍然缺乏令人信服的数据和资料，据估计，在1952年中国首次开展全国扫盲运动之前，全国识字人数不到20%，这20%还包括只知道最常用文章的人。而且，这部分识字的人中，有很多人不是我们今天所理解的知识分子。

前工业时期，社会上少数平民知识分子接受了鄙视劳动的精英教育。因为通过阅读文章可以区别于普通劳动者，获得地位上的优越感，实现阶层跨越。他们仍然是上层的守护者，充满了对下层工人的蔑视。

因此，在文字教育尚未普及的时代，读写是一种能力，代表着令人尊敬的社会地位。不识字的平民在中国古代不仅被称为文盲，而且意味着他们地位低下，生活贫困。文章的写作者要么是富贵阶层，要么是服务于富贵阶层，不会用更多的文字记录下层人的生活及其思想。古代中国是世界上史书最多的国家，但那些史书的主人公多是帝王将相，普通百姓和日常生活在其中销声匿迹，记录最少。所以平民百姓只能通过口述传承他们的故事，通过世代的体验和行动传承手工艺和舞蹈。但这些经常被认为是下里巴人的东西，低级庸俗，记录也经常被改造。文字教育是稀缺和昂贵的，长期以来，世界各国大多认为文字记载的内容是真实的。被称为精英的，只能是贵族和熟练使用文字的知识分子，是与民间底层相反的部分。如果说精英的社会地位处于金字塔的顶点，那么处于社会底层的平民百姓，则会受到主流社会的鄙视。从上述内容来看，精英与底层之间始终存在着平行关系，他们被各自的持有者继承利用，底层保持着向上流动的欲望，但实现的可能性微乎其微，精英们则竭尽全力保护少数人拥有的最高地位。因此，两者之间大多是平行的，很少充分流动。

长期以来，民间文化、草根文化受到鄙视，但仍然活跃地生长和繁殖。它们直接发生在构成社会的最基本要素的生产和生活中，既是构成一个国家的地域和民族文化的基础，也是本质核心。因此，20 世纪初，我国一些知识分子在改变中国贫弱面貌的尝试中，逐渐认识到底层对构建社会发展的重要意义，开始关注民间，认识到民间文化的宝贵。1918 年，刘半农等人在北京大学发起歌谣运动，标着现代民俗学的建立。此后，民间文化开始成为学术研究的重要领域。

作为传统意义上的精英文化的创造者，富贵阶层和知识分子既是社会的管理者，也是秩序的捍卫者。如果社会急剧变化，这些社会上层和精英的财富和地位也容易改变。如果他们在斗争中失败，就会面临残酷的杀戮。晚唐诗人韦庄诗中描写的“天街踏尽公卿骨”“甲第朱门无一半”的场景就经常出现在各种乱世之际。由于精英阶层在社会人口中所占的比例较少，杀戮使其在数量上急剧减少，顶层也受到巨大打击，受重伤后恢复的可能性也大幅减少。但民间文化很难受到政治因素的冲击，也很难受到外来冲击，即使受到冲击，也会慢慢前进发展。因此，民间文化草根文化也比较稳定。现在常说的“崖山之后无中国”，是中原文化深受打击的夸张表现，对底层民众来说，亡国不是“亡天下”，只要民间文化根基无损，对礼义廉耻的遵循依旧是老百姓最朴素的行为准则。

社会要实现真正的变化，必须影响社会的最基本层面，即民间文化。因此，从近代开始，在世界范围内走向富强的国家，都选择了开拓民智，普及公民教育，进行义务教育。成功的社会变化也来自民众思想的觉醒和支持。20 世纪上半叶，陶行知、晏阳初、梁漱溟等深刻认识到乡村文化对一个国家发展的作用，开始了农村教育实验和平民教育运动。中国 20 世纪 70 年代末实行的改革开放取得了巨大的成功，这也与 20 世纪 50 年代以来中国发起的扫盲运动、全民教育直接相关。

近代以来，史学、文学等社会科学的研究视野逐渐从社会精英转向普通大众，出现了民族学、民俗学、人类学等许多新兴学科。学者们开始从衣食住行的缓慢变化中探索社会变迁的规律，在日常生活的细微中研究各种文化交流的途径。从社戏田歌的演唱频率中看到乡村衰败的端倪，从修家谱祭祖的次数里，看到宗族社会的解体。这些研究越来越证明了民间文化在社会稳定与发展中的重要作用，越来越多的人开始思考民间在社会管理中如何发挥性别作用。

民间文化生动朴素，而且文化元素广泛，为现代艺术和潮流提供了许多创作灵感。迪士尼的电影大多改编自世界各国的民间故事、神话传说。2017 年年底，全球上映的迪士尼影片《寻梦环游记》，其故事背景就来源于墨西哥的亡灵节。《睡美人》《美女与野兽》等众多格林童话故事陆续重拍，成为经久不衰的影视剧经典素材。格林童话起源于德国的民间故事，从中也可以看出民间文化在现代艺术创作中一直起着重要作用。

民间文化是劳动者的文化，从事农业生产的农民和从事手工业的手工艺人是民间文化的主要传承者，他们分别建立了生动富饶的乡村文化和市井文化。但随着文明的迅速推进，现有的劳动生产方式发生了根本性的变化。农耕文化和手工业因机械生产的影响而逐渐落后于社会发展，面临着消失。同时，随着城市化进程的不断加快，民间文化的发展土壤逐渐消失或贫瘠。作为民间精神产品的口述和表演艺术也受到了迅速崛起的现代娱乐产业的影响而濒临消失。因此，比精英文化更为稳定的民间文化，在工业文明的影响下，反而表现出其脆弱性。由于民间文化缺乏文字记录，与精英文化相比，暴露出记录手段的先天不足，一旦消失，就很难再现。

由普通人创造和继承的民间文化构成了非物质文化遗产的基础。因此，非物质文化遗产保护赋予民间文化与精英文化同等重要的地位，使民间文化获得了更多的生存空间和发展土壤。全面保护长期被忽视的民间文化对保存国家最基本、最活跃的基因无疑具有非常重要的意义。

三、加强对非物质文化遗产保护的重要性

保护非物质文化遗产的首要原因是遇到了工业文明的挑战，不对其进行保护就很难继承。大量非物质文化遗产存续的现实意义在于工业文明不是万能的，不能解决人类社会的一切问题。工业文明既有进步的一面，也有邪恶的一面。当工业文明暴露其邪恶的一面时，不但会给地球环境带来巨大的伤害，也会给人类社会的可持续发展带来巨大的危险。修复这些伤口和解决这些危险的方法之一就是汲取古老的智慧，而非物质文化遗产正是这些古老智慧的具体表现形式。

一味赞美工业文明、反对遵守传统的人习惯用工业文明的强度来说明其先进性和合理性，以工业文明的强大，解读其他文明的落后。这是典型的实用主义思维，也是崇尚优胜劣汰的达尔文进化论主导的思维方式。工业文明确实很强，但并不意味着其他文明将被完全淘汰。工业文明作为生产力很强，但其破坏力也很强。冷兵器时代的刀剑弓箭，最强大的时候也不过一箭双雕，一石三鸟。1945 年，投在广岛和长崎的两枚原子弹瞬间夺去了数万人的生命，爆炸地区的人死伤惨重，到 20 世纪 80 年代，死于放射线后遗症的人达到了 30 万人以上。

工业文明破坏的不仅是腐败愚昧的东西，还包括古老的智慧的东西。机器分辨不出美丽和丑陋，但人类有这种能力。中国在四千余年的农业社会中，以有限的耕地养活世界上最多的人口，就得益于建立了一个完整的可循环无废物的农业生产体系。这个农业系统震惊了 20 世纪初访问中国的美国农业科学家富兰克林 · H. 金。富兰克林 · H. 金吃惊地写了《四千年农夫》这本书。在他访问了半个世纪之后，中国也开始走上了美国农业的发展道路。然而在不到半个世纪的时间里化学农业迅速发展，我国大部分耕地严重退化土壤肥力，农业种植严重依赖肥料和农药。2010 年以后，在笔者调查的大部分农村中，农民都反映，不用化肥，农作物不仅无法高产，甚至都无法生长。转基因食品是否有害还处于激烈的争论中，但在大规模种植转基因作物的美国和南美国家，转基因玉米已在许多地方导致原生蝴蝶大量死亡，这是造成需要蝴蝶授粉的其他非转基因农作物减少的原因。没有人能预测化学农业的持续发展会带来什么后果。

工业文明在建设人民身心健康和更好人际关系方面进一步暴露了其薄弱环节。工业革命带来了社会财富的增加，加快了人类的平均寿命，使人类能够战胜无数瘟疫和痼疾，但这并不会减少疾病的出现。1980 年世界卫生组

织宣布天花消失，随即 1982 年就在非洲发现新型不治之症——艾滋病。随着人类寿命的延长，癌症的发病率也在增加。高强度的工作生活节奏会导致精神病和自杀率上升。药物本身无法从根本上根除致病因素，还会带来各种副作用。在古代，中医认为人体是一个与自然密切相关的整体，把治好病作为医生的最高标准。经络学说认为，针灸、拔火罐、刮痧等自然疗法和草药都治愈了许多疾病，使中国人的平均寿命在工业革命之前一直居于世界前列。起源于古印度的阿育吠陀是世界上已知最古老的医学体系，也是身心和谐健康的生活体系，不仅是印度，今天世界各地也有越来越多的人认识到其重要价值。现代技术可以制造更好的床垫和床上用品，但不一定能得到好的睡眠。失眠症侵蚀着无数现代人的健康，但现代技术制造的治疗失眠症的药物大多指标不治本，反而会加重病情。太极、瑜伽和草药可以缓解失眠，平衡身心。

进入 21 世纪后，工业化以网络技术、人工智能技术、基因技术等为推动手段，表现出越来越强大的创造力，同时也表现出强大的破坏力。工业文明带来的各种危机不但没有缓和的迹象，反而加剧了。人类社会面临着前所未有的不确定性。在这种情况下，给人类带来健康、平衡、稳定、和谐的非物质文化遗产的价值就显得尤为重要。但在工业文明的强烈影响下，许多非物质文化遗产面临着严重的生存危机，其价值得不到重视，其作用自然也得不到真正的发挥。因此，必须保护这些无形遗产，使其在应对工业文明带来的危机中发挥必要的作用。

四、人类社会需要文化多样化

世界自然环境的多样性、人文的多样性决定了世界也是多样的。这种不可避免的多样性和多元化，在现在和未来也是必要的。

在工业革命之前，由于人们对自然的高度依赖，自然环境成为各种生产活动的决定因素，它们共同构成了地方各具特色的人文环境。一个地方独特的自然环境和人文环境共同构筑了区别于其他地方的独特性。从自然环境来看，这种独特性是地域性的；从民族来看，又是具有民族性的；从分布的全局来看，则充满了差异性。许多差异共同创造了多样性。在相对封闭的前工业时代，这种民族性和地域性意味着其传承区域内的必然性和合理性，也具有独特性乃至唯一性。

各种非物质文化遗产都表现出鲜明的地域和民族特色，成为世界多样性的主要来源。但由于非物质文化遗产作为人类传承的载体，同时成为构建人类多样性最活跃的因素。由于我国自然环境的多样性和民族的多样性，不仅非物质文化遗产资源极为丰富，而且每一种非物质文化遗产都表现出鲜明的地域和民族特色，总体上表现出十分突出的多样性，这既是中华文化博大精深的源泉之一，也是中国的具体体现。

人类需要文化多样性，就像自然需要生物多样性一样。生态学理论认为，自然界是一个高度关联的整体，各自构成封闭的链条，它们在数量上保持着相对平衡。在一个生态系统中，物种越多样化，生态系统就越平衡、稳定、可持续。另一方面，如果物种减少，或者其中数量急剧减少，甚至导致灭绝，就会破坏生态平衡。某种灭绝很可能导致以其为食物和繁殖介质的其他物种的灭绝。因此，生态保护的核心理念是保持物种多样性和物种间的平衡。

这种生态自然观虽然不能完全适用于人类，但在很多方面值得借鉴。通过观察人类可以发现，一个地区或国家越多样化，它作为一个整体就越稳定、越有活力，它在受到损害或伤害时的修复能力就越强。历经千年沧桑的中国如今依然屹立，这与中国文化的包容性有直接关系。儒家思想历来主张和而不同。而与儒家并立的道教和佛教，重视人与自然的和平共处，构成中国的主体思想，以包容性为中国文化的显著特征。

多样性意味着差异。不可否认，差异会导致冲突。世界上之所以会出现许多冲突，不仅是为了抢夺物质资源，文化之间的差异也是造成冲突的原因之一。有些战争确实有保卫国家和民族的目的。信仰天主教的阿拉贡王国崛起后，就向信仰伊斯兰教的摩尔人建立的格拉纳达宣战。而后在西班牙帝国建立后，传播天主教也成为新航路开辟的宗教动力。即使现在，一些极端组织仍然打着宗教的旗号杀害他们眼中的“异教徒”。但是，不可否认的是，差异为交流提供了必要性和可能性。农业区盛产的茶叶，曾是以肉乳为主食的牧民重要的收入来源，马是冷兵器时代极其重要的交通工具和军需品。因此，茶马古道兴盛一时，随之而来的是沿途艺术的不断交流融合。

工业文明的主要特点之一是标准化，生产标准化的产品和零部件，以便于在世界范围内的生产、组装和使用。仅以语言为例，2009 年 2 月 19 日，联合国教科文组织编制了《全球濒危语言地图》，这是人类首次以“语言地图”的形式呈现了全球部分民族濒危母语现状，并将其定为五级。根据该组织同时公布的等级表显示，世界现有 6 000 多种语言中，约 2 500 种语言濒临灭绝。其中，538 种语言面临极度灭绝危险，502 种语言面临严重灭绝危险，632 种语言面临精确灭绝危险，607 种语言有可能灭绝。濒危语言的数量超过世界语言的三分之一，其中光印度一个国家就有196种语言濒临灭绝。但现在世界上平均每两周就有一种语言消失，在这之前，已经有很多的语言消失在历史的长河中了。语言是许多口述类的文化载体，也是民族最直接的表达。语言消失意味着越来越多的地区和民族正在消失。

全球化在便利交流的同时，损害了世界的多样性。世界越来越相似，越来越单一。英语目前已经成为世界通用的语言，在很多国家被认为是义务教育阶段的必修课。越来越多的人说这种单一性的趋势给国际交流带来了便利，但如果这种单一性的趋势继续下去，就隐藏着巨大的危险。人类社会的多样性，需要多种多样的文化支撑。每个国家、每个民族，甚至每个社区的发展和条件都不一样，所以发展路径也不一样。虽然工业文明在生产力方面发挥着无与伦比的作用，但还不能证明工业文明在所有地区都适用。农业文明在某些地区是更可持续的发展模式。在实现工业化的过程中，不同地区、不同国家固有的自然和人文条件选择适合自己的发展道路。

实现工业化的地区，就像大型复杂的机器一样，社会生产高度分工，一旦链条和零部件出现问题，就会导致整个社会运行体系的失败和混乱。假设世界上所有地方都工业化了，人们习惯了机器制造的各种产品，技术消失了，乡村消失了，农民消失了，所有的人都说着同一种语言，穿着同样的衣服。更可怕的是，如果城市运营系统失败，或者发生粮食短缺、地震、水源枯竭等灾害，居住在那里的人类没有其他选择，只能默默地承受灾害带来的严重后果，这些灾害既有可能给社会带来巨大的倒退，也有可能使现代文明成果一夜归零。如果我们保存各种形式的生产方式，保存各种传统技术知识和各种手工艺，应对危机的可能性就会提高。

袁隆平教授在种植高山水稻的过程中，将种植水稻与野生水稻及其近亲进行杂交，袁隆平教授也因此被称为“杂交水稻之父”。但如果没有了荒野，各种野生水稻及其近亲都没有了，杂交水稻还有多少可能呢？在人类发展中，多样性也为应对各种问题、满足各种需求提供了更多的可能性。

所以，保护非物质文化遗产，从某种意义上说，就是保护人类的多样性。作为个体，我们需要生活在多样性的社会中。我们也希望这个世界的未来仍然是多样化的。否则，世界不仅苍白乏味，而且可能非常危险。

第四节　非物质文化遗产保护的原则

一、非物质文化遗产保护的原则概述

非物质文化遗产保护实践已经开展，在理论上探讨与建立非物质文化遗产理论体系，在实践中寻找非物质文化遗产保护方法，成为目前非物质文化遗产保护工作的两项重要内容。我国非物质文化遗产流失速度决定了非物质文化遗产保护方式的探寻和实践具有重要意义。我国四级名录体系和相关保护制度的建立，成为我国非物质文化遗产保护工作的新起点，如何保护非物质文化遗产比如何将其列入四级名录体系更具现实意义。

针对非物质文化遗产保护，很多学者提出了相关的保护原则，主要有以下十大原则：

一是非物质文化遗产保护的“有形化”原则。即通过收藏、录音录像及口述记录等方式将它们保存下来。

二是以人为本原则。将传承技艺的艺人作为非物质文化遗产保护的重点。

三是整体保护原则。即对非物质文化遗产及其生存空间实施整体保护。

四是活态保护原则。为非物质文化遗产传承人营造出一个更宽松、更适合其成长的生态环境。

五是民间事民间办原则。民众是遗产的主人，应该调动他们的积极性，与国家对非物质文化遗产保护的规划形成合力。

六是原真性保护原则。建立传统文化“基因库”，将那些优秀的、具有原生态特点的文化遗产保存下来，为未来新文化的创造保留更多的种源。

七是保护文化多样性原则。由五十六个民族创造的多元文化是中华文化取之不尽、用之不竭的创造源泉。

八是精品保护原则。要将文化与文化遗产区分开来，严格文化遗产的入选标准，对文化遗产实施分级管理。

九是濒危性保护原则。通过临时性指定制度的建立，对濒危遗产实施紧急抢救。

十是保护与开发并重原则。在保护的基础上，对非物质文化遗产实施有限度的可控开发。

二、原真性原则与整体性原则

原真性是英文 authenticity 的翻译，有时也称为“真实性”，其英文原意是确实性、真实性、纯正性。20 世纪 60 年代，原真性原则被引入到文化遗产保护中。1964 年 5 月，在意大利威尼斯举行的第二届历史古迹建筑师和技师国际会议通过了《国际古迹保护与修复宪章》(又称《威尼斯宪章》)，提出了文化遗产保护的原真性含义，将古代遗迹“真实地、完整地传承下去是我们的责任”。1994 年 12 月，世界遗产委员会在日本奈良召开第十八次会议，通过了《奈良真实性文件》。文件认为在世界的一些语言中，并无可以精确传达“原真性”概念的词汇。会议对“原真性”是定义、评价、监控世界遗产的一项基本因素进行了肯定，“原真性，如按照上述方式思考并得到《威尼斯宪章》认可，看来是评审遗产价值的本质因素。对原真性的理解，在文化遗产的所有科研中，在保护与修复规划中，也在《世界遗产公约》和其他文化遗产目录所采用的申报程序中，发挥着基础性作用。”

整体性原则是文化遗产保护的另一个重要原则。一项历史文化遗产是与其生存环境一同存在的，不仅保护遗产本身，它们的生存环境也要一同得到保护，特别对于城市、街区、地段、景区、景点，要保护其整体的环境，这样才能体现出遗产的风貌。整体性还包括文化遗产所具有的历史、科学、情感等方面的内涵和文化遗产形成的要素，如街区应该包括居民的生活活动和与之相关的所有环境对象。

原真性原则和整体性原则的提出，为文化遗产保护和修复提供了重要参考原则。原真性原则是保护原生的、本来的、真实的文化遗产，强调保留遗产的真实信息；整体性原则是要保护文化遗产与周边环境及文化遗产的各方面内涵和形成要素。

（一）原真性原则与非物质文化遗产保护

与物质文化遗产保护一样，非物质文化遗产保护也追求真实性，即真实性原则也适用于非物质文化遗产保护的各个环节，不仅是项目本身的真实性，也包括这种遗产保护工作的各个方面，如遗产的确认、立档、研究、保存、宣传、弘扬、传承，都要真实、准确、客观地反映遗产项目的情况。

物质文化遗产追求的“真实”是可以感知的，被时间定格的历史性的真实，是一种静止的真实。而非物质文化遗产的活态性使其处于不断变化中，其所表现的真实处于不断变化之中，因此，非物质文化遗产的原真性在操作中不能简单像物质文化遗产一样追求一种固定的真实。另外，由于利益驱动或地方保护主义等因素，非物质文化遗产保护中存在的原真性问题比物质文化遗产保护复杂得多。非物质文化遗产作为一种文化现象不断传播，随着人口的流动而具有一定的流动性，在与其他文化交流融合的过程中，随着时间的推移，很难分辨其真伪。一般来说，文化现象的发源地只能有一个，造成目前一个项目多个申报地的原因是年代久远，已经不能说清楚哪里是其真正的发源地，原真性保护原则也就出现了不足之处。而项目传承人的确认也变得更为复杂。

伴随旅游产业的发展，文化遗产掀起了开发热潮。古迹、遗址等物质文化遗产是具体的存在，只要规划合理，措施得当，监管有力，是可以做到产业开发与原真保护相互促进的。而非物质文化遗产的原真性保护在蓬勃发展的旅游产业面前却遭遇一次次的挑战。经济利益下的伪民俗、假展览屡见不鲜，如何规避这些虚假现象的滋生不是单纯提倡某一原则就能够得到有效解决的，需要得到有力的监管。作为非物质文化遗产传承载体的人如何发展，对非物质文化遗产真实性保护原则的贯彻显得更为重要。

（二）整体性原则与非物质文化遗产保护

文化本来就是特定人群在长期的生活中形成的现象，在不同环境里生活，就会形成与之相适应的文化，也就决定了这一特定人群的文化性质。中国人的生活主要是靠土地，传统的中国文化是土地里生长出来的。由此可见，文化与环境的关系十分密切。因此，要保护非物质文化遗产也需要保护与其相关的环境，从这点来说，整体性保护原则也适用于非物质文化遗产的保护，但对不同文化属性的非物质文化遗产，整体性原则也有着不同的要求。非物质文化遗产的整体性保护包含两层含义：

一是保护文化遗产项目所拥有的全部内容和形式，这是从文化遗产项目的完整性角度而言的。

二是将非物质文化遗产保护与遗产项目所处的自然环境、生态环境、人文环境和相关的制度、习俗等内容，把这一有机系统视为一个整体。这个整体是从文化与环境之间的和谐共存而言的。

原真性原则的真实性要求适用所有的非物质文化遗产项目保护要求，而整体性原则并不是对每项非物质文化遗产项目都适用。

整体性原则的第一层含义在实际操作中可能会与一些项目产生分歧。如皮影戏，我们能够看到的是其具体的舞台展演，其背后有直接关系的还有一系列的技术准备，如皮影人是用驴皮加工的，其中包括选料和原料加工（熟皮子）的工艺，还有皮影人的设计、雕刻、着色技术。上述技术作为一个链状结构相互联系着，支撑皮影戏的展演与发展。在理论上，整体性保护应该包括上述全部内容，但在操作中，有些细节却经常被人们忽略，或人为地将一些环节排除在项目保护之外。

整体性原则的第二层含义也要视项目的不同，有些项目适用此原则，有些项目不适用此原则。如川江号子是船工们为统一动作和节奏，由号工领唱，众船工帮腔、合唱的一种民间歌唱形式。它作为原始航运文化的伴生文化而产生，其发展、延续与原始航运文化关系十分密切。随着现代船运技术的发展和长江沿岸环境的变迁，船工逐渐失去了其在原始航运时代的作用。整体性保护原则在川江号子的保护中很难有用武之地。如果通过恢复船工拉纤，而延续川江号子，笔者认为那是一种表演，而不是真实的社会发展需要。

真实性原则和整体性原则的目的是促进文化遗产项目真实、完整地传承下去，相对物质文化遗产而言，非物质文化遗产保护的真实性原则和整体性原则在内容上也更为丰富，在操作和实施上更为复杂，诸多相关问题还需要在实践中不断摸索。

第五节　非物质文化遗产保护的内容与方式

一、非物质文化遗产保护

非物质文化遗产之所以需要保护，是因为其无法完全靠自身的力量存续下去，必须加以外界的保护干预。就如同病人，需要医生医治。治病的目的是为了让病人痊愈，增强自身的抵抗力，外界干预非遗保护的目的，是为了增强非物质文化遗产自身的存续能力。但不是所有的病症，都能够得到治愈，而不能治愈的，要尊重自然规律，让其有尊严地离去。对那些无法存续下去的非物质文化遗产而言，只能将其作为一种文化记忆和文化基因，进行完整的资料收集记录的保存工作。所以保护的内容和方式，根据非物质文化遗产的两大趋势而分为两大类型：一种是治疗型的保护，另一种是消失前的保存。

治疗型的保护，也分为危重抢救和一般保护。抢救从时间上是紧迫的，而从保护资源的投入上说，也必须是优先的，并且规模较大的。无论是抢救还是常规性的保护，其目的都是为了增强非物质文化遗产自身的传承存续能力。当然不是所有的抢救，都一定能够奏效，如果不能，就只能采取保存的方式了。抢救有两种结果，恢复活力或无效消亡。但无论何种结果，保存都是其首要的工作。

无论抢救性保护还是常规的治疗性保护，都要根据非遗项目自身的传承特点、发展趋势和面临的危机，优化非物质文化遗产已经具备的存续条件，完善齐备其他要素，通过各种举措，使这些要素条件活跃起来，相互协调，共同发挥相应的功能，从而增强所保护非遗项目的活力，并由此保持、优化或重建非物质文化遗产存续的生态环境。

从存续条件的重要性来说，首要条件就是传承者。保护的重点，就是使非物质文化遗产的传承者保持传承的积极性，不断丰富其所传承的非物质文化遗产的文化内涵。传承是保护的核心工作，在现代社会中，很多非物质文化遗产的传承纳入社会化教育体系，教育也因此成为传承的重要途径。而驱动传承者保护的外在动力就是受众。传承者与受众之间的互动程度决定了非物质文化遗产的存续现状与趋势。因此保护的核心内容就围绕着为传承者与受众之间建立起稳定的互动关系而展开。

在高度商业化的现代社会中，非物质文化遗产的受众，尤其是那些提供产品和服务的非物质文化遗产项目，如手工艺、艺术表演、医药等，其最为活跃的受众是通过市场建立起联系的消费者。赢得消费者获得市场，就为这类非物质文化遗产传承保护获得了发展动力。所以充分利用非物质文化遗产的生产能力，使之继续在社会生产和生活中发挥作用，就成为这类非物质文化遗产保护的主要方式。

除了消费者之外，受众还包括爱好者、欣赏者，在现代社会，这类受众除去耳濡目染的原生环境的影响外，还可以通过传播、教育、培训和参与性的活动来获得。所以传播、培训、教育、各种鼓励社会大众参与的公共文化活动也成为保护的重要途径之一。

因此，非物质文化遗产的保护，从类型上包括保存与保护两大类。从实施的主要内容看，包括保存、抢救、传承、教育、传播、培训、利用、社群公共活动、保护整体生态环境等多种方式。

二、非遗乱象的治理

（一）保护各个民族特色文化，防止同质化

文化和旅游部非遗司原副司长马盛德曾透露，2011 年通过的 190 余项“非遗”项目是从全国申报的 3 000 余项中精选而出的。之所以要减少数量并“合并同类项”是为了严肃对待非遗保护，使得真正具有民族文化价值和典范意义的项目提升到国家级层面。应该将申遗作为一项严肃庄严的工作进行，让获得非遗称号的文化富有使命和神圣感。深刻理解让文化遗产具有“民族文化价值和典范意义”这句话的含义。在多元文化共存是保护非物质文化遗产的重要目标的今天，保护具有民族特色的文化，防止其同质化。然而，目前涉及的是非物质文化遗产的总结。对非物质文化遗产加以保护和传承，可以使得保护和传承的对象更具影响力和传播力。这对文化保护提出了新的更高的要求。

集中力量保护和传承这样的文化，对廓清文化保护的对象群和当前的非遗保护工作有很大的帮助。

但并非所有“非物质文化遗产”项目都适合大规模的生产性保护。现实表明，工业化和机械化会导致一些传统工艺品的消失。许多实地研究都有力地证明了这一点。通过对山东、山西、河南三省布老虎民间工艺的考察研究，笔者发现当地制作精美的工艺品，一旦为了商业利益而采取机械化、规模化生产，短时间内获得了丰厚的利润的同时，会导致“千虎一面”的现象从而失去了民间工艺个性，手工缝制工艺简化为流水线产品，有着浓浓民间文化情怀的布老虎将“消失”。

中国将“非物质文化遗产”分为十类，包括适合生产性保护的“非物质文化遗产”项目，主要分为传统技能、传统医学和一些传统艺术。在生产保护方面，也要注意那些最值得保护的传统技艺，例如传统生产方法含量高的艺术和技术，包括与民间文化息息相关的艺术和技术。如果生产只是为了扩大生产规模并获得更大的经济效益，那么市场导向营销部分的传统生产方式显然可能会出现问题，甚至被挤出市场，从而引发生存危机。据悉，广东省造纸行业协会拥有 300 多名高级技术人员。广东省作为华南地区最大的纸张加工基地，产品远销欧美等 20 个国家和地区。目前，虽然有不少订单仍未完成，但却面临租金高涨、成本上升等问题，导致员工锐减，被迫迁离文

化、经济及商业中心。这些都是整个中国造纸工业面临的类似问题。同样，传统的布老虎生产技术如果继续手工制作，将需要花费更多的时间和努力，但无法与机械化生产进行竞争。机械化生产摧毁了许多传统技术和工艺的发展，应该高度重视机械生产对传统技术和工艺的传承发展带来的冲击。

保护非物质文化遗产，必须以尊重和保护民俗信仰为目标。将民俗信仰排除在非物质文化遗产之外，将剥夺其精神和文化内容。许多无形的文化价值观都与一些民俗信仰有关。随着我国城市化的发展，村庄正以惊人的速度消失。具有传统民俗信仰的农村居民分散在社区中。支持民俗信仰存在的寺庙解体，逐渐摒弃家庭崇拜，将导致民俗信仰领域的危机。最常见的是，过去村里的很多厨房供奉着灶神，但现在搬到城里的村民在厨房中很难找到可以供奉灶神的地方。在现在，灶神年画很难找到消费者，因此年画艺术的发展也受到了很大的影响。在河南灵宝市的访谈中，笔者发现一些村庄最初几代人都在从事专业窗花的生产，近年来由于生活条件的改善，村民们纷纷自建房，或住在楼房里，而不是洞穴里。因此，以往装饰和流行的窗花图案中寄托的避邪功能已经消失。如果没有使用者，当地雕刻的窗花技术就有灭绝的危险。近十年来，由于城市化的浪潮，以前的文化遗产保护方法已经不能适应不断变化的情况。针对此现象，冯骥才先生在《年画研究》中曾说道："临终抢救一词是医学术语，但它是文化中的一个新词，表明我们的文化遗产面临着新的挑战。这不仅是一个新问题，也是一个大问题。"十多年来，笔者一直致力于寻找和识别濒危物种，然后对其进行系统化和保护。但是，目前还没有采用这种救援和保护方法。最具代表性的是在城镇化浪潮即将吞没天津杨柳青著名画乡南乡三十六村之际，对其进行的一次临终抢救。

一般来说，学术界把中国的文化传统分为两类：有文字的"大传统"和有口头和精神教育的"小传统"。非物质文化遗产是"大传统"，民间艺术则是"小传统"。"大传统"可以通过书本和报纸生存，保护"小传统"的关键在于保存传统文化，在这个问题上达成了共识。然而，达成这样的共识并非易事。

部分专家学者缺乏保护大众文化的积极人文情怀和无畏的理想主义。唯心主义知识分子总是把怀疑、犹豫、焦虑带入社会现实。

事实上，在文化意识的形成过程中，以知识分子为代表的专家团队起到了引导政府和人民观念的作用。这一作用是相当大的，需要知识分子的主动性。他们应该利用自己的知识和良知，公平、公正地履行作为专家的任务。它至少有两层含义：一方面，让政府和公众了解文化遗产和文化遗产的重要性；另一方面，我们也应该识别遗产，大胆揭露和批判“伪非物质文化遗产”。

萨义德认为，“人文主义不是一种用来巩固和确认‘我们’一直知道和感受到的东西的方式，而毋宁是一种质问、颠覆和重新塑形的途径，针对那些作为商品化的、包装了的、未经争辩的、不加辨别地予以合法化的确定的事实呈现给我们的东西。”然而，现实情况是，在已获得省级和市级非物质文化遗产的项目中，非物质文化遗产继承人中存在着部分假冒现象，真正的继承人没有享受到应该享有的补贴和支持。

过去，流行艺术家在社会上的地位和声誉不如今天。他们仅仅依靠祖先的技能和“小传统”生存。当时，他们的名声取决于手中的技术、商业诚信以及长期积累的人气。然而，现代社会已经消除了过去的评判标准，艺术家的身份和地位如果不加注意，甚至有被抢劫和掠夺的危险。

（二）充分意识到“非遗”保护工作的目的和意义

简而言之，地方研究非遗保护工作的第一个意义是了解平民的过去。长期以来，学者们一直在揭露属于“小传统”的非物质文化遗产，虽然客体主要针对的是民俗，但它也从根本上揭示了保护“非物质文化遗产”的重要意义，即在官方历史之外寻求历史。观看官方历史之外的平民记忆生活。从政府的角度来看，目前对非物质文化遗产的保护是为了保护和继承属于国家的最佳文化传统，但首先要从民族文化的独立和发展以及文化软实力的形成的角度考虑对“非物质文化遗产”的保护。特别是在当今多元文化时代，西方文化依靠强大的经济力量不断输出西方文化，本土文化面临着被同质化和统一的危险。支持非物质文化遗产的保护工作尤为重要。因此，保护“非物质文化遗产”需要全社会的努力，逐步建立起一套比较完善的具有中国特色的非物质文化遗产保护体系，使中国成为有价值的国家。具有历史、文化、科学价值的濒危非物质文化遗产得到了有效的保护、继承和开发。

1. 从内心深处唤醒大众的文化自觉

除了提高非物质文化遗产保护意识外，更重要的是从内心唤醒人们的文化意识。通过唤醒人们的文化自觉使人们认识到当地文化的特点、文化内涵和艺术特色，并使人们欣赏当地文化。景泰蓝的“规模化生产”可视为“非物质文化遗产”保护的成功案例。景泰蓝的制作工艺包括制胎、掐丝、点蓝到烧蓝、磨平和镀金等，每个步骤都需要花费很长的时间。这个非物质文化遗产项目现在正处于一个蓬勃发展的局面。过去景泰蓝产品非常随意，无法大量生产，如今在工艺、形状和类别上都有了精细的划分，便于大规模生产。同时，专业搪瓷厂大力拓展业务渠道，通过规模化生产，使景泰蓝展现出强大的生命力。大规模生产不仅追求数量，关键是要保持精湛的传统工艺。传承这些传统工艺的遗产需要大量合格的艺术家。因此，未来保护景泰蓝的首要任务可能是人才培养。如果生产纯粹是为了获得更大的经济效益，它最终会出现：机械化大规模生产消除流行艺术家的存在价值的局面。因此，有必要把握保护传统技术的目标，关注标准化生产过程或生产环节对传统技术造成的负面影响。

2. 实行进入退出机制

政府可以对获得非规避的项目或继任者进行新一轮专业知识考察，实施退市和退出机制。

政府已充分认识到保护“免受排他性”的重要性，首先是重申过往的声明，转而加强保护。保护非物质文化遗产得到国家更大的财政支持。然而，如果资金被一些虚假的“继承人”和“虚假的非物质文化遗产”所使用，国家就会蒙受巨大损失。因此，有必要建立进入退出机制。

3. 实施支持非物质文化遗产项目的专家计划

在我国已成功申报的世界非物质文化遗产中，部分项目缺乏专家的科学支持，更不用说大量的国家级非物质文化遗产了。遗产的成功保护不仅是一个国家的荣耀，也是世界的荣耀。中国书法艺术和中国剪纸已成为世界闻名的非物质文化产品。中国书法艺术作为一种集体遗产，由于传统文化的普及，在中国仍然具有强大的生命力，但相对而言，中国剪纸同样起源甚早，但真正研究中国剪纸的专家却寥寥无几。富有艺术感的剪纸艺术与缺少资金扶持的研究团队形成了鲜明的对比。专家的缺乏使得民间剪纸的研究成果相对较少；随之而来的是，公众对剪纸的了解相对较少，而剪纸作为集体遗产的主要机构，也相对不明确。保护主体的缺失导致了保护力度的薄弱，而保护的缺失又会导致剪纸在快速变化中的生存危机。这一现象在许多非物质文化遗产中也时有发生。保护地的确定、保护任务的完成和保护步伐的加快，必将为非物质文化遗产的保护带来力量。

4. 尊重地方保护

在保护非物质文化遗产方面，地方力量不容忽视。这种力量是在政府保护非物质文化遗产之前就逐渐形成并存在的一种文化意识状态。在城市化进程中，许多“非物质文化遗产”遭到破坏，甚至没有留下遗迹，在这种情况下，许多民间收藏家收集了文物，由于他们对传统文化的了解和偏好，收集并保护了许多重要的文化遗产。他们在收集过程中对非物质文化遗产的集体经验和口头记忆可以成为保护非物质文化遗产的重要证据。他们几乎可以成为非物质文化遗产保护的“活见证”。从收集物品到了解记忆中的“非物质文化遗产”，他们可以恢复非物质文化遗产的文化根源。追根溯源已成为当前非物质文化遗产保护的重点。要保护的非物质文化遗产在被正确理解和研究之前，往往会被商业化营销所扭曲。而文化遗产的根被覆盖得很深，因此从收藏家手中寻找非物质文化遗产来源成为正确理解和研究非物质文化遗产的重要渠道。

5. 改善继承人的思想

对非物质文化遗产保护的误解之一是，非物质文化遗产保护者由于其话语权而干预保护工作，有的甚至损害了非物质文化遗产本身。非物质文化遗产是一个文化分类和价值评估的概念，主要指那些即将消失或发生根本变化的民间文化。最初的目的是澄清需要特别保护的作物的范围，并强调保护这些作物的理由。民俗文化的价值是什么？如何在现实生活中实现民间文化的价值？文化遗产的概念被这一概念激活和违背。事实上，部分人忙于按照“遗产”的价值标准对民俗进行评估和评价，而没有对各种变化中的民俗进行更多的研究。可以说，这一立场影响着当今非物质文化遗产工作的生命力。由于专家的不同观点和政府的干预，继承人自身的利益不可避免地受到影响。对项目的正确理解和对其价值的认可必须听取继承人自己的意见，可以减少干扰国家计划的现象。为了真正维护人民的利益，获得公众对“非物质文化遗产”文化的认可，非物质文化遗产保护工作必须邀请继承人发言。让遗产继承人发言主要是提高他们的保护意识和让他们明白自己所拥有的非物质文化遗产的重要性。目前，继承人的积极合作和非物质文化遗产作品的申请表明了他们的文化保护意识得到了很大的提升。

三、大众化时代的非遗传承

（一）大众化时代下非遗传播的合理模式与内容

内容制作精良，选择恰当方式，是成功的非遗传播的不二法门。在非遗的利用中，能够持久成功的方式是提供优质的产品（作品）。对传播而言，能够持久成功的方式就是提供优质的内容。传播的媒介、手段和方式，会随着科技的进步、社会的变迁而不断变化，但这些都只是承载内容的工具而已。如果内容苍白空洞，再先进的手段、再便捷的途径，都无济于事。无论何时何地，有深度而又生动的内容，都是赢得受众的核心竞争力。

作为在社会生活中已经整体边缘化的非遗，在传播中不需要也不可能采取以体量规模和速度取胜的信息轰炸模式。而只能是根据传播的内容，去正确定位传播受众、传播主题，并且选择恰当的传播方式与媒介来达到精准有效的传播效果。

1. 真正理解非遗的文化内涵

传播内容的肤浅、单一和乏味，源于传播者的懒惰。传播者不愿意去深入理解非遗，更不愿意去深究其背后的文化与历史，只想在现有的信息上再重新构建一下，冠以某个热门的说法，就将其作为内容传播。但是很多时候，那些已有的信息不是支离破碎就是陈旧过时，还有的错误百出。如果不做任何的鉴别就随手拿来作为内容传播，必然是一篇毫无新意的传播，也自然无法吸引受众的关注。这种现象即使在以音视频作为传播素材的广播电视和网络传播中也不少见。很多人就是随便拍几张照片、几个镜头、几段录音就作为素材发布出去。由于非遗的文化特性，非遗的传播者需要的不只是传播工作者的敏锐，还需要具备深入研究的精神和虔诚的态度。而成功的传播都源自对非遗的深入了解，不仅需要调查、采访与研究，对相关的背景材料进行广泛的收集，还需要以尊重的态度与相关的传承者、见证者进行深入的交流，从而把握非遗的精髓，发现别人所不能发现的问题，挖掘出真正有意思、有意义的素材内容，制作出令人耳目一新或过目不忘的传播作品。在多年的非遗工作中，笔者结识了很多深耕于一方水土，致力于保护和弘扬本地文化的乡贤，他们的很多文章或者拍摄的照片，都是非常生动有趣或者感人至深的。他们执着的精神、深挖的精神，使他们获得了丰富的素材。而一些文笔很好，熟悉各种音像制作设备和设计修图工具的传播者，尽管技巧很好，但是因为内容不足，在出了几次彩之后，就后继乏力了。当然也有人因为传播技巧的不足和不善于运用新的技术手段，丰厚的素材无法转化为生动深刻的传播内容。但是仅有技巧和技术，是无法弥补素材的不足的。所以非遗传播最核心的竞争力就来自素材和内容。

2. 正确定位受众与市场

任何传播，都以获得受众的关注为目的。但除去大众新闻，不是所有的社会公众都一定会是某类传播内容的受众。对于具有一定专业性的非遗而言，传播中对受众的定位，决定了传播是否精准有效。受众的选择有两个重点：一是稳定已有的受众，增加其黏附度和忠诚度。二是培养潜在受众。无论已有受众还是潜在受众，都要根据非遗的特点去进行定位。对于大多数非遗而言，其稳定受众多是老年人，他们见证了非遗由盛而衰的历程，对非遗尚且有着一定的感情，或者说其欣赏习惯在青少年时期就已经形成，并不容易改变。而潜在受众，主要是在校的青少年，他们尚处于形成价值观与审美意识的年龄阶段，如果以合适的方式对他们进行传播，会使他们成为非遗的爱好者和消费者。所以我们看到很多非遗的重点传播对象就是老年人与青少年。对老年人，主要通过报纸、电视等媒体进行传播，也会采取进老年大学、进社区、组建老年社团等实地传播方式。而对青少年，网络等新媒体就是主要的传播途径，也会进校园、进博物馆、设置体验课程或游学项目等主要的实地传播活动。老年人和青少年这两大群体，只是相对数量更为集中的群体，并且主要集中于公益性传播中，传播内容也以表演类项目和部分易于普及的手工艺项目为主。由于非遗广泛性的特点，非遗的传播受众也呈现出多元化的特点，因而在非遗的传播中，还需要根据年龄、学历、民族、信仰观念、地域等进行细分。比如有些非遗，只流行于某一地区，具有很强的地域性，并且传播中的语言也以方言为主，其受众主要是当地民众和一些在当地长大但后来在外地工作生活的人，离开这两部分人，很难获得其他忠实受众。对于那些受众需要一定的消费能力和知识阅历的非遗项目，如明式家具等技艺难度较高或稀缺的手工艺，昆曲古琴等需要具有一定的文化素养才能够欣赏的表演项目，其重点受众就是受过一定教育的中产阶层。而这部分受众，其审美观念和价值观已经基本形成，有自己的主见，在传播内容的选择上更具有个性化特点。而获取信息的渠道主要是网络，所以自媒体和公众号成为他们主要的信息渠道。在虚拟化的传播媒体之外，希望得到深度的体验，所以各种体验性的活动，也开始成为这部分人了解非遗获取更多体验感的途径，参观博物馆、参加体验旅游、观看各类专题的展览展演成为他们实地了解非遗的重要途径。

所以非遗的传播，更应对受众进行细分化研究，以精准定位传播内容和方式。

（二）深度传播和小众传播是非遗传播的主导方向

当下，非遗在整个社会中是非主流和边缘化的。无论是传播者和受众的数量，信息内容的规模，还是信息传播的速度和广度上，都不可能达到现代产业或流行文化的程度。流行文化本来就是传播范围广、更替速度快的文化，对其传播讲求速度和规模是符合其市场和受众特征的，但是追求速度和规模的传播不一定适用于非遗。非遗的文化属性和其内容的多元多样，决定了非遗的传播要走深度传播和小众传播的路径。只有少数本来就具有一定知名度和全国性的非遗，可以采取大众传播的方式。如京剧，是目前我国最具有普及性的传统戏剧，所以可以采取大众传播的方式。但目前其最年轻的规模化受众，是 1950—1965 年出生的那部分人，他们成长的时代，样板戏是仅有的几种文艺形式之一，在没有更多选择的情况下，他们成了样板戏的忠实观众，也由此成为京剧最后一批规模化群体化的爱好者。对于在其后出生的人，因为有了更多的文化消费选择，京剧只是其中一种选择而已。所以对 1965 年后出生的中青年受众而言，京剧传播的重点就在于普及京剧知识或经典作品上了。中医作为一种具有普遍性的医疗和养生体系，适用大众传播方式。重要的传统节日，也具有很强的普遍性，可以采取大众传播的方式。但是对于大部分非遗而言，大众传播既无可能，也不会收到应有的效果。所以需要深度挖掘文化内涵，提供深度内容，培养忠实的受众群体，这也是大部分非遗传播的主要努力方向。而这种深度内容的传播对象只针对具备真正的爱好者或者有潜力成为爱好者的受众，才能够实现传播的有效性和持续性。比如古琴的爱好者和木卡姆的爱好者，无论在地域上，还是年龄、文化背景上，都有着巨大的差异性，其兼容性很低。所以传播时，必然以各自已有的忠实受众作为重点展开。在同一地域内，受众也会有年龄、性别、文化素养、职业等的差别，所以在选择传播内容时，也会有差别。在苏州的丝绸非遗传播中，即使都是手工丝织品的爱好者，有的欣赏刺绣，有的爱好绛丝，还有的更青睐各种织锦。同样在刺绣中，有的喜欢传统的平绣作品，有的喜欢乱针绣。即使是小众的古琴，也有不同的流派，还有对古琴作品理解的各种争论。除了受众群体上的细分化，传播内容基于专业或风格上的不同，也在呈现细分化，并且这种专业化或风格化的进一步发展，就是对内容的不断深入挖掘和深度解读。这符合非遗的特点，所以将是非遗传播的主导方向。

非物质文化遗产的保护，需要全社会各种力量的参与。但是在当下，和信息的充分流通相对的，是非遗的不断边缘化。所以，传播是非遗获得更多的保护资源和外界支持的必要手段。而大众传播时代给非遗传播既带来了各种便捷，也带来了各种不良影响。所以在非遗的传播中，既需要借助大众传播的便捷，更需要审慎而深入地理解非遗的内涵，提供更优质的传播内容，在信息爆炸的时代为非遗传播取得一席之地。

第四章　文化遗产的开发利用

第一节　文化遗产利用的基本原则

一、保护为主

无论是联合国教科文组织会议通过的关于文化遗产的法规性文件，还是世界各国制定的关于文化遗产的法规性文件，大都以保护文化遗产为基点。

《文物法》第四条明确指出，文物工作基本方针的首要内容就是“保护为主，抢救第一”。《非遗法》则特别规定，非物质文化遗产的利用和开发，必须是“在有效保护的基础上”。

如此强调，道理明显。文化遗产的利用，只能以文化遗产的存在为前提。文化遗产若遭到毁坏，其利用价值也就减少了；若受损失，其利用也就无从谈起。

“保护为主”意味着对文化遗产虽然是保护与利用不可偏废，但两者毕竟有主有次、有先有后，不可本末倒置。遵循“保护为主”的原则，就是要求人们在利用文化遗产时做好保护工作，必须在对文化遗产的原真性和完整性或原生性和传承性做好有效保护的前提下进行利用。这是国际共识，也是世界各国在文化遗产保护与利用工作中实际遵循的原则。

“抢救第一”是中国政府针对现阶段文化遗产保护的严峻形势提出的工作方针。这一方针是对“保护为主”方针的补充，也进一步突出了“保护为主”的重要性。随着现代化进程的加快，文化遗产受到的破坏和损失越来越严重。尤其是非物质文化遗产，受到的冲击越来越大。一些依靠口授和行为传承的文化遗产正在不断消失，许多传统技艺濒临消亡。

“保护为主，抢救第一”方针的提出是为了使文化遗产这一珍贵资源得到保存，以资利用。

二、合理开发

文化遗产的开发指将文化遗产作为资源而加以利用；文化遗产的利用则是对文化遗产资源效能的开发。开发与利用，语意大体相同，只是在习惯表述上有着程度的高低。中国政府确定的文化遗产保护基本方针强调“合理利用”。合理利用就意味着合理开发。

文化遗产是不可再生的珍贵资源。合理开发文化遗产应该做到如下三点。

首先，在不损害文化遗产原真性和完整性或原生性和传承性的基础上进行开发，即在保护好文化遗产的前提下进行开发。开发的对象是文化遗产，开发的方式和过程往往就会直接或间接地触及甚至作用于文化遗产。但由于文化遗产是不可再生的，文化遗产的开发不能对其造成损害。当然，倘若脱离了文化遗产保护地点和生存环境的产业化开发，如将文物仿制为工艺品，将民间文艺改编为表演节目或网游产品等，则不必限于此要求。

其次，根据文化遗产的具体特性和存在环境进行有针对性地开发，充分发挥文化遗产的资源效能。文化遗产是珍贵资源，当然应该充分利用和有效开发。文化遗产包括物质的和非物质的多种形态，充分发挥文化遗产的资源效能，就必须针对具体文化遗产的特性进行适宜的开发。静态的物质文化遗产，尤其是建筑类的文化遗产的开发，应该着重开发其可读性和观赏性；动态的非物质文化遗产，应该着重开发其传承性和娱乐性。尽管两者的开发都需要着重发掘和突出其历史价值和艺术价值，以使人们充分了解其历史文化信息并获得审美愉悦，但开发和利用的方式方法明显不同。即使同类或同种的文化遗产，因存在环境不同，也需要采取因地制宜的不同开发方式。

最后，以追求文化遗产保护与利用的双赢为目标的开发，真正做到保护宜于利用、利用促进保护。文化遗产的资源效能应予开发，但开发的着眼点既要追求经济、社会效益，更要顾及保护效果，基于管理文化遗产两个方面的一致性而寻求保护与利用的平衡点，力争实现保护与利用的双赢。文化遗产的开发只能是立足保护、服从保护的开发，不可一味追求经济利益的最大化而有损文化遗产的保护。

当今文化遗产利用的实践存在对文化遗产的人工化、商业化的过度开发和碎片化、改造化的随意滥用，尤其是对非物质文化遗产的利用存在商业化、改造化的倾向。这就要求政府必须强调利用文化遗产的合理性，杜绝过度开发和随意滥用。

三、传承发展

传承与发展主要是针对非物质文化遗产而言的。国务院下发的《通知》阐明的非物质文化遗产保护的十六字基本方针中，最后四字即“传承发展”。《非遗法》则将“传承与传播”规定为非物质文化遗产保护的一项基本制度。

传承发展指的是通过传授和传播而使非物质文化遗产得以继承和发展，故对非物质文化遗产既是保护，又是开发。

非物质文化遗产的传授者、传播者和传承者、接受者，狭义言之，指非物质文化遗产表现形式的传授者（如民间艺人）和传承者（如民间艺人的子孙或徒弟）。广义言之，其指的是非物质文化遗产表现形式的所有传播者和接受者。民间文艺如果没有受众，就会自然消失。民俗活动如果没有参与者，也会自然消歇。非物质文化遗产的传承活动不仅直接体现其历史、艺术和科学等综合价值，还与经济利益挂钩。正如民间文艺的表演或作品需要受众付酬，民俗活动的践行和参与需要践行者的投入和参与者的消费。因此，非物质文化遗产的传承活动的开展直接或间接地发挥出了非物质文化遗产的经济效能和社会效能。大力开展非物质文化遗产的传承活动实际上就是大力开发非物质文化遗产的资源效能。

非物质文化遗产的表现形式和文化空间在历史的传承过程中必然会因世情时序的变化而变异。若不随世情时序而变异，非物质文化遗产就会失去当世沐浴时代新风的受众而成为历史陈迹。因此，非物质文化遗产的传承实际上也是发展，只是其以往的发展是在传承人自觉或不自觉的传承活动中进行的。迄今遗存的非物质文化遗产，其传承的历史也即发展的历史。这样说来，非物质文化遗产的传承需要发展，只有发展才可传承。非物质文化遗产的开发需要自觉地、积极地发展非物质文化遗产。在一定程度上，非物质文化遗产的资源效能的充分发挥取决于其发展的状况和程度。

活态的非物质文化遗产不可能采取静止的原生态保护。非物质文化遗产的利用应该在不损害非物质文化遗产的基本特性的前提下，大力传承，积极发展。

四、永续利用

永续利用即要求对文化遗产的开发必须确保文化遗产的永续利用。

具有深厚底蕴和诸多价值的文化遗产，只有在永续利用中才能充分发挥其资源效能。就具体的文化遗产而言，在不同时代因世情时序的变化，其有着不同的文化价值。因此，文化遗产的开发可以根据世情时序的变化大力发掘其中为当世人们所需要的文化价值。

文化遗产是人类发展的根基和保证，并不只属于当世的某一民族或群体，而是属于全人类。因此，对文化遗产的利用，既要出于现实发展的需要，也要着眼于人类的未来。而这必然要以“永续”为原则。

《威尼斯宪章》指出，人们越来越意识到人类价值的统一性，将作为人类历史见证的古代遗迹看作共同的遗产，认识到为后代保护这些古迹的共同责任。《非遗公约》强调，非物质文化遗产是可持续发展的保证。诚如所言，子孙后代的永久享有依赖于完好地保护和可持续地利用文化遗产。

文化遗产的可持续利用必须在文化遗产的开发中落实科学发展观，坚持以人类利益为本，以可持续发展为追求，制定出文化遗产保护与利用规划，做到全面协调和统筹兼顾，即全面保护与利用文化遗产并在保护与利用中进行各方面、各环节的协调，统筹文化遗产保护与利用的步骤、措施并兼顾物质文化遗产与非物质文化遗产、保护与利用、当前与今后、近期与将来等。如此，文化遗产的开发才能持续不断，其效能才能长久发挥。

第二节　文化遗产利用与科教事业

一、文化遗产与教育事业

教育是传授知识、培养人才的活动。教育的目的在于使受教育者的能力得到不断增强、身心得到健康发展，以适应社会发展的需要。教育的方式既有教育者在课堂上、经院里的“传道授业解惑”，也有受教育者走四方、观天下的游览、寻访与考察。

“读万卷书，行万里路”，这是中国古人倡导的求知方式，也是历史证明了的有效教育方式。潜心于书斋中的苦读，可以开启人的智慧，扩充人的知识；漫行在旅途中的游学，可以丰富人的阅历，增长人的见识。两者相辅相成，不可或缺。可是，许多人认为，读万卷书不如行万里路，因为亲历亲见要比从书籍中获得的印象更明晰，体验更真切，感悟更深刻。游学中亲历亲见的重要内容就是探访名胜古迹，观赏乡俗民风。名胜古迹、乡俗民风就分别属于物质文化遗产和非物质文化遗产，就是知识的形象展现，就是教育的宝贵资源。

教育不仅能够使人获取知识、增强技能，更能够使人得到身心的健康发展，即通过体育增强体质，通过德育塑造人格。尤其是其对理想人格的塑造、完美德行的陶冶最为思想家、教育家强调，也最为代表人民利益发展国家教育事业的政府所重视。古希腊哲学家柏拉图（约公元前 427—公元前 347 年）在《理想国》及《法律篇》中表达的教育思想是教育不仅能够使人获得知识、提高素质、增强体质，更重要的是能够引导人的灵魂向善。中国教育家孔子育才主张实施全面教育，也以培养受教育者的仁善德行为主要目的，强调为人为学应该“志于道，据于德，依于仁，游于艺”，所谓“子以四教：文、行、忠、信”。

个人的身心发展，民族的素质提高，国家的繁荣富强，都离不开教育。因此古往今来，世界各国都重视教育，将教育作为大力发展的国家事业。

自古以来，中国的教育目标就是为社会需要培养德、智、体全面发展的人才。从这一层面看，中国的教育事业应当弘扬民族优秀传统文化，汲取人类文明的优秀成果。

（一）文化遗产与德育

文明时代各国的教育事业都是统治阶级为了阶级的利益和国家的需要对受教育者有目的、有计划、有组织地实施影响的活动。统治者为了达到其政治目的，不仅在教育活动中尤为重视思想道德的教育，还通过各种物质性或精神性的文化成果来体现和宣扬思想道德意识。历史上的文化伟人、民族英雄及进步人士大都是有理想、有道德、有成就者，他们的遗迹或遗物在一定程度上体现了其思想道德。人民群众在社会实践和文化创造的过程中，也会将社会认同的传统伦理道德观念融入其文化创造活动及其成果中。因此，文化遗产蕴含了思想道德意识和伦理道德观念，文化遗产的思想价值也在相当程度上体现在其所具有的思想道德意识中。发掘和利用文化遗产所蕴含的进步的、合乎人类本质要求和共同利益的思想道德意识，就能让今人受到很好的思想道德教育。

早在原始社会，我们的祖先就已初步形成了重德意识和道德礼仪规范，并且创造出体现其伦理道德观念的器物——玉器。从原始社会末期到商周时期，道德礼仪规范发展得越来越周全严密，体现其思想道德意识的礼器也越来越多样复杂，但玉器始终是人们用于祭礼、佩戴、随葬等的重要器物，由此形成了中国源远流长、独具特色的玉文化。在先秦古人看来，温润纯净、晶莹光泽、缜密坚韧的玉石就是纯洁美好的“德”的象征。人们琢磨玉石制成精美的玉器，不仅怀着虔敬之心用以奉祭神灵，还抱有珍爱之情佩戴于身，以“比德于玉”。先秦思想文化的集大成者荀子（约公元前313—公元前238年）引述孔子的话，谓玉有七德，《礼记》则载孔子谓玉有十德。依其之说，玉的美德体现在仁、义、礼、智、信、忠、勇、坚、洁、宽、乐、雅等方面，几乎包括了先秦社会所崇尚的所有美德。从古至今，几千年的玉文化传统已经使得玉石成了中华道德的物质载体和精神象征。坚守民族气节是“宁为玉碎”，实现团结和睦是“化为玉帛”，无私奉献是“玉润而温”，节操高尚是“玉洁松贞”……今人参观博物馆，观赏琮、璧、璜、玦、环等各种各样的玉器，了解其实用功能和文化寓意，自然可以获得道德认知。

在当今中国，许多博物馆、纪念馆、名人故居、战争遗址等都被命名为爱国主义教育基地。至2009年，中国已经建成并命名了356处全国爱国主义教育示范基地。各省、市、县也都有命名的爱国主义教育基地，如河北省已有省级以上爱国主义教育基地65处，云南省有省级以上爱国主义教育基地99处。这些基地既是重要的文化遗产保护场所，又是重要的爱国主义、集体主义和社会主义及社会公德、职业道德和家庭美德的教育场所。尤其是近现代以来重要的革命文物保护场所，诸如革命史迹、英雄纪念馆、烈士陵园等，更是体现了爱国主义、集体主义和社会主义三位一体的丰富精神内涵和高尚纯洁、无私无畏、大智大勇的厚重道德力量。游览其中，也就是接受思想道德的体验教育。

非物质文化遗产中的口头文学、民间文艺等各种文化表现形式，都在长期的传承过程中集中表达了人民大众的思想道德观念。民间习俗则集中体现了人民大众的传统道德意识和行为规范。了解非物质文化遗产，参与传统习俗活动，这同样是接受思想道德体验教育。因此，《公民道德建设实施纲要》指出各种重要节日、纪念日，蕴藏着宝贵的道德教育资源，要求“利用……民间传统节日和重大历史事件、历史人物纪念日等，举行形式多样的群众性庆祝、纪念活动，使人们在集体聚会、合家团圆的同时，增强对祖国、对家乡、对自然、对生活的热爱，陶冶道德情操”。

（二）文化遗产与智育

智育是开启智力、增长智慧、培养智能的教育。智育的目的是让受教育者具有丰富的文化知识并且能够创造性地运用所掌握的知识为社会服务。智育的基本方法是通过文化知识的传授或传播使受教育者在接受知识的过程中提高观察、记忆、分析、判断、想象、推理等能力，也就是创造性思维的能力。不言而喻，智育是教育的基本内容。

受教育者的智力开启、智慧增长、智能培养的前提和过程都是文化知识的了解、积累、掌握和运用。因此，文化知识的载体是智育不可或缺的教育资源。用文字书写而成的文献典籍是人类文化知识的结晶。除文献典籍之外的一切物质的和非物质的文化遗产，同样是人类文化知识的凝结。

实物类的物质文化遗产无不蕴含历史文化信息。一件器物，一个遗址，通过分析其历史文化价值，也就获得了其所凝结的历史文化知识。观赏商代第一重器——司母戊大方鼎，人们可以由对其造型、纹饰、铭文、体量、工艺等的了解，多少获悉商王朝的政治、经济发展状况，文化特色，科技水平。游览被称为“一个王国的缩影”的殷墟，人们则可由其先后发现的众多宫殿宗庙建筑基址、城市遗址、王陵大墓、祭祀坑葬、聚落遗迹、家族墓地、手工业作坊遗迹、出土数量惊人的刻义甲骨的窖穴，以及大量的青铜器、玉器、陶器、骨器等，较为全面地获知殷商王朝中兴时的都城风貌及王朝后期的政治、经济、文化诸方面的发展状况。

非物质文化遗产凝结的文化知识比物质文化遗产更为集中、直观。非物质文化遗产的活态传承实际上就是文化知识的直接传播。人们聆听艺人的说唱和表演，参与传统习俗活动，也都是耳濡目染、潜移默化地接受文化知识教育的过程。

青少年接受教育的场所主要在学校，学习文化知识主要通过课本和教师两种途径。可是，课本教材的编写内容大都是对文化遗产蕴含的文化知识的总结和选择。成人教育虽然也需要在学校主要根据教材学习文化知识，但其知识的丰富、智力的提高更多的是在阅读结合游历及参与社会实践中获得的。从这个意义上说，文化遗产是智育的基本资源。

“知识就是力量”是世人皆知的名言。在步入知识经济时代的当今社会，人类的发展更加依赖知识的掌握和运用，而凝结着人类文化知识的文化遗产也对人类的智育起着越来越大的作用。

（三）文化遗产与体育

体育，顾名思义是使人增强体质、增进健康的教育，也就是使人掌握增强体质、增进健康的知识和技能的教育活动。不过，在现代社会中，体育的概念已经扩大为广义的与人的身心运动相关的有目的的活动。因此，广义的体育可根据参与体育活动的对象及其任务而分为社会体育、学校体育和竞技体育。

社会体育亦称大众体育或群众体育，指全民参与的社会化体育活动。体育起源于原始先民在求生存、求发展过程中从事的某些技能性的体力活动。在漫长的历史发展中，世界各民族、各国家都存有丰富的体育文化遗产，而且其社会体育的活动项目主要是对本民族或国家体育文化遗产的继承和发扬，即多开展和普及的是本民族或国家的传统体育项目，如中国的武术、放风筝、舞狮子、划龙舟、围棋、象棋等，英国的足球和板球，美国的篮球与棒球，等等。一般而言，社会体育的开展需要继承和发展传统体育。

学校体育特指为增强学生体质而由学校组织的体育教学及相关活动，是学校教育的重要内容。学校开展的体育教学和体育活动多以现代体育知识和体育项目为主，但现代的体育知识和流行的体育项目大都是对传统体育活动的继承和发展。如果能够利用体育文化遗产进行体育教学，会使学生对各项体育活动有着更为深刻的认识，增强其对体育活动的热爱，提高其参与体育活动的自觉性。另外，民族民间的传统体育活动多具有简易性和游乐性，如拔河、捉迷藏等。学校有组织地多开展这类活动，可使广大学生饶有兴趣地参与，从而增强学生的体质。

竞技体育即人们常说的竞技运动，是为了取得优异成绩、战胜竞争对手，通过科学、系统的训练，在比赛中最大限度地发挥个人或集体在体能、智力、心理及运动能力等方面潜能的体育运动。相对社会体育、学校体育而言，由于竞技体育最能表现人的能力和健美，最能激发人奋勇争先的斗志和顽强拼搏的精神，最能增强个人或集体的荣誉感，最能体现一个民族或国家的体育运动水平，又最富有观赏性和刺激性，故其自古以来就深受大众喜爱和社会重视，在现代社会更是成了各国政府的一项重要工作。以竞赛为特征、以争胜为目标的竞技体育也有悠久的历史。遗存至今的大量古代体育用具和相关体育的绘画、雕塑、设施等各种文化遗产大都体现出以竞赛决胜负的特点。

今日世界最大规模的体育盛事就是奥林匹克运动会。世界各国的体育工作尤为重视奥林匹克运动会。有条件的国家更是纷纷争办奥林匹克运动会。奥林匹克运动会起源于古希腊的奥林匹克运动会，是法国教育家、史学家皮埃尔·德·顾拜旦（1863—1937 年）于 1894 年根据奥林匹克运动会倡议恢复的。现代奥林匹克运动会的规模是 2 000 多年前的奥林匹克运动会所不能比拟的，但当时的一些项目，如圣火传递、短跑、长跑、跳远、铁饼、标枪等，一脉相传地传承下来了。更重要的是，奥林匹克运动会的精神被现代奥林匹克运动会继承并发扬光大。四年一届的奥林匹克运动会依然在奥林匹亚遗址采集圣火，在世界各地传递圣火。奥林匹克运动会的举行集中展现和弘扬的是“相互了解、友谊、团结和公平竞争”的精神及和平、友好、平等、公正、健康、美丽的人类理想。不言而喻，没有古希腊的奥林匹克运动会，也就没有现代的奥林匹克运动会；没有体育文化遗产，也就没有现代竞技体育的发展。奥林匹克运动会的规模和影响越来越大，其被作为文化遗产进行利用与开发的价值也越来越大。

群众性体育活动的广泛开展应利用有助于人民身心健康、体质增强的文化遗产和开展民众便于和乐于参与的民族民间传统体育活动，使得民众在自觉参与体育活动的过程中受到自我完善、全面发展的教育。

另外，接触文化遗产，也与人们的身体锻炼相关。人们游览文化遗产地或参与文化遗产传承活动，免不了或走或跑、或蹦或跳。这时，充分利用文化遗产吸引人们游览和参与，有利于人们的身体得到锻炼、身心得以发展。

（四）文化遗产与美育

美育即审美教育，是使人增长审美感知力、审美判断力、审美鉴赏力和审美创造力，进而确立美好的情操和理想的教育。

爱美是人类的天性，是人类永恒的追求。人类的历史就是始终自觉或不自觉地依照美的规律、遵循美的原则来创造生活的历史。石器的打制和磨制、陶器的造型和装饰、绘画和雕刻作品的丰富都清楚地显示出原始先民在追求美、创造美的过程中的文化进步。甲骨文中的“文”字是文身之人的象形，本义即美化人体的饰纹。从一定意义上说，人类文化的进步和人类文明的发展都是人类追求美的结果。人类爱美而求美，其在传授知识时，自然也将美育作为重要内容。只是古人长期只重视美育的教育实践，而并未在理论上阐明美育的概念、作用和地位。古人以为，教育包含美育是无须论理的自然之事，美育本就融入德、智、体的教育之中。18 世纪末，德国文学家、美学家席勒（1759—1805 年）在《美育书简》中明确提出了“美育”的概念并将之与德育、智育、体育并视为教育的四大内容之一，称“有促进健康的教育，有促进认识的教育，有促进道德的教育，还有促进鉴赏力和美的教育”。在现代社会，美育具有提高人的综合素质和生存质量、促进人的身心发展和社会和谐进步的作用，已经成为世人的共识。受西方教育理论的影响，民国时期的教育家蔡元培（1868—1940 年）等都大力倡导美育。

中华人民共和国成立之初，美育就是教育方针的重要内容。1999 年，根据社会主义现代化建设的发展形势对人才培养高要求的需要，中共中央、国务院于 6 月颁发了《关于深化教育改革全面推进素质教育的决定》，明确提出：“实施素质教育，就是全面贯彻党的教育方针，以提高国民素质为根本宗旨，以培养学生的创新精神和实践能力为重点，造就‘有理想、有道德、有文化、有纪律’的、德智体美等全面发展的社会主义建设者和接班人。”此后，党和政府的重要文件关于教育方针的阐述进一步明确要“培养德智体美劳全面发展的社会主义建设者和接班人”。

既然人类始终是依据美的规律、遵循美的原则来创造生活的，那么作为人类遗存的文化遗产必然具有审美价值。同理，具有审美价值的文化遗产就是美育极好的教育资源。

审美教育离不开美的形象。审美教育是从培养人的审美感知力、审美判断力和审美鉴赏力起步的。通过形象性的实物或形式实施美育，教育者能够使受教育者形成审美感知力，提高审美判断力和审美鉴赏力。古人最初收藏和保存文化遗产实物，主要就是着眼于其审美价值。传世的物质文化遗产多是经过历史淘洗之后余存的审美价值很高的文物。传承的非物质文化遗产大都是经过历史润饰之后生存的审美价值很高的表现形式。至今一般民众观赏文物、参与民间文艺或习俗活动时，仍将满足审美需要放在首位。这样说来，文化遗产的利用在一定程度上起到美育的作用。

美育的最高境界是使受教育者在具有较强的审美感知力、审美判断力和审美鉴赏力的基础上，确立美好的情操和理想，并且在社会实践中进行审美创造。这一境界的实现有赖于美育与德育、智育、体育的结合，有赖于使受教育者在接受德、智、体、美的全面教育过程中形成真善美的统一观，因此也更需要充分利用文化遗产。经过历史淘洗、润饰和检验过的文化遗产，高度凝结和集中体现了人类在其历史发展过程中形成的真善美观念。要达到美育的最高境界，离不开对文化遗产的研究。

文化遗产的有效利用与德、智、体、美的教育相关。人们参观博物馆或纪念馆、游览古迹名胜地、参与民俗活动时，多可从文化遗产蕴含的诸方面价值中获得德、智、体、美等方面的教益。

当今社会的教育，不仅是青少年的学校教育，更是全民的社会教育和终身教育。《国家中长期教育改革和发展规划纲要（2010—2020年）》确定的战略目标就是“到2020年，基本实现教育现代化，基本形成学习型社会，进入人力资源强国行列”，包括“构建体系完备的终身教育”等。这一战略目标的实现有赖于文化遗产的有效利用。

二、文化遗产与科学事业

科学是人类在社会历史实践中形成的反映客观事实、揭示客观规律的知识体系，包括人类在探索、改造自然与社会过程中形成的理论认识，一般分为自然科学和社会科学。

伴随着人类的社会历史实践，科学的重要性越来越为世人所认识。当今，科学是人类社会进步的突出标志和发展的重要动力已经成为世人的共识，各国都将科学作为大力发展的国家事业。

文化遗产是人类探索和改造自然与社会的物质成果和精神成果的遗存，蕴含前人的科学认识，具有科学价值。从这一层面看，发掘和利用文化遗产的科学价值有利于促进当代科学事业的发展。

（一）文化遗产与自然科学

自然科学是研究和揭示自然界各种物质和现象及其变化规律的知识体系，包括数学、化学、物理学、天文学、气象学、生物学、地质学等认识自然的基础理论学科和农学、医学、采矿学、冶金学、建筑学、环境学等改造自然的应用技术学科。

文化遗产的三大价值之一就是科学价值。许多不同类型的重要文化遗产都不同程度地蕴含相关的科学知识和科学价值。1983年末，在湖北省江陵县（今属荆州市荆州区）张家山247号汉初墓葬中出土了一批竹简。其中有一部《算数书》，比中国传世最早的数学著作《周髀算经》和《九章算术》的成书时间还早百年以上，可谓已知中国最早的数学典籍。它不仅在相当程度上反映了中国先秦时期的数学成就和发展状况，算题方式也对当今初等数学研究有所启示。

诚然，距今年代久远的文化遗产蕴含的科技价值已经难以为现代科学技术发展直接借鉴和利用。可是，随着国际社会对文化遗产认识的深化，文化遗产的范围也不断扩大，世界上许多完成不久、具有重大科技价值和历史影响的建筑、工业设施等，也被认定为20世纪遗产或工业遗产。

2007年入选《世界遗产名录》的悉尼歌剧院，动工于1959年，完成于1973年，建造历时达14年。这座耸立在悉尼港湾小半岛上的建筑，既似巨贝翻壳，又像航船张帆，被公认为20世纪的七大建筑奇迹之一和澳大利亚的标志之一。其贝壳形尖屋顶是用钢缆拉紧拼成的2 194块、每块重15.3吨的弯曲形混凝土预制件，外表覆盖着105万块白色或奶油色的瓷砖。面海的玻璃墙用约25万块高硬度的玻璃砌块制成，材料全部从法国进口，有700多种规格。设计施工的技术图纸共绘制了7 000多张。毫不夸张地说，悉尼歌剧院充分体现了20世纪建筑科技成就。

现已世界闻名的“鸟巢”（中国国家体育场）和“水立方”（中国国家游泳中心）是2008年北京奥运会的主场馆。中国第三次全国文物普查将其视为北京的标志性建筑而予以登记建档，拟作为文化遗产来保护。这两座竣工仅5年多的体育场馆，不但设计新颖、造型独特，而且结构复杂、建造精密，具有很高的科技含量。它们分别是世界体育设施中最大的钢结构工程和膜结构工程，建造涉及现代科技的许多领域，可谓融多领域的现代高科技为一体而大有创新的综合科技成果，在世界建筑史和工程史上具有开创意义。

非物质文化遗产的各种文化表现形式都不同程度地蕴含科技知识。有关自然界和宇宙的民间传统知识和实践可谓古代自然科学知识的凝结和运用，对今天的科学探索仍有启发作用。

文化遗产的科技价值高，对现代科技发展有着直接或间接的借鉴意义。现代科技是在文化遗产所蕴含的科技知识基础上发展起来的，其发展仍然需要充分发挥文化遗产的作用。

（二）文化遗产与社会科学

社会科学是研究和揭示各种社会现象及其发展规律的知识体系，包括哲学、文学、法学、政治学、经济学、军事学、民族学、宗教学、考古学、艺术学、民俗学、教育学、伦理学、社会学等属于意识形态范畴的学科。

文化遗产的三大价值中的历史、艺术这两大价值直接体现为有助于社会科学研究的功能。文化遗产的其他方面的价值也大都直接关系社会科学研究。正因为文化遗产具有多方面的价值，社会科学的研究资料在相当程度上来源于文化遗产。有的学科或学科研究领域甚至完全以文化遗产为研究资料或研究对象。

史学研究离不开文化遗产，物质的文化遗产和非物质的文化遗产都是历史研究不可忽略的资料。史学研究必须利用历史资料，历史资料既保存于文献典籍之中，也见于田野调查或考古发现。无论是古籍载录的资料，还是田野调查或考古发现的资料，都是文化遗产。其中，田野调查或考古发现的资料对文献缺载的历史的研究尤其重要。殷墟以及其他商代文化遗存的发现与研究，使世人对中国殷商王朝的历史文化有了较为清楚的认识。玛雅文明遗产的发现与研究，让世人对玛雅人的历史文化有所了解。只有研究所有物质的和非物质的文化遗产，才能全面、准确、明晰、具体地认识人类的历史。

考古学研究离不开文化遗产，因为考古学的形成和发展就建立在对人类的遗物和遗迹，也即物质文化遗产的调查、发掘和研究的基础上。世人对人类历史文化方方面面的明晰、具体的认识有赖于考古学的研究。对于没有文字记载的史前人类历史文化，人们只能通过对远古人类的遗物和遗迹的调查、发掘和研究才能了解。正是有了中国新石器时代的大量考古发现，人们才对中国原始社会晚期先民的经济、文化、社会组织等方方面面状况及中国文明的起源和形成过程有了相当程度的了解。正是有了古埃及图坦卡蒙墓的发掘及其数以千计的精美文物出土，人们才对古埃及文明在金字塔、神庙等成就之外的其他方面的惊人成就有了更为清楚的认知。

语言学研究离不开文化遗产，语言学研究对象中的古代语言、地域方言、民族语言本身就是文化遗产。非物质文化遗产的表现形式中第一类就是口头传统和表现形式，包括作为非物质文化遗产媒介的语言。

艺术学研究离不开文化遗产，无论是人类遗存的绘画、书法、雕刻、造像、工艺品、家具、建筑等物质文化遗产，还是人类传承的各种口头文学、表演艺术和传统技艺等非物质文化遗产，都是艺术学的研究对象。

民俗学研究离不开文化遗产，民俗学的对象就是非物质文化遗产的重要内容——民间的传统习俗。与考古学的产生和发展相同，民俗学也是直接以文化遗产为研究对象而产生和发展的，只不过两者的主要研究对象分别是物质文化遗产和非物质文化遗产。

哲学研究离不开文化遗产，无论是对自然科学还是对社会科学的概括和总结，都需要利用文化遗产，尤其是具有丰富哲学思想的文化遗产。传世的学术文献是哲学研究的对象。出土的学术佚籍，如湖北荆门郭店一号楚墓、长沙马王堆汉墓等古墓葬中出土的简帛学术文献，同样是哲学研究者重视的研究资料。

文学研究离不开文化遗产。古典文学原本就是文化遗产，尤其作为非物质文化遗产重要内容的民间文学从来就是文学研究的一部分。

社会科学也离不开文化遗产。社会科学的研究对象是人类自身及人类社会，社会科学的各门学科都是对人类自身及人类社会的各个方面或各种现象的专门研究。因此，社会科学又被称为人文社会科学。人类自身及人类社会有着过去、现在和未来，社会科学的各门学科即使研究人类自身及人类社会的某一方面或某种现象的现在和未来，也不能不联系和追溯人类自身及人类社会的过去。若要联系和追溯人类自身及人类社会的过去，则必须利用文化遗产。

三、利用文化遗产发展科教事业的基本措施

文化遗产的利用与科教事业的发展关系极大，充分利用文化遗产可以大大促进科教事业的快速发展。那么，如何充分利用文化遗产以促进科教事业的发展呢？大体说来，其基本措施有以下几条：

第一，充分展示文化遗产，突出文化遗产利用的公益性。许多国家都将文化遗产作为宝贵的教育资源，将展示文化遗产的博物馆、纪念馆、图书馆等视为国民教育体系的重要组成部分，采取完全免费或象征性收费的方式向社会开放；对成为著名游览区的文化遗产地也采取低门票政策，即使将文化遗产交由社会组织或个人经营也由政府控制门票价格，不允许社会组织或个人利用文化遗产牟利。

目前，除文物建筑及遗址类博物馆外，全国各级文化部门归口管理的公共博物馆、纪念馆、全国爱国主义教育示范基地大都已向社会免费开放。在节假日，中国都市里的博物馆、纪念馆往往是馆外等候者队列蜿蜒、人声鼎沸，馆内的参观者熙熙攘攘、摩肩接踵。这是免费开放前从未有过的景象，既是博物馆、纪念馆发挥社会教育功能的现实盛况，也是文化遗产作为教育资源予以利用的价值体现。

充分展示文化遗产，突出文化遗产利用的公益性，可全面普及文化遗产知识，使社会成员在接触、了解文化遗产和参与文化遗产保护与传承活动过程中，接受教育，提高素质，增强科技创新能力。

第二，利用文化遗产日大力宣传文化遗产知识，丰富文化遗产日的活动内容，将文化遗产日活动办成全民的优秀传统文化的普及和教育活动。文化遗产日是国家设立的文化主题日，目的是通过主题日前后的全国范围内大规模文化遗产展示和宣传活动，使广大民众了解自己国家和民族的文化遗产，形成对国家和民族传统文化的自豪感和关爱情，增强对文化遗产保护与利用的重要性的认识，自觉关注和参与文化遗产的保护与利用，从而营造出“政

府主导、全民参与”的文化遗产保护与利用的良好社会氛围，全面加强文化遗产的保护与利用。

通过文化遗产日活动隆重而持续的举办，文化遗产促进科教事业发展的作用也越来越明显地显示出来。

第三，利用传统节日大兴节庆习俗活动，吸引广大民众热情参与，潜移默化地接受传统文化的教育。世界上的各国各民族都有其传统节日。这些传统节日或因时节而成，如中国的春节、清明节、端午节、中秋节等；或因宗教而立，如西方国家的圣诞节、复活节，阿拉伯国家的开斋节、宰牲节（古尔邦节）等；或因纪念而定，如美国的华盛顿诞辰、哥伦布日，加拿大的维多利亚日及一些国家的独立日等。

各国各民族的传统节目的来历虽然不一，但都是国家或民族全体成员共同的节日，在长期的传承过程中形成了丰富的节庆习俗，积淀有深厚的文化内涵。尤其是重大的传统节日习俗及相关活动，更是民族传统文化的高度凝结和集中展示，也是民族非物质文化遗产的精华荟萃和综合表现。

传统节日的习俗活动是传统文化的凝结和展示。在传统节日里大力举办各种民俗活动，民众即可在欢度节日的热情参与之中，潜移默化地受到优秀传统文化的洗礼，也因此而提高文化素质。传统节日成为国家法定假日，凝结于节庆习俗中的传统文化的传承和影响就有了优越的条件。在传统节日期间广泛开展“我们的节日”主题活动，荟萃于节庆习俗中的非物质文化遗产就能充分发挥其传播和教育的功能。

第四，在学校增设文化遗产教学内容，组织学生参观文化遗产，参与文化遗产的保护与传承活动，让学生通过了解文化遗产而获得德、智、体、美等方面的发展，成为具有科技创造能力的人才。青少年的教育关系到民族、国家和人类的未来。青少年的培养主要在学校。学校教育不仅应使学生获得德、智、体、美等方面的发展，还应以培养社会需要的具有科技创造能力的人才为重要任务。在现代社会，人们的身心健康发展和科技创造能力的基础多是在学校奠定的。因此，学校教育尤其应该充分利用文化遗产资源。

21 世纪的国民经济和社会发展更加需要高素质的劳动者和专业人才。全面提高国民系质，首要的是在学校实施素质教育。而实施素质教育，了解文化遗产就是很好的内容和方式。发达国家的中小学，不但在历史、社会等课程内容中有相关文化遗产的介绍，而且每年至少组织一次学生外出旅游参观活动。

近年来，我国高度重视素质教育。中共中央、国务院于 1993 年 2 月发布了《中国教育改革和发展纲要》，明确指出“发展教育事业，提高全民族的素质，把沉重的人口负担转化为人力资源优势，这是我国实现社会主义现代化的一条必由之路”，而“中小学要由‘应试教育’转向全面提高国民素质的轨道”。1997 年 10 月，国家教委下发《关于当前积极推进中小学实施素质教育的若干意见》，提出要建立符合素质教育要求的课程并优化教学过程。2005 年，国务院下发的《通知》要求“教育部门要将优秀文化遗产内容和文化遗产保护知识纳入教学计划，编入教材，组织参观学习活动，激发青少年热爱祖国优秀传统文化的热情”。根据政府的要求，目前中国的一些中小学已经将文化遗产内容纳入教学计划。不少大专院校则设置了文化遗产专业，系统地进行文化遗产保护与利用的专业教学和人才培养。文化遗产的教学正在成为学校素质教育的重要内容，文化遗产也正在成为培养高素质的专门人才的重要资源。

第五，加强文化遗产研究，发掘文化遗产的价值，让人们在认识文化遗产价值的过程中感悟其蕴含的思维方式、想象力，从而形成创新思维和提高创新能力。科学研究离不开文化遗产，科学的发展、科技的进步需要发挥文化遗产的作用。

想要发挥文化遗产的作用，促进科学发展、科技进步，前提在于通过对文化遗产的全面深入研究而发掘出文化遗产的价值。研究文化遗产既要发掘其历史、艺术和科学等方面的价值，更重要的是发掘其精神价值。非物质文化遗产的价值突出地体现在精神价值上。物质文化遗产虽然是静态的实体遗存，但同样蕴含丰富的精神价值。因为任何有价值的文化遗存都是前人精心创造的成果，体现着前人的想象力和创造力。发掘出文化遗产的精神价值，通过对文化遗产的精神价值的认知和分析，当代人就能体悟到前人的思维方式、想象力和创造力，由此受到启发或对其继承发扬而形成创新思维，提高创新能力。

无论是社会科学还是自然科学，其研究都追求创新，故称“创新是科学研究的灵魂”；其研究目的都是为了民族、国家乃至人类的发展，故称“创新是人类发展的根本动力，是民族生存和发展的根本保证”。创新必须具有创新思维，而创新思维的源泉是文化遗产。中国人的创新思维应该从中华民族智慧结晶的中国文化遗产中获得，从人类智慧结晶的世界文化遗产中获得。世界各民族的创新思维也当如此。

第三节　文化遗产利用与旅游产业

一、文化遗产与旅游资源

旅游活动开展的前提是要有可让旅行者心仪的游览对象。旅游业发展的基础是具有吸引人们前往观赏、游玩并产生效益的资源。一个国家或地区旅游业发展的规模和前景，在相当程度上有赖于其旅游资源的丰富程度、价值高低及开发利用状况。因此，旅游资源的确认和选择、利用和开发对于旅游业的发展至关重要。

旅游资源指对旅游者具有吸引力而可为旅游业利用并产生效益的一切事物。国家旅游局提出、国家质量监督检验检疫总局于 2003 年 2 月发布的《旅游规划通则》中对旅游资源的定义如下：自然界和人类社会凡能对旅游者产生吸引力，可以为旅游业开发利用，并可产生经济效益、社会效益和环境效益的各种事物和因素，均称为旅游资源。

依此定义，旅游资源包括人类社会的“各种事物和因素”，似乎范围极大、内涵极丰，然而，世界上能对旅游者产生吸引力的事物和因素其实并不多，可以为旅游业开发利用，并可产生经济效益、社会效益和环境效益的事物和因素更是有限的。

数千年的旅游历史和百余年的旅游业发展证明，既能吸引旅游者又可以为旅游业开发利用并可产生综合效益的资源，是具有审美、科学或历史等方面价值的自然风光和文物古迹、风情习俗、佳作杰构等人文景观。其价值越高，为旅游业开发利用而产生的综合效益就越大。因此，人们一般将旅游资源分为自然旅游资源和人文旅游资源。自然旅游资源指的是大自然造化出来的各种特殊的地理地质环境、景观和自然现象。人文旅游资源是人类社会中形成的各种具有鲜明个性特征的社会文化景观。

依据国家旅游局提出、国家质量监督检验检疫总局于 2003 年 2 月发布的《旅游资源分类、调查与评价》，旅游资源的主类分为八类，即地文景观、水域风光、生物景观、天象与气候景观、遗址遗迹、建筑与设施、旅游商品、人文活动。显而易见，在这八类旅游资源中，前四类可归为自然旅游资源，后四类可归为人文旅游资源。就后四个主类细分的亚类和基本类可以看出，人文旅游资源又主要是文化遗产。

壮丽优美的自然景观对人们有着很大的吸引力，古今中外有经济条件又有闲情雅致的人士大都喜好游山玩水。而中国文人更是追求投身于自然、寄情于自然，并在历史上留下了大量的山水作品。可是，经过人类开发自然、改造自然的数百万年的历史发展，迄今凡是人迹易至的山水胜境大都已有人类的遗迹，在一定程度上被“人化”而成为具有文化价值的遗存。因此，当今世界山水胜境也多为人文名胜之地。尽管当今世界仍有不少雄奇壮丽、美妙绝伦的自然景观，对人们有着极大的吸引力，却因人迹难至而不能为旅游业开发利用、产生效益，当然也就不能成为旅游资源。

国家级风景名胜区是重要的旅游资源，入选《世界遗产名录》的世界遗产则是更重要的旅游资源。各国的世界遗产大都成了旅游者蜂拥而至的胜地。近年在世界各国及中国各地出现的申遗热，除了是因人们认识到了保护文化遗产的重大意义之外，还有一个重要的动因，那就是各国各地企盼申遗成功的遗产可以成为高知名度的旅游资源而吸引旅游者，发展旅游业。

入选《世界遗产名录》的世界文化遗产只是物质文化遗产，非物质文化遗产也是重要的旅游资源。上述旅游资源分类的 H 类“人文活动”中，以非物质文化遗产的“民间习俗”为大项，主要包括“地方风俗与民间利益”“民间节庆”“民间演艺”“宗教活动”“庙会与民间集会”“饮食习俗”“特色服饰”等。由于非物质文化遗产具有活态性和传承性，非物质文化遗产的活态传承又在民间具有广泛性和参与性，非物质文化遗产的表现形式可以直接作用于人的感官、触及人的心灵，故非物质文化遗产作为旅游资源来开发利用，所产生的综合效益甚至大于物质文化遗产。

国家旅游局曾委托清华大学经济管理学院完成了“中国文物旅游的现状、问题及前景研究”课题，其研究成果的结论说明，文物资源对于旅游业的发展有着显著的促进作用。在对文物资源进行分类考察后，他们发现古代文物资源对于国内旅游者的吸引力显著高于近现代资源，而对于国际旅游者来说吸引力相当。这一方面说明古代文物资源可能在质量和开发旅游的价值上具有优势，另一方面也说明了当前对近现代文物资源的国内旅游开发仍然具有很大的潜力。

旅游资源是旅游业发展的前提和基础，其主体是文化遗产及文化遗产与自然遗产相结合的景观。旅游业的发展在相当程度上有赖于对文化遗产的利用和开发。

二、文化遗产与旅游产品

产业是经济学的概念。若将旅游作为国民经济的一项产业来发展，则旅游业必须提供能够适应和满足社会需要的旅游产品。

旅游产品是旅游企业向旅游者提供的游览对象和旅游服务的总和，包括开发利用旅游资源形成的具有吸引力的事物和现象，以及旅游者游览所需要的吃、住、行、游、购、娱等一切物品和服务。旅游产品的核心是游览的对象。如果游览的对象没有吸引旅游者前往观赏的魅力，那么其他一切旅游服务也就无从谈起，更不会产生效益。作为旅游产品的核心，游览对象就是经过开发利用可以产生经济效益及其他效益的旅游资源。

根据旅游资源的不同特性和旅游者的不同需要，旅游产品的设计和开发可以分为不同种类。一般而言，旅游产品可以分为四个大类，即观光旅游、文化旅游、休闲旅游和生态旅游。其中，除生态旅游依赖的旅游资源基本上是自然资源而被称为“回归大自然旅游”之外，前三大类依赖的旅游资源主要或者说相当程度上依赖的都是文化遗产。

（一）文化遗产与观光旅游

观光指的是外出观看风光景物、名胜古迹等。观光旅游也就是前往异国他乡观赏风物名胜、景色古迹等的旅游。

观光旅游的产品特性在于其可使旅游者通过欣赏美景、了解胜迹、见闻异俗等而开阔眼界，增长见识，陶冶性情，提高素质，调节身心。外出观光是古今中外最为普遍的旅游活动。观光旅游也是旅游业中最为普及的基本产品。

依据旅游资源的分类，观光旅游可细分为地文景观观光旅游（如游览黄石国家公园、武陵源风景名胜区等）、水域风光观光旅游（如游览贝加尔湖、黄果树瀑布等）、生物景观观光旅游（如游览肯尼亚山国家公园、四川大熊猫栖息地等）、天象与气候景观观光旅游（如游览美国的威尔逊山、山东烟台的蓬莱海滨等）、遗址遗迹观光旅游（如游览长城、雅典卫城等）、人文活动观光旅游（如游览巴西狂欢节、北京庙会等）。自古以来，旅游者选择的主要观光对象都是美景名胜集中之区、文物古迹荟萃之地，尤其是价值高的文化与自然遗产。当今世界可以开发利用的旅游资源主要是文化遗产或文化遗产与自然遗产相结合的景观，观光旅游的主要游览对象就是文化遗产。

半个多世纪以来，工业旅游在观光旅游产品中越来越受欢迎，成为当今旅游市场上大受追捧的旅游项目，被称为“朝阳产业中的朝阳”。早在20世纪50年代，欧美发达国家就重视保护其工业遗产并将其作为旅游资源开发利用。一些重要的近代工业遗产，如英国的卡莱纳冯工业区景观、德文特河谷工业区，德国的弗尔克林根钢铁厂，德国埃森的关税同盟煤矿工业区等，已被列入《世界遗产名录》。许多老牌的和大型的工业企业也纷纷“复活”其早期的生产场景，开放现代的生产流程，吸引旅游者来企业参观。20世纪末，中国开始重视工业旅游。步入21世纪，工业旅游在中国方兴未艾。上海是中国现代工业的重要基地，2004年只有宝山钢铁厂一处工业旅游景点开放。至2010年，全市开发的工业旅游景点已有约200处。上海在全国率先编制了《上海市工业旅游“十一五”发展规划》，现又编制了《上海市工业旅游“十二五”发展规划》。新规划提出的发展目标如下：“到2015年，全市开发的工业旅游景点总数累计达到300家，全年接待旅游参观人数达到2 000余万人次。旅游直接收入达到15亿元，带动相关投资35亿元，带动相关产业产值达到70亿元。到2020年，努力将上海打造为世界级工业旅游目的地。”武汉市是中国近代工业发祥地之一，洋务运动的主要代表人物张之洞任湖广总督时就在武汉建成了亚洲最大的钢铁联合企业——汉阳铁厂。中华人民共和国成立之初的“一五”期间，有近20项大型工业项目落户武汉。武汉钢铁厂、武汉重型机床厂、武汉锅炉厂、武昌造船厂等大型企业奠定了武汉作为中国重要工业基地的地位。改革开放40多年来，又有许多跨国公司、跨地区集团在武汉投资兴业。1994年，武汉建成了首家工业博物馆——张之洞与汉阳铁厂博物馆，还拟在此基础上扩展为武汉近代工业博物馆，将相连地段辟为以工业遗产为主题的旅游胜地。2013年5月3日，武汉市政府正式公布的《武汉市工业遗产保护与利用规划》，从95处工业遗址中确定29处作为工业遗产予以重点保护与利用，在工业遗产相对密集的江汉区、硚口区、汉阳区结合城市绿道将工业遗产点串联起来，形成了完整的工业遗产旅游线路。如今，工业旅游资源丰富的中国各大城市及地区，都已开始或正在大力发展工业旅游。

工业遗产是文化遗产的重要一类，这已成为国际共识。工业旅游在世界的兴起，说明观光旅游的新产品开发、新热点形成也有赖于文化遗产。

（二）文化遗产与文化旅游

文化旅游指以身临其境地感知、体验和深入了解异地文化为目的的旅游活动。文化旅游产品的特性在于可使旅游者通过异地的文化事物参观或文化活动参与，获得对具体文化事物或现象的亲近感知、亲历体验，从而对其历史、艺术和科学等价值有深入了解，有效地丰富知识、提高素养、陶冶情操。

由于文化遗产、文化活动及文化产品是重要的旅游资源，任何类型的旅游产品都或多或少地涉及文化。方兴未艾的工业旅游，既是观光旅游的专项，也是文化旅游的专项。那么，文化旅游的独立性何在？大致说来，相对观光旅游而言，文化旅游的独立性主要体现在以下几方面：第一，旅游企业提供的观光旅游产品不限于开发利用的文化资源，而提供的文化旅游产品基本为开发利用的文化资源；第二，旅游者选择观光旅游产品主要为了开阔眼界、增广见闻、陶冶性情、调节身心，选择文化旅游产品则多是有针对性地追求知识的丰富、认识的深化、素养的提高、情操的陶冶；第三，观光旅游产品多为综合性的，即人文景观与自然景观结合在一起的，文化旅游产品则多为专项性的，如宗教旅游、民俗旅游之类的专项文化旅游。

文化旅游的活动从来就是旅游活动的重要内容。古今中外的旅游者大都为具有高度文化价值的事物或现象所吸引而热衷于前往游览。但文化旅游作为旅游产品的概念和大类，是近几十年里随着文化旅游且日益普及和迅速发展而形成和确定的。20 世纪下半叶以来，以博物馆、纪念馆、美术馆、名胜古迹、历史城镇、节日庆典、宗教活动、文艺表演等作为参观和体验对象的文化旅游，在西方发达国家及文化遗产丰厚的国家成为旅游业的发展热点，文化旅游也随之从 70 年代开始被视为旅游产品中的一个特殊种类。欧美国家的文化旅游已经成为其旅游业中发展很快的旅游项目，甚至被认为是旅游业里发展最快的一个方面。美国的文化旅游在 20 世纪末成了旅游业中增长最快的一项。埃及、墨西哥等文化遗产丰富的国家都以文化旅游作为其旅游业发展的重点。

当今世界，文化旅游兴盛有多方面的原因。一是世界的和平发展和经济增长使得物质生活需求得到基本满足后的人们转向追求精神文化的消费；二是社会发展进入了知识经济的时代，人们需要不断地补充和丰富知识以适应社会需要，即使意在游玩的旅游者也希望同时提高自己的学养和素质；三是经济状况好、受教育程度高而有着旺盛文化体验需求的退休老人不断增多；四是世界各国越来越重视保护和利用文化遗产，展示本国的文明和宣扬本国的文化，也日益重视发展文化旅游。

文化旅游的发展，不仅与文化遗产的保护、利用密切相关，也与文化产业的发展密切相关。那些吸引游客观赏或参与的现代艺术节、文艺表演、美术展览等，其产品大都属于文化产业的范畴。可是，文化旅游赖以发展的基础始终是文化遗产。因为文化遗产不仅丰富多样，还具有现代可重复生产的文化产品无可比拟的文化价值。现代文化产品的制作也需要利用文化遗产，从文化遗产中寻求创作素材、获取创作灵感。

文化遗产丰富多样，以文化遗产为主要游览对象的文化旅游也可相应形成多个专项文化旅游产品，诸如名人故居旅游、战争场址旅游、历史名城旅游、名镇名村旅游、遗迹考古旅游、宗教建筑及活动旅游、民俗事象与活动旅游等。其中，民俗旅游是文化旅游产品中效益较高的专项产品。异国他乡的奇风异俗对旅游者尤具吸引力，丰富多彩而生动真切的民俗事象与活动最能让旅游者产生观赏和体验的愉悦，民俗事象展现范围和民俗活动开展空间往往可以接纳许多旅游者。民俗旅游是一种可以满足旅游者多种心理需求和文化消费的高层次文化旅游，可以让众多旅游者身临其境地参与互动的文化交流活动，种种因素促使民俗旅游产生较高的综合效益。因此，世界各国发展文化旅游时，尤其重视发展民俗旅游。世界及中国的旅游业发展表明，由观光旅游到文化旅游及休闲旅游等其他专项旅游，是旅游业的发展趋势。文化旅游在中国的发展势头迅猛。各地区大力发展旅游业，都以文化旅游为发展重点。毋庸置疑，在中国政府的大力促进下，文化旅游将有更大的发展，将与观光旅游一起成为中国旅游业的主导产品。

旅游以文化为灵魂已是旅游界人士的共识。旅游业的发展也势必以文化旅游为重点。文化旅游在旅游业中的重要地位和广阔前景清楚地说明了文化遗产与旅游业的关系。

（三）文化遗产与休闲旅游

休闲即闲暇时间里的休息调养。休闲旅游指在闲暇时间里以调养身心为主要目的而寻访胜地佳境的旅游活动。休闲旅游产品的特性在于可使旅游者在怡人的胜地佳境轻松游览或闲适生活，从而在调整身体和精神状态、增进身心健康、丰富生活情趣的同时，开阔眼界、增长见闻。

休闲旅游的胜地，既可以是自然风光怡人之地，也可以是人文景观怡人之地。休闲旅游依托的资源与观光旅游无甚差别，与文化旅游也相重合。不过，休闲旅游的方式与但求“多走多看、多游多知”的观光旅游和文化旅游明显不同。出于主要目的的不同，休闲旅游忌奔走而重悠游、忌劳累而求放松、忌变动而尚安居、忌喧嚣而图清净。

现代社会，人们日常工作紧张忙碌，生活节奏快。一旦获得休假时间，人们自然希望离开紧张的工作场所，改变快速的生活节奏，使身心得到放松。外出旅游无疑是一种很好的方式。“多走多看、多游多知”的旅游方式尽管也为人们所爱，但大都是在导游带领下长途跋涉。许多人感到这种旅游方式反而使自己身心更加疲惫，不利于工作和生活，他们更向往自由轻松、舒适安逸的外出旅游。于是，休闲旅游便适应人们的需求而发展起来。

随着中国经济的快速发展和每周 5 天工作制、年休假制度的推行，中国的休闲旅游从20世纪90年代中期开始起步。在中国社会整体步入小康阶段，工薪阶层休假时间增多的 21 世纪，休闲旅游有了较快发展，显示出强劲的发展势头。滨海休闲游、温泉休闲游、山居休闲游、乡村休闲游等休闲旅游方式已经成为大众旅游优先选择。三亚、北戴河、青岛等滨海胜地越来越吸引旅游者。尤其是被誉为中国度假休闲天堂的三亚，其旅游接待人次和旅游收入都有大幅度增长，而且旅游收入增幅高于旅游接待人次增幅达 6 个百分点，经济效益之高令人惊叹。

以往吸引旅游者前往休闲度假的地方莫过于有大海、沙滩和阳光的海滨，之后是风光优美、气候宜人的山水佳境。因此，世界著名海滩都是休闲旅游胜地。实际上，旅游者的吃喝、游玩、娱乐都求新、求异、求知，具有地方特色和传统的遗迹、建筑、饮食、文化事象、文艺表演等更为旅游者所喜，而这些都不离文化遗产。随着休闲旅游的发展，越来越多的旅游者选择人文内涵丰富的胜地佳境，如具有丰富历史文化内涵的城市、乡镇或村庄。许多旅游者会选择这些地方居住几天或一段时间，自由自在地寻访名胜古迹，悠然自得地了解和体验具有地方色彩的传统文化。

农家乐游是中国近年休闲旅游的一大热点。由于乡村的吃喝玩乐都迥异于都市生活，尤其是远避喧嚣都市、脱离紧张工作的松散田园生活，能让人有效地调整身心，而且消费低廉，成为深受市民喜爱的休闲方式。无论长假短假，大量市民或全家或结伴出行，前往乡村农家度假。为适应社会需要，迄今大都市郊区及周边大大小小的农家乐旅游点多达成百上千处。农家乐的旅游信息也广泛见于各种媒体。四川被称为中国农家乐游的发源地，农家乐游已成为四川旅游的一大亮点。

20 世纪 90 年代的农家乐游主要以优美的田园风光、特色的农家饮食吸引旅游者。进入 21 世纪，旅游者的农家乐游明确以观农村景、住农家屋、吃农家菜、赏农民艺、看农民戏等多元化需求为目的，也就是有了越来越多的文化需求。因此，当今农家乐游的经营者也大力发掘和利用地方文化遗产，为农家乐游注入文化内涵，并且大打文化牌。四川农家乐游的升级就是大力开发和充分利用了文化遗产。农家乐游利用和开发文化遗产实现旅游产品升级，表明了文化遗产与休闲旅游产品的密切关系，也说明休闲旅游必须大力开发和充分利用文化遗产才有良好的发展前景。

中国各级政府高度重视发展休闲旅游，视其为发展旅游产业的重点。又由于农家乐游在休闲旅游中显示的重要地位及其具有使农民致富、缩小城乡差别、是保护与利用文化遗产的重要途径和方式等综合效益，中国政府着重强调发展以农家乐为主的休闲旅游产品，并要求将其作为“实施乡村旅游富民工程”来落实。国务院下发的《关于加快发展旅游业的意见》要求：“实施乡村旅游富民工程。开展各具特色的农业观光和体验性旅游活动。在妥善保护自然生态、原居环境和历史文化遗存的前提下，合理利用民族村寨、古村古镇，建设特色景观旅游村镇，规范发展‘农家乐’、休闲农庄等旅游产品。”政府的要求，发展的现状，既突出了发展农家乐式休闲旅游产品的重要性，也表明了其发展应该依托并妥善保护与合理利用文化遗产。

三、文化遗产与旅游商品

旅游商品即旅游者在旅游活动中购买的商品。购买旅游商品是旅游活动吃、住、行、游、购、娱六大构成要素中的其中之一。旅游商品一般不是生活必需品，而多是具有观赏性、纪念性或兼具实用性的工艺品或艺术品。

几乎任何旅游景点都有旅游商店或经营旅游商品的摊贩，大多数旅游者也或多或少会购买旅游商品。旅游商品的种类很多，包括文物仿制品、雕刻艺术品、纺织刺绣品、民族工艺品、珠宝装饰品、字画作品、纪念物品、土特产品等。这些商品要么是利用文化遗产进行开发的产品，如文物仿制品、雕刻艺术品等，要么是传承文化遗产的产品，如纺织刺绣品、民族工艺品、土特产品等。而且，热销的旅游商品主要是具有地域特色的传统工艺品及土特产品。去埃及的旅游者购买的旅游商品大都首选仿古的纸莎草画及传统工艺的黄铜器制品、香水等。去西班牙的旅游者会发现，当地旅游景点销售的商品各具地方特色，如马德里普拉多博物馆销售的旅游商品多与馆藏绘画有关；托莱多古城销售的旅游商品主要是当地有名的镶金画。中国也是如此。2009 年 5 月，西昌市举办四川省首届农家乐旅游节和西昌首届龙舟艺术节，热销的旅游商品是传统的彝族服饰、彝族漆器及苦荞茶、调味品、山珍等富有地域特色的土特产品。

旅游商品的销售对于发展旅游业的重要性早已为业界人士所强调，也已为各国政府所重视。国务院下发的《关于加快发展旅游业的意见》就要求

“大力发展旅游购物，提高旅游商品、旅游纪念品在旅游消费中的比重”。

发展旅游购物的前提是旅游商品要因旅游者的喜爱而畅销。中外热销的旅游商品表明，那些利用本地域、民族文化遗产开发出的具有地域特色和传统工艺特征的旅游商品更受旅游者喜爱。这已成为业界的共识。

经过多年开发经营，我国许多省市已初步形成具有其地域特色、民族风情、文化传统和艺术风格的旅游商品系列。河南省初步形成了以洛阳唐三彩、开封汴绣、南阳玉石、信阳毛尖等为代表的河南特色旅游商品系列。湖南省初步形成了以湘绣、红瓷、菊花石、苗银等为主的旅游手工艺品，以茶叶、湘莲、异蛇酒等为代表的农副旅游产品，以竹木雕刻、土家扎染刺绣等为主的旅游纪念品商品系列。安徽省初步形成了以徽州雕刻、文房四宝、铁画、烙画、剪纸、陶瓷为代表的旅游工艺品生产体系，以茶叶、山核桃、茶干、竹笋等为代表的土特产品生产系列，以景区微缩雕刻、景区光碟、明信片为代表的旅游纪念品生产系列。江西省初步形成了以工艺瓷器、木雕竹编、脱胎漆器、毛笔砚台、茶叶、旅游食品为主的旅游商品系列。

就各省市乃至全国旅游商品大赛的获奖情况和各省市初步形成的旅游商品系列来看，旅游商品无论是设计创意、材料来源，还是文化内涵、制作工艺，都主要利用或传承自文化遗产。

第五章　大运河文化研究

第一节　大运河的历史演变

中国传统的漕运即利用河流运输物资，并不仅仅是人工开辟的运河。早在远古时期，祖先的“刳木为舟”即产生了最早的漕运活动。进入文明社会，随着政治、经济、文化的发展，漕运的范围逐渐变得更为广泛，其内涵与外延更为丰富，人工开辟的运河分布地域也更广、长度更长、运输量更大、功能更多，其管理、维护、开发也变得愈加系统与细致，成为国家重点保障的经济大动脉。

中国有史料记载的最早运河为邗沟，由春秋时期位于长江下游的吴国开凿。吴国地处水乡，有舟船之利，当地百姓熟于行水驾船，加上当时的吴王夫差有争霸中原的野心，因此便开凿了沟通长江与淮河的邗沟。该段河道利用了射阳湖、白马湖、樊良湖等自然水域，主要用于运输军粮与兵丁，也用于北上与齐国争夺霸权。邗沟人工开凿的距离并不长，在当时也缺乏细致的维护与管理，只是为了军事方面的作用，商业与经济交流的功能并不显著，但是作为中国大运河的源头，邗沟为后世运河的开凿与发展提供了经验与借鉴。除邗沟外，春秋战国时期的运河还有魏惠王开凿的沟通黄河与淮河的鸿沟；齐国开凿的淄济运河；秦国在关中开凿的郑国渠及岷江流域修建的都江堰水利工程。这些运河或水利枢纽多数用于军事需求与农业灌溉，距离较短，开凿与维护的成本较小，多数在后世得到了重新地利用与完善。

秦汉是中国历史上的统一的专制帝国，其政治、经济、军事实力达到了中国历史的高峰，所以京城供给、边疆军需、农业灌溉对于运河的需求更为迫切。秦朝不但将大量漕粮与军需物资通过海运、河运与陆运输往北方地区抗击匈奴，还在沿黄河一线设立漕运仓储，存贮从全国各地征集而来的漕粮，然后输往都城咸阳与其他军事要地。为便于统一南越地区，秦朝还开凿了沟通湘水与漓水的灵渠，间接将长江与珠江两大水系连接起来，便利了中央政权对南越地区的开发与管理。两汉时期，朝廷重视水利建设，大力发展农业，在维护与利用前代郑国渠等水利设施的基础上，又修建了白渠、六辅渠、龙首渠、阳渠等关中水道，从而使关中成为千里沃野，保障了首都的粮食需求。除此之外，两汉还对褒斜水道、三门峡水利进行了一定程度的治理，但因工程规模大、劳民伤财，最后并没有取得良好的效果。秦汉时期的运河主要用于粮食运输与农业灌溉，因为当时国家趋于统一，无论是征战，还是京城人口、边疆军事需求，都需要大量的粮食，单靠某一区域的粮食产量显然难以满足，于是只能开辟水道，扩大粮食输送区域，以实现那些需要举国之力才能完成的目标。

东汉末年至魏晋时期，因战乱的破坏，秦汉漕渠多数被毁，国家漕运不通。这一时期难以有足够的力量去大规模地开凿运河，但各割据势力或出于自保，或妄图统一天下，也纷纷在小范围内开凿运道，运输军粮与士卒，以增强自身的力量。这一时期的政治家、军事家曹操就非常重视运河的开凿与利用，他曾开白沟、平虏渠、泉州渠，进击袁绍与北方乌桓等势力，最终统一中原地区。魏晋时期，贾侯渠、讨虏渠、广漕渠、淮阳渠、百尺渠、白马渠、鲁口渠、成国渠、车箱渠相继开凿，有效扩大了农业灌溉水源，加强了各地之间的物资交流。南北朝时期，各割据政权亦对扬夏水道、浙东运河、邗沟、杨仪水道、泗水运道进行了整治与修缮，使区域水环境得到了一定的改善，农业水利设施得到了健全，从而为隋唐大运河的开凿与顺利运行打下了基础。

隋唐两朝是中国大运河的发展时期，这一阶段不但开凿了连通长安（今西安）、洛阳、杭州、涿郡（今河北涿州）的广通渠、永济渠、通济渠、山阳渎、江南河，而且在沿河一线设置了黎阳、思洛、河阳、含嘉、洛口等漕仓，用于蓄积漕粮，每仓存粮多达数百万甚至上千万石，其数量非常可观。隋代开凿运河，耗费了大量的国力、民力、财力。这条运河东西南北纵贯2 700余千米，不但连接了数省，而且将中国的黄河、长江、海河、淮河等大江大河贯通起来，方便了政治、经济、文化的交流。但隋炀帝好大喜功，仅用数年之力就完成了如此庞大的工程，乘着豪华的大船南下游览扬州，北上攻打高句丽，将国家积累的资财耗费殆尽，最终导致了身死国灭的后果。

隋朝虽然在一定程度上因开凿运河而亡，但为唐朝盛世的到来奠定了基础。唐朝重开广通渠、改造永济渠、整治汴渠，都是循着隋朝运河的路线，在沿河一线设置漕仓，也继承了隋朝的经验。当然除了维护与完善隋运河的管理与使用外，唐还开凿了涟水新渠、湛渠、伊娄河、开元新河等运河，从而使河道的通航里程更长、运输量更大、南北交流联系更密切，特别是晚唐时期，刘晏对漕运的整顿与创新在一定程度上使漕粮运输数量达到了中国历史的高峰。

两宋虽然经济较为发达，但都未完成全国的统一，同时经常受到辽、金、西夏、蒙古等少数民族势力的干扰，因此无法在全国区域内开凿运河。北宋的运河主要集中在都城开封附近，有汴河、惠民河、广济河、金水河等。江南所产粮米、物资，西山薪炭均通过汴河输往京城，岁运江淮米达到了400万石。而惠民河仅60万石，广济河12万石，其数量远远落后于汴河。金水河更仅仅作为京城的水源供给与观光之用。为维持运河的通畅，朝廷十分重视泥沙疏浚、堤坝加固、闸座设置等水利设施的修建，并实行了导洛通汴、方城运河开凿、楚扬运河改造等工程，从而使运河在长时期内得到了顺利使用。南宋偏安江南，运河治理多集中于江苏、浙江、安徽等省，仓储也主要分布于长江一线，输往临安的漕粮运输距离较短，运河水源丰富，漕运效率较高。两宋是中国漕运制度逐渐完善的时期，先后创建了转般、均输、直达等方法。中央还设有管理漕运与河道的发运司、转运司、排岸司、催纲司等机构，监督全国漕粮的运输与运河河道的维护，从而达到了集中全国财力，维持京城稳定的目的。

元、明、清三朝是中国运河发展的最后阶段，也是鼎盛时期。其河道管理之系统、漕运运作之完善，均前无古人，后无来者。漕运、河道、仓场之总督，运军、旗军、水手之运粮队伍，夫役、河兵之看守制度，天津、德州、临清之水次仓储，支运、兑运、长运之运法，南旺、高家堰之水利工程，无不体现着国家政权对运河与漕运的重视。元朝开济州河、会通河与通惠河，改隋唐运河线路为直线，直接连接了北京与杭州，形成了真正意义上的京杭大运河。但终元一代，因运河分水口设置不合理、规划不科学，运河经常淤塞不通。为此，朝廷不得不实行漕粮海运，开胶莱运河连通黄海与渤海，海运漕粮的数量远高于河运。明朝建立后，先定都南京，后明成祖朱棣迁都于北京，对于江南漕粮的需求异常迫切，先后疏浚会通河，建南旺分水枢纽，开清江浦，从而使京杭运河的利用效率大为提高。明后期又开南阳新河与泇运河，使每年400万石漕粮源源不断地运往北京与通州仓，保障了京城皇室、官员与卫所军丁的粮食需求、平衡了市场粮价，对于明政权的巩固起到了重要的作用。清朝继承了明朝的漕运制度，并开中运河，对清口进行了综合治理，设置直隶（今河北省）、河东、江南三河道总督管理黄、淮、海、运等河流，每年投入数百万两白银疏浚河道、修建水利工程、导引海口。虽然花费巨资，但因黄河频年冲决运河，加上河道部门腐败现象严重，河患频繁、洪灾泛滥的现象一直没有得到有效解决，给国家与百姓造成了巨大的灾难。特别是清末咸丰五年（1855 年）黄河决口于河南铜瓦厢，将山东张秋段运河拦腰截断，导致北方运河不能顺利通行，加上此时清政府忙于应对内忧外患，没有足够的财力让黄河回归故道，对运河更疏于管理，迄至光绪年间，随着漕粮完全改折、河道与漕运总督的裁撤，加上火车、轮船等新兴交通工具的兴起，中国延续了数千年的传统漕运走向了终结。民国初年，政府曾对江北运河进行了一定程度的治理，但因军阀混战，资金与技术方面都难以满足要求。抗日战争时期，由于运河位于沦陷区，无法进行管理与整治，很多河段逐渐淤塞与废弃。中华人民共和国成立后，政府对运河航运非常重视，提高了航道标准，修建了一系列大型船闸，每年对运河进行疏浚与整修，使济宁到杭州段的运输能力大为提高。

中国运河与漕运的历史变迁也是其管理制度不断完善与系统化的过程，从局部运河到京杭大运河，从东西走向变为南北走向，从单纯的军事需求扩展到政治、经济、文化的交流，这些突出反映了中国运河对国家、社会、历史产生的影响之大，对于华夏文明的多样性、丰富性及其延续具有重要意义。

第二节　大运河文化概述与遗产构成

一、大运河文化

文化是我们日常生活中经常提到的一个词语。在现代社会中，文化更多的是以名词出现。文化可以分为广义的文化和狭义的文化。广义的文化是人类在历史进程中所创造的物质财富和精神财富的总和。这里的文化既是指人类在漫长的社会发展中创造并遗留下来的各种看得见的物质文明成果，如中国的万里长城、京杭大运河等，又包括人类在各个历史时期所创造的精神文明成果，如各种文学、艺术、制度、法规和社会价值、思维方式及宗教信仰等。狭义的文化是指在特定历史阶段的物质基础上所形成的意识形态和精神生活的总和。

大运河文化既是人类开凿、维护和使用大运河的过程，也是在这个过程中所创造的物质财富和精神财富。因此，大运河文化既是大运河形成的历史过程，也包括了各种形式的大运河物质遗产，如河道、湖泊、闸口、堰坝、桥梁，以及古建筑群、历史街区等遗迹；还包括与大运河有关的管理制度、民风民俗、传说故事、诗词歌赋，以及各种形式的艺术成果。研究者在研究大运河文化时，首先需要从历史的视角研究大运河的形成和发展过程；其次要从广义文化的角度出发，既研究大运河文化的物质遗产，也学习大运河文化包含的思想观念、价值体系、科学知识、文学艺术、民间故事、杰出人物、民族精神等，将大运河物质文化和精神文化相结合；最后，将大运河历史和大运河成果相结合，在对大运河历史的学习中传承大运河的精神文化和物质文化。

从历史的视角看，大运河文化是学习和研究我国历史发展进程的宝贵财富。大运河始凿于公元前 5 世纪，至公元 13 世纪完成第二次大沟通，在这两千余年的持续发展与演变过程中，大运河周围修建了大量的工程遗迹、配套设施及相关古建筑群。这些物质财富既是华夏祖先遗留下来的宝贵文化遗产，也是我国大运河世界遗产项目的主要构成部分。另外，历史上还形成了许多与大运河关系密切的漕运制度、民间风俗、传统艺术等非物质文化遗产。这些非物质文化遗产就是大运河文化中的精神文化部分，它们同样是大运河的宝贵财富。

从地理范围上来看，大运河文化是大运河流域若干历史时期的地理风貌、风土人情、生活方式、行为规范、文学艺术和价值观念等因素的沉淀，即以黄河流域文化为核心，紧密融合海河、淮河、长江和钱塘江流域的文化之后所形成的独特文化。大运河文化是民族融合的产物，它融合了江南文化、江淮文化、齐鲁文化、黄河文化、燕北文化等，是中华民族多元文化的结晶。

从发展的视角看，大运河文化是活态的遗产。大运河文化既是大运河形成过程中保存下来的物质文化和精神文化，也是今天及未来人类利用和保护大运河的过程和结果。大运河是一个不断适应自然和社会变化的动态系统，也是一条随着历史变迁而不断发展的河道。人类在传承和弘扬大运河文化的同时，创造和发展着大运河文化。

在大运河沿岸的许多城市都建有大运河博物馆，如聊城的中国运河文化博物馆、洛阳的隋唐大运河文化博物馆、淮北的中国隋唐大运河博物馆、无锡的大运河数字博物馆和杭州的中国京杭大运河博物馆等，这些博物馆不仅保存了大运河形成和发展过程中的古建筑群、历史文物等珍贵遗产，还展示了大运河沿岸城市的传统文化，如剪纸、泥人等民间艺术。这些博物馆采用现代化的光影设备和数字技术，生动地展现了“数字化”的大运河。

可以说，这些博物馆既是运河文物、文献资料等的征集和收藏中心，又是运河文化的研究和展示中心。这些博物馆在记录和展示大运河文化的过程中，也在不断地借助现代化手段创造着新的大运河文化。随着科技的不断发展，新的技术形式必然能更生动地展现大运河的古老历史和璀璨文化。

二、大运河文化的特征

（一）多样性

大运河文化具有显著的多样性。在中国封建历史中，大运河文化体现在社会生活的诸多方面。大运河不仅是古时最重要的航运通道，也是经济往来、文化传播和社会发展的重要途径，由此形成的大运河文化包含商业文化、科技文化、建筑文化和饮食文化等诸多方面。

自春秋战国以来，大运河就是中国大一统政治思想的印证，它不仅促进了地区和民族之间的融合和交流，也推动了中国多民族的统一局面的形成。大运河的形成和发展过程，实际上就是中华民族从分裂到统一的不断变化的过程。

大运河还是中国封建社会漕运文化的载体，由国家投资建设和管理的大运河在开凿之初就以保障粮食安全和政局稳定为目的。在一千多年的漕运历史上，大运河维系着中国封建帝国的经济命脉，实现了中国南北物资的调配，解决了南北地区自然资源配置不平衡的难题，为国家经济发展和社会稳定做出了重要贡献。

大运河是中国古代文化交流和传播的重要途径。大运河横跨燕赵文化、齐鲁文化、荆楚文化和吴越文化，大运河上的舟楫往来促进了这些各具特色的文化之间的相互交流和融合。大运河沿线的许多城市因运河而生，因运河而兴。大运河文化吸纳了这些地方的文化，同时也融入并成为这些城市文化的一部分，如天津（天后宫妈祖文化）、临清（鳌头矶运河文化）、淮安（漕运文化）。

还有被无数唐宋诗人歌颂过的扬州。大运河从沿岸城市蜿蜒逶迤而过，南来北往的商贾、士子和游人在这些城市流连忘返，南北物产也在这些城市交易流通。可以说，大运河无论是对当地文化的发展还是南北方文化的交流都有极大的促进作用。从这一点上来说，大运河也是文化发展交流的重要途径。

（二）时代性

大运河文化是中国历史文化的传承和沉淀，具有鲜明的时代特色。大运河最早是用于军事运输，后来则用于交通、防洪、灌溉或者调水。今天大运河的中河段、淮扬运河段、江南运河段及浙东运河段仍在通航，其他河段则主要发挥泄洪、输水及灌溉的作用，部分河段仅存遗址，还有部分河段是南水北调工程的输水通道。从大运河的功能发展上可以清晰地看出时代的变化。

从历史视角来看，大运河文化在春秋战国时期呈现为区域文化繁荣的状态；到秦汉时期，以仓储管理为中心的漕运制度和漕运体系初步形成；魏晋南北朝时期，运河流域发展成为全国的政治中心和文化中心；隋唐时期，天下统一，南北文化逐渐融合，到唐朝时，大运河不仅是国家的经济命脉，也成为文化发展的生命线；宋元明清时期，大运河为经济和社会发展积累了雄厚的物质基础，大批城镇在运河沿岸迅速崛起，各类科技人才和科技发明成果也不断涌现，大运河文化进入了真正的鼎盛时期。

大运河是中国古代水利技术的集中展现，大运河发展史同时也可以看作是中国水利技术发展史。秦始皇时期开凿的沟通湘江和漓江上游的灵渠，因设计巧妙、独具匠心而成为我国古代四大水利工程之一。秦朝时候开凿的水陆两用的陵水道，汉武帝时期先设计后施工的关中漕渠，汉武帝时期修建白渠时所建的枋头堰，都是当时水利技术和水利工程发展的代表。到了隋唐时期，因国家富足，人口众多，隋炀帝才得以开凿可以畅行百米长大船的南北大运河。随着科学技术的不断发展和人们对地理地貌认知的不断深化，到了元明清时期，对运河进行了许多截弯取直和河道改造，最终形成了传世至今的京杭大运河。

古代对大运河的改造也受时代科技发展的制约，西汉时期对三门峡水道的改造最终以失败而告终，甚至在整个封建历史上都没有解决三门峡险道的问题。直到 1949 年后，在科技高速发展和强有力的技术支撑条件下，设计和建设了集发电、灌溉和防洪于一体的三门峡水利枢纽工程，实现了封建时期诸多帝王不断努力但始终无法实现的愿望。三门峡枢纽工程是中国水利技术发展的代表，也是一个时代科技发展的缩影。

（三）包容性

开放包容是大运河文化的基本特征之一。在“一带一路”倡议的背景下，大运河文化展现出的大气开放的包容性更加突出。古代大运河不仅促进了中国不同区域间的物质和文化交流，也为中国与世界交往提供了便利。大运河沿岸的许多城市临近海港，从这些港口乘船出海，可以与日本、朝鲜等国，以及东南亚、西亚、欧洲、东非等地进行贸易及文化交流。古时明州（今宁波）就是中国海上丝绸之路的三个主要港口之一，也是海上丝绸之路的起点之一。陆上丝绸之路西汉时期以长安（今西安）为起点，东汉时期以洛阳为起点。长安和洛阳，既是陆上丝绸之路的起点，也是古代漕运的终点。大运河既促进了国内文化交流，也促进了中国文化和世界文化的沟通。在我国历史上，鉴真东渡日本、崔致远来华为官、日本遣唐使来华学习、马可·波罗沿运河游历等著名事件均发生在运河沿线地区。

另外，大运河文化形式多样、包罗万象，也与其包容性有密切关系。大运河文化吸收了南北文化的精髓，将中原文化与江南文化融为一体，融合了历史、政治、经济、艺术、饮食等各种文化形式，形成了独具魅力的大运河物质文明和精神文明成果。大运河如同一位宽厚的老者默默接受了历史上一次次的修浚和河渠改道，也吸纳了沿线的湖泊流水，见证了一座座闸口、堰坝、桥梁的变迁，在千年的岁月中沉淀下来一个个与运河相关的历史故事、风俗传说，同时积累了丰富的管理制度，运河上的舟楫往来也把河岸的民间艺术传播到更广阔的空间。

（四）和谐性

大运河是人与自然和谐相处的典范。大运河在开凿之初就遵循了人与自然和谐相处的生态原则。大运河的许多河段是对当地的自然河道加以疏浚后形成的，这样的设计和施工方法不仅减少了开凿大运河的工程量，也在追求人类发展的过程中尽可能地尊重和保护自然环境，体现了大运河文化和谐性的一面。

大运河的勃勃生机还与其融入当地百姓的生活紧密相关。大运河蜿蜒逶迤穿过一座座城市和村镇，大运河的水流成为两岸农田灌溉的源泉。在大运河穿城而过的地方，民居临水而立，古桥跨水而建，桨声映着灯影、水声伴着炊烟……在这些如画风景里，大运河是血脉，大运河文化是魂魄。也正是因为大运河能如此自然地融入沿岸百姓的生活，才能穿越岁月的沧桑，成为保存完好且仍在发挥水利与航运等诸多作用的一大奇迹。

三、大运河遗产构成

（一）大运河遗迹

大运河遗迹是可以被感触到的大运河物质文化，是大运河在发展过程中遗留的物质财富，也就是物化的大运河文化。大运河遗迹与运河沿岸的自然环境往往融为一体、不可分割。大运河世界遗产项目是大运河遗迹的典型代表，大运河文化遗产项目包括 31 个遗产区，其中，河道 27 段，遗产点 57 项。大运河世界要素可以分为三类：第一类是保障运河运行的工程遗存，共 63 处，其中包括仍在使用的河道、废弃的河道以及河道遗址 27 处、湖泊 2 处、水工设施 34 处；第二类是配套设施及管理设施遗存，共 9 处，其中配套设施 5 处、管理设施 4 处；第三类是与大运河文化意义紧密相连的古建筑群，共 12 处，其中相关古建筑群和历史文化街区各 6 处。

通俗地说，在大运河遗产要素中，除了河道以外的遗产点，还有桥、闸、堤、码头、会馆、古纤道、粮仓遗址、水乡古镇、历史街区等，这些都是历史遗留下来的至今仍然可以被感知的大运河物质财富。大运河遗迹在各地的分布各有特色，河南省除了保存有河道遗址外，还有 3 个粮仓遗址，分别是洛阳含嘉仓遗址、洛阳回洛仓遗址和浚县黎阳仓遗址。而遗迹数目较多的省份则是山东、江苏和浙江，这 3 个省份均各有 6 段河道遗址。另外。山东省的大运河遗产点以闸居多，江苏和浙江保留下来的大运河遗产形式则更多也更丰富。除了 6 段大运河河道遗产外，山东省还有 15 个遗产点，包括阳谷古闸群、汶上十里闸、汶上柳林闸、汶上寺前铺闸、微山利建闸，以及临清运河钞关、东平戴村坝、南旺分水龙王庙、汶上运河砖砌河堤、汶上邢通和徐建口的斗门遗址等。

江苏省除了河道以外的运河遗产有总督漕运公署遗址、清口水利枢纽、宿迁龙王庙行宫、高邮盂城驿、江都邵伯古堤、扬州瘦西湖、扬州个园、扬州盐宗庙、苏州盘门、苏州宝带桥、苏州山塘历史文化街区、苏州平江历史文化街区、吴江运河古纤道等 22 个遗产点。

浙江省除 6 段河道遗址外，还有 13 个遗产点，包括南浔古镇、嘉兴长虹桥和长安闸、杭州富义仓、杭州凤山水城门遗址、西兴过塘行码头、杭州拱宸桥和广济桥、绍兴八字桥、杭州桥西历史街区、绍兴八字桥历史街区、宁波庆安会馆、绍兴古纤道。

（二）大运河制度文化

大运河制度是围绕大运河所制定和形成的管理制度及行为规范。我国最突出的大运河制度文化当属漕运制度文化。漕运制度是利用水道调运粮食及物资的一种专业运输制度，它是我国封建历史时期一项重要的国家政治和经济制度。我国的漕运起源于秦始皇时期，自隋炀帝开通南北大运河至唐宋时期，漕运逐渐繁荣起来，明清时期达到顶峰，至清朝末年终止。漕运制度包括完善的国家机构和系统的规章制度，从漕粮征收、兑运到仓储均有详尽的制度规定，并且这些制度从秦汉到明清时期一直处于不断发展并完善的过程中。

大运河制度还包括河道工程、水工设施和重要工程方面的制度。我国的大运河之所以能长期得以保存和利用，与其成熟的管理制度密切相关。漕运是封建朝廷的经济命脉，为了保证漕运的通畅，封建王朝还建立了运河河道管理制度。明清时期，朝廷专门设置河道总督（简称河督或总河），负责运河及黄河的堤防和疏浚事宜，清朝甚至设多位河督分别管理不同河段的事务。除了河督之外，朝廷还设置了专门督管漕运的漕运总督或漕运总官兵。历史上的漕运总督和河道总督虽然各司其职，但本质上都是为了保证漕运的通畅。

（三）大运河行为文化

大运河行为文化是居住在运河流域的人们在人际交往中所表现出来的习俗、礼仪、衣食住行方面的生活方式和行为特征，这些生活方式和行为特征不仅反映了一个地区的物质生活和经济水平，也是当地社会心理和科学文化水平的体现。大运河文化有悠久的历史，形成了多姿多彩的行为文化，这些行为文化有其共性，但在不同的地方又有所差异。

例如，茶叶盛产于南方并沿着大运河被转运到全国各地。茶文化是中国传统文化之一，在大运河沿线的许多城市中，茶文化尤其根深蒂固。大运河茶文化既包括大名鼎鼎的北京大碗茶文化，也包括江南各地街头盛行的茶馆文化。不同的是，老北京到茶馆除了喝茶以外，还有提笼遛鸟、斗蛐蛐、听书等活动；而江苏苏州、无锡和扬州等地百姓的生活是“早上皮包水，晚上水包皮”。生活在这些富庶安逸的城市里的人们喜欢茶和茶文化，他们最理想的生活是上午泡在茶馆听书、吃早茶，下午则泡在澡堂子里度过；到了运河边的杭州，天堂水沏的龙井茶成为当地百姓的最爱，另外杭州人对茶的爱好更加多样，有人去茶馆是为了社会交往，有人是为了欣赏茶艺，有人讲究茶馆的生态环境，也有人纯粹为了品茶，更多的普通百姓早上进茶馆傍晚才离开，因为杭州有一种自助餐厅式的茶楼，可以呼朋唤友在茶楼里解决一日三餐并消磨一整天的时光。

（四）大运河艺术成果

大运河艺术成果是大运河精神文化成果的重要内容之一，它是围绕大运河所产生的各种文学、音乐、舞蹈、美术、建筑等艺术作品。

大运河沿岸的建筑群既是大运河艺术文化成果，也是重要的大运河遗迹。由于古时大运河与商业密切相关，各地商人纷纷在大运河沿岸置地造宅，京杭大运河沿线因此出现了各地风格的建筑。济宁、枣庄有许多青石地基、窗不对外的鲁南建筑；枣庄、聊城有规矩方正的四合院、精雕细刻的垂花门的晋派建筑；扬州和苏州等地有粉壁黛瓦、四水归堂的徽派建筑；杭州和苏州还有小桥流水、庭院深邃的江南水乡建筑。这些建筑既是大运河的艺术成果，也是建筑领域的经典。

另外，围绕大运河创作的诗词歌赋也不胜枚举，歌唱大运河的歌曲《大运河》唱出了其真谛："有一条古老而神奇的长河，那是我们的祖先用双手开拓，蜿蜒南北千里水，浇灌那东西万顷禾。"艺术是不同区域、不同文化人群沟通的独特桥梁。借助各种艺术表达形式，大运河的意义和价值得到了广泛传播。

随着大运河作为世界文化遗产项目的立项，以大运河为主题的艺术作品也日渐增多，我们期待会有更丰富、更经典的大运河艺术成果面世。愿大运河艺术长盛不衰，大运河文化源远流长。

第三节　大运河世界遗产介绍

对大运河遗产工程技术特性的认识是随着规划的进行在水利史专家的参与下逐渐深化的，也对不同阶段的规划产生了影响，主要体现在遗产对象构成的确定和价值评估方面。大运河遗产是指大运河水运体系及其沿线分布的，反映大运河水利工程历史作用和历史地位的，并有相关考古证据、实物、科学数据和确切的参考文献证明的，与大运河发展历程直接相关的，具有突出普遍价值的各类遗迹与遗物。通过分析国际上列入《世界遗产名录》的运河遗产案例可以发现，运河遗产的保护对象不仅局限于河道，还应包含与运河的建设和发展相关联的各类遗产，甚至运河沿岸的自然景观也应纳入保护范畴。结合我国文化遗产的法定保护类型，最初两个阶段的编制要求中首先考虑的都是所有类型的相关遗产及其背景环境完整登录的原则。

一、一阶段编制要求中的遗产构成

（一）大运河水利工程及相关文化遗产

指古代和近现代如水道、水源、水利工程设施，航运工程设施，古代运河设施和管理机构遗存，运河档案文献及与运河相关的古代祭祀文化遗存。

（二）大运河聚落遗产

指建成、发展或变迁与运河的建设、交通、商业、生产活动密切相关的沿运河的城镇与村落等聚落。它们以留存了运河文化，并与运河密切相关的城市节点、滨河历史文化街区或地段、建筑群落等为代表。

（三）其他大运河物质文化遗产

指在大运河两岸独立分布的、能够见证大运河历史发展进程、与运河经济和文化发展历史直接相关的各类不可移动文物，以及某些在地理关系上见证大运河沿线重大历史事件、重要历史人物活动、重要社会文化发展的历史遗存。如大运河建成后的某些古遗址、古墓葬、古建筑、石刻与碑碣、近现代重要史迹及代表性建筑。

（四）大运河生态与景观环境

大运河生态与景观环境指大运河背景环境，包括大运河郊野生态环境和大运河城镇景观环境。大运河郊野生态环境包括运河河道两侧郊野中的一定范围内的农田、林地、湿地、湖泊、河流等自然景观及与原生的乡村建筑景观。大运河城镇景观环境指运河沿线城镇中一定范围内的与运河相关的城镇人工景观环境。

（五）大运河相关非物质文化遗产

大运河相关非物质文化遗产指反映了运河遗产历史变化的及运河沿线存在过并保存和流传至今的与运河相生相伴的非物质文化遗产。包括老地名、运河船工号子、戏曲、俗语、民间故事、传说、风俗习惯，因运河商贸、文化交流而推动发展形成的运河各段的菜系、土特产及各种手工工艺等。

二、二阶段编制要求中的遗产构成

（一）水利水运工程遗产

1. 在用水利水运工程

在用的大运河水利水运工程，包括现在仍维持有航运、灌溉、排涝及其管理功能的相关河道、水利水运工程设施、航运工程设施等，并被证明是具有代表性和具有突出价值的。

2. 废弃水利水运工程

古代属于中国大运河（京杭、隋唐运河及其他具历史价值的漕运运道、古水道等），现在已失去航运、灌溉、排涝及其管理功能的废弃河道、水源、水利水运工程设施、航运工程设施、运河设施和管理机构遗产。

3. 水利水运工程遗址

古代曾经存在过，具有历史价值的中国大运河（隋唐运河、京杭大运河、浙东运河）各类遗址。

（二）运河城镇、运河村落

运河城镇和运河村落指建成、发展或变迁与运河的建设、交通、商业、生产活动密切相关的沿运河的城镇与村落等聚落。它们留存了运河文化，以及与运河密切相关的城市节点，如城墙、城门、古街区、滨河历史文化街区或地段、建筑群落等。

（三）其他相关历史遗存

其他相关的历史遗存的大运河遗产指在大运河两岸独立分布的、能够见证大运河历史发展进程与运河经济和文化发展历史直接相关的各类不可移动文物，以及某些在地理关系上见证大运河沿线重大历史事件、重要历史人物活动、重要社会文化发展的历史遗产。如大运河建成后的某些古遗址、古墓葬、古建筑、石刻与碑碣、近现代重要史迹及代表性建筑。

（四）非物质文化遗产

大运河的非物质文化遗产指反映了大运河遗产的历史变化及大运河沿线存在过并保存和流传至今的与运河相生相伴的非物质文化遗产。包括：老地名、运河船工号子、戏曲、俗语、民间故事、传说、风俗习惯，因运河商贸、文化交流而推动发展形成的大运河各段的菜系、土特产及各种手工工艺等。

（五）城乡建设环境、郊野自然环境

指大运河背景环境，包括大运河城乡建设环境和郊野自然环境。大运河城乡建设环境指运河沿线城镇中一定范围内的与运河相关的城镇人工景观环境，及与其相关的原生乡村建筑景观。大运河郊野自然环境包括运河河道两侧郊野中的一定范围内的农田、林地、湿地、湖泊、河流等自然景观。

除了参考国际世界遗产先例的完整性原则，两版编制要求中运河遗产分类的变化也反映出随着规划的推进，规划团队在申遗目标下，对大运河遗产认识的变化过程。在《一阶段编制要求》中，编制团队借鉴国际经验，认识到运河遗产与传统文物保护单位保护对象的差异，认为其涵盖了我国现有的所有法定保护类型：文物保护单位、历史文化名城、历史文化街区，同时还涉及其他不属于法定保护对象的生态和景观环境以及非物质文化遗产。《二阶段编制要求》对大运河遗产构成的调整已体现出受到世界遗产中“遗产运河”概念的影响而将大运河的工程技术价值确认为其核心价值。因此《二阶段编制要求》将“水利水运工程遗产”单独列为第一类核心的运河遗产。考虑到大运河的部分河道、水利水运工程设施仍在发挥作用的特性，将“水利水运工程遗产”进一步分类，分为在用水利水运工程、废弃水利水运工程、水利水运工程遗址三大类。

三、三阶段编制要求中的遗产构成

到了第三阶段的《大运河遗产保护与管理总体规划》，规划团队进一步认识到河段的不同水源、地形条件对运河的开凿与发展提出了不同的要

求，运河是经不同历史时期的建设，由不同水利工程设施组成的相对独立的工程体系。因此规划选择了其中支撑大运河整体框架、承载遗产核心价值的遗产元素为主要规划对象，将大运河遗产按照形成的历史时期分为了十个区段，其中包括通惠河段、北运河段、南运河段、会通河段、中河段、淮扬运河段、江南运河段、浙东运河段、卫河（永济渠）段、通济渠（汴河）段，并更加清晰地通过与大运河工程技术特性的“亲疏远近”关系将构成中国大运河遗产的遗产要素分为运河水工遗存、运河附属遗存、运河相关遗产三大类：

（一）运河水工遗存

运河水工遗存包括河道遗存，湖泊、水库、泉等水体遗存，水工设施遗存三个子类。运河水工遗存是构成遗产价值的核心内容，是大运河建造、运行和演变历史的根本物质实证。其中河道遗存主线和重要支线、复线、引河是大运河遗产技术、经济价值的最直接的载体，也是其他遗产要素价值得以确认的基础；湖泊、水库、泉等水体遗存和水工设施遗存是大运河遗产技术、景观价值的最直接的载体，并为河道遗存的真实性提供最可靠的证据。

（二）运河附属遗存

运河附属遗存包括配套设施遗存、管理设施遗存和沉船遗址等其他附属遗存三个子类。运河附属遗存是大运河运行历史和运输管理方式的实物证据，是大运河遗产经济、社会价值的独特见证，并为理解大运河水利水运工程遗存的价值提供了不可或缺的历史信息。

（三）运河相关遗产

运河相关遗产包括相关遗产点和相关历史文化街区两个子类。其中，相关遗产点包括相关碑刻、古建筑、古遗址、近现代建筑与史迹等，而《一阶段编制要求》中的大运河聚落遗产则被认为应该落实到具体的历史文化街区。运河相关遗产对于大运河建造、运行和演变历史具有重要的佐证作用，也为理解和深化运河水工遗存、附属遗存的技术、经济、社会、景观价值提供了极其重要的历史信息。

确定了以工程技术特性为核心，城乡建设环境和郊野自然环境作为非技术要素就被归入到大运河的背景环境，不再作为大运河遗产的构成内容。再加上规划的后期编制逐渐以确定申遗的对象为目标，并回归到文物保护规划的思路，大运河遗产确定为以不可移动的物质文化遗产为主体，因此第三阶段的《大运河遗产保护与管理总体规划》又完全去掉了非物质文化遗产一类，强调其构成应是体现遗产核心价值的物质遗存。这些变化总体上体现出根据大运河遗产的核心特性（以申遗为目标，随着将申报类型向遗产运河靠拢而得以确定）将大运河遗产对象构成逐步廓清的过程。

第四节　大运河遗产的价值

一、大运河遗产价值概述

根据《中国大运河申遗文本》中表述：大运河是世界唯一一个为确保粮食运输安全，以达到稳定政权、维持帝国统一的目的，由国家投资开凿、国家管理的巨大运河工程体系。它是解决中国南北社会和自然资源不平衡问题的重要措施，实现了在广大国土范围内南北资源和物产的大跨度调配，沟通了国家的政治中心与经济中心，促进了不同地域间的经济、文化交流，在国家统一、政权稳定、经济繁荣、社会发展等方面发挥了不可替代的作用，对中国乃至世界历史都产生了深远的影响。大运河也是一个不断适应社会和自然变化的动态性工程，是一条不断发展、演进的运河。

中国大运河遗产价值研究团队认为，大运河由三条运河组成，地跨北京、天津、河北、山东、江苏、浙江、河南和安徽 8 个省级行政区，跨越三千两百多千米，沟通了海河、黄河、淮河、长江、钱塘江五大水系。大运河在自隋朝贯通后长达一千四百余年的时间里，针对不同的自然、社会条件变迁，做出了有效的应对，开创了很多古代运河工程技术的先河，形成了在农业文明时代特有的运河工程范例。大运河以世所罕见的时间与空间尺度，展现了农业文明时期人工运河发展的悠久历史，代表了工业革命前运河工程的杰出成就。依托大运河持续运行的漕运这一独特的制度和体系跨越多个朝代，运行了一千多年，是维系封建帝国的经济命脉，体现了以农业立国的集权国家独有的漕运文化传统，显示了水路运输对于国家和区域发展的强大影响力，见证了古代中国在政治、经济、社会等诸多方面的发展历程，在历史时空上刻下了深深的文明印记。

中国大运河遗产价值研究团队还认为，大运河是中国春秋战国以来“大一统”政治理想的印证，加强了地区间、民族间的文化交流，推动了中国作为统一多民族国家的形成。大运河促进了沿线城市聚落的形成与繁荣，与重要城市的形成与发展密切相关，并塑造了沿岸人民独特的生活方式，直至今天成为中国人民心目中的“母亲河”。

中国大运河因其独有的技术特征、文化传统而与其他重要的人工水道，包括已列入《世界遗产名录》或《世界遗产预备名单》的运河遗产有着较大的差异，具备不可替代的特征和成就。

二、中国大运河遗产的价值标准

中国大运河遗产价值研究团队认为，根据《实施世界遗产公约操作指南》第 77 段，中国大运河申报遗产符合世界文化遗产标准（i）、（iii）、（iv）、（vi）这四条标准。

符合标准（i），中国大运河是人类历史上超大规模水利水运工程的杰作，创造性地将零散分布的、不同历史时期的区间运河连通为一条统一建设、维护、管理的人工河流，其为解决高差问题、水源问题而形成的重要工程实践是开创性的技术实例，是世界水利水运工程史上的伟大创造。中国大运河以其世所罕见的时间与空间尺度，证明了人类的智慧、决心与勇气，是在农业文明技术体系之下难以想象的人类非凡创造力的杰出例证。

符合标准（iii），能为现存的或已消逝的文明或文化传统提供独特的或至少是特殊的见证。中国大运河见证了漕运这一中国历史上已消逝的一个特殊的制度体系和文化传统的形成、发展、衰落的过程以及由此产生的深远影响。漕运是中国大运河修建和维护的动因，中国大运河是漕运的载体。中国大运河线路的改变明显地受到政治因素的牵动与影响，见证了随着中国政治中心和经济中心改变而带来的漕运的不同要求。漕运的需求深刻影响了都城与沿线工商业城市的形成与发展，围绕漕运而产生的商业贸易促进了中国大运河沿线地区的兴起、发展与繁荣，这些也在中国大运河相关遗产中得到呈现。

符合标准（iv），是一种建筑、建筑群、技术整体或景观的杰出范例，展现历史上一个（或几个）重要发展阶段。中国大运河是世界上延续使用时间最久、空间跨度最大的运河，被《国际运河古迹名录》列为世界上“具有重大科技价值的运河”，是世界运河工程史上的里程碑。中国大运河所在区域的自然地理状况异常复杂，在工程建设中产生了众多的因地制宜、因势利导的具有代表性的工程实践，并联结为一个技术整体，以其多样性、复杂性和系统性体现了具有东方文明特点的工程技术体系。它展现了农业文明时期人工运河发展的悠久历史阶段和巨大的影响力，代表了工业革命前土木工程的杰出成就。

符合标准（vi），与具有突出的普遍意义的事件、文化传统、观点、信仰、艺术作品或文学作品有直接或实质的联系。大运河是中国自春秋时期以来大一统思想与观念的印证，并作为庞大农业帝国的生命线，对国家大一统局面的形成和巩固起到了重要的作用。大运河通过对沿线风俗传统、生活方式的塑造，与运河沿线广大地区的人民产生了深刻的情感关联，成为沿线人们共同认可的“母亲河”。

第六章 大运河文化的传承与发展

第一节 大运河文化遗产的保护

一、大运河保护现状

（一）总体现状

依据历史和考古研究成果，现存的大运河遗产从春秋至清代的历史格局基本上是完整的。

北京至杭州的京杭运河一线，河道和遗址基本完整。济宁以南，河道连续，局部新航道与老河道并存。

北京、天津、河北境内仍保留有连续河道，并且发挥着重要的水利功能。山东境内的大运河不连续，根据现存的间断的河流与已调查确认的河道遗迹，仍可判定出元明清三代大运河的主要线路和完整的演进历史。洛阳至淮安的通济渠一线：河道约存 1/3，遗址呈点状分布。河南商丘以东至淮安现存连续河道及遗址，已经通过考古勘探确认。洛阳经郑州、开封至商丘之间，受历史上黄河摆动冲刷影响，河道遗址难以完全确认，但通过局部留存的驳岸、桥梁和古河道遗迹，仍可明确通济渠的大体线路。

洛阳至临清的卫河系由历史上的白沟、永济渠、御河相继演进形成，持续利用至今。

从杭州至宁波的西兴运河、山阴故水道、虞余运河、慈江、剎子港等河道，与曹娥江、姚江的部分段落一起构成了历史上浙东运河的主线。

（二）保护现状概况

2006年之后，作为全国重点文物保护单位和世界文化遗产预备名单项目，大运河遗产要素作为一个整体，通过一系列分阶段编制完成并已公布实施的大运河遗产保护规划，受到了更加科学、系统的保护。目前，各遗产要素的保存状态均良好。

河道发挥着航运、输水、行洪、排涝、灌溉及城市景观等多种功能，由管理机构负责使用和日常维护；根据河道利用功能和防洪需求，按照相关行业的技术标准实施保护和维护工程，包括清淤、疏浚、拓宽、堤防修复与加固、抢险等；同时，在河道工程中，遵照大运河遗产保护规划和管理规划的要求，注重识别、保护和维护大运河的突出普遍价值。

淮扬运河扬州段、江南运河苏州段、江南运河嘉兴—杭州段的部分河道仍是京杭大运河的主航道，从20世纪50年代至今进行了多次的综合治理工程，对河道进行清淤、拓宽、深挖、裁弯取直、复堤、加固堤岸、城区河道改线等措施，提高了河道的航运等级及防洪能力。浙东运河也通过自20世纪50年代开始实施的河道清淤、拓宽、深挖、加固堤岸等措施提高了航运等级。

卫河（永济渠）滑县浚县段，通惠河通州段，北、南运河天津三岔口段，南运河沧州—衡水—德州段，通过对河道进行清淤、拓宽、裁弯取直、加固堤岸等提高了行洪能力，同时北运河段、南运河段也提高了输水能力。会通河段河道在20世纪70年代进行了清淤，提高了航运能力。

遗址类河道通过考古发掘现场保护、遗迹本体加固、保护性回填和露明覆罩等措施得到妥善保护。

各遗产点通过日常保养和维护，遵照“不改变文物原状”和“尽可能减少干预”的原则实施必要的现状修整、防护加固、重点修复等维修工程，均受到良好保护。

二、大运河文化遗产保护影响因素

（一）城市发展产生的影响

大运河沿岸城市的发展与这条河的历史息息相关。大运河文化遗产分布在中国中东部的8个省份。近年来，随着经济的快速发展和运河沿线城市的快速城市化和现代化，大运河面临着来自城乡建设规划以及当地水利和航运活动的压力。

1. 来自城乡建设的压力

大运河沿岸地区一直是繁荣的城区。随着中国经济的发展和城市化进程的推进，大运河沿岸不断修建现代化住宅和商业建筑。由于机动车数量的增加和城市间建设快速便捷交通的需求，大量的铁路和公路逐渐沿着运河修建或重建，有些公路和铁路桥甚至横跨运河。2008 年，针对这些情况，运河沿岸省市的人民政府制定并发布了关于大运河沿岸文化遗产保护的各项保护规划。保护规划明确了保护范围和开发控制区，并规定了严格的建设审批程序。地方政府根据保护规划，严格监督指定区域和缓冲区的开发，有效控制建筑物的密度和高度以及交通设施的建设。

2. 水利和航运设施建设的压力

为了保证大运河的水利和航运能力的延续，如何处理许多已经建成的现代化设施成了摆在面前的难题。这些非传统设施在一定程度上对大运河遗产保护产生了负面影响。面对这些问题，建设部门根据《大运河遗产保护与管理总体规划（2012—2030）》与地方政府达成共识。今后水利航运设施建设要采用因地制宜的传统工艺、材料、构筑物和传统工艺，对水利航运设施遗址的形态、设计、材料、功能和位置等历史资料进行标识和保护。

（二）环境问题

大运河文化遗产沿线的生态环境一直按照国家标准得到保护。其中环境方面的影响主要是由水质、空气质量和气候变化引起的。大运河河道水环境达到国家地表水环境质量标准（GB3838—2002）3 ～ 5 级，具备输水、泄洪功能。根据环境空气质量标准（GB3095—2012），对大运河沿线的城市和乡镇地区的空气质量分别提高到 1 级和 2 级，具有较高的等级要求。气候变化导致了极端天气，特别是较频繁的暴雨和干旱，给大运河增加了防洪和排水的压力，也增加了大运河遗产所在地的管理压力。

按照有关文化遗产的保护法律和规划《大运河遗产保护与管理总体规划（2012—2030）》，由国家与地方保护和管理机构负责大运河文化遗产保护工作，因此，应采取相应的环境保护措施，如调节和部署大运河河道系统与周围地区山谷和自然水资源之间的关系。保护和修复生态绿色河堤，通过建设湿地来改善环境，提升水质。保护与管理指定地点，在大运河遗产保护范围内严格限制建设和土地开发。严格防止运河水道被污染，加强运河沿岸工业污染防治。建设城乡污水处理设施和垃圾集中收集处理设施，建立可持续环保体系。针对气候变化带来的防洪排涝工作要进行科学调查，对各个大运河河段制定防洪规划和综合保护规划。

（三）自然灾害与风险防范

大运河沿岸地区很少发生地震、飓风、火山、山体滑坡等重大自然灾害，但是频繁发生洪水灾害，古代封建时期每朝政府都不遗余力地解决运河洪水问题。今天同样需要应对洪水和涝灾，根据《中华人民共和国防洪法》，我国水利部和地方政府共同制订防洪计划的不同等级，也制定了详细的防洪方案。自 20 世纪 50 年代开始实施的综合治理工程，使大运河的防洪工程分阶段逐步完成。各级政府根据防洪规划，对本行政区域内的运河村落、乡镇、城市实施了 3 个等级的防洪治理措施。主要措施包括岸堤和河道的改善，根据堤线、堤坝的横纵断面及防洪规划设计流量（水位）加固堤坝。按照有利于防洪、防冻的稳定水流的要求，实施护岸、拦河、分流、疏浚、航道拓宽、矫直等措施。除上述工程外，还采取了建立洪水预报预警系统、加强洪泛区管理、制定洪水和应对特大洪水的应急措施等非工程措施。持续的河道监测、通信、预报和预警系统已经建立，大运河洪水应急响应计划也已经制订。通过完善洪水预报预警系统，提高洪涝灾害的泄洪能力，适当增加流域内江河湖泊的蓄水量，调整应急预案以应对洪涝灾害。通过上述措施，大运河现在可以有效地抵御洪水和洪涝灾害的风险。

为避免运河沿岸建筑物发生火灾，各遗产所在区域均设计了消防通道，配备了消防器材，指定了消防通道，制定了防火安全规程和应急预案。这些措施可以有助于大运河遗产区域减少火灾风险和损失。

（四）世界遗产地旅游

大运河文化遗产是一种活态遗产，由古至今沿岸一直是居住用地，沿岸居民在此繁衍生息几代人，成为真正的运河人家。另外，在交通、供水、泄洪、灌溉以及水利和航运方面也始终发挥着重要作用。总体来看，大运河遗产受到的旅游压力相对较小，只有扬州瘦西湖和北京什刹海（城市旅游资源比较发达地区）存在一定的旅游压力。

大运河通过逐步改善沿线的环境和景观，升级展示设施与宣传方式，成为世界遗产后会持续发挥和扩大国际国内方面的影响。未来会有越来越多的人到大运河遗产沿线旅游，一些运河遗产点可能受到旅游业的压力：具有旅游开发潜力的遗产节点，如南旺枢纽和清口枢纽建筑群；风景优美的城市遗产地，如苏州城区河段、扬州城区河段、无锡城区河段等；具有历史价值的古代建筑遗址，如宁波庆安会馆、清名桥保护区、苏州平江历史文化街区等。

考虑到大运河的规模和容纳游客的潜力，在未来的旅游开发管理中，有序参观的游客是不太可能对其保护造成负面的影响。此外，大运河遗产管理机构制订了一份详细的大运河潜在风险的评估管理计划。针对运河遗产各类要素的展示展览也制订出相应的旅游计划，并提出相应的措施以确保大运河遗产旅游业的可持续发展，如设计合理的参观路线、指导游客游览、加强对旅游设施的建设和使用监督等。

三、大运河线性空间的保护与发展趋势

（一）多种认知角度相结合

对于大运河线性空间的认知是多角度相互借鉴整合的结果。景观生态、遗产保护、旅游开发领域的相互交流推动了大运河线性空间日趋体现整体性和系统化。而随着对大运河研究的深入和实践范围的扩大，生态学、历史学、考古学、人类学、社会学、经济学、工程学等学科必将混合其中，大运河线性空间的综合价值将进一步得以发挥和体现。

（二）多种功能相统一

在功能方面，大运河线性空间具有生态环境保护、历史遗产保护、交通运输及游憩等功能，这些功能不能顾此失彼，忽视其中任何一种功能。良好的生态环境是大运河交通功能得以发挥的基底，同时也是提供历史文化功能与游憩功能的重要背景。交通运输功能是创造运河经济效益的重要途径，游憩通道的开发在为公众提供亲近自然、走近历史的同时，创造了经济和社会效益。此外，各功能应统一整体规划最终形成大运河线性空间综合性的系统。

（三）多方合作

在大运河遗产保护与管理层面，对其线性空间的建设和发展都离不开政府、企业和非营利机构、公众之间的多方合作。政府要制定大运河线性空间整体规划并进行广泛宣传，发挥非营利机构对遗产保护与环境保护方面的作用，企业在经济投资方面将扮演重要角色，公众参与则是群体力量的体现。

（四）对跨区域空间研究的意义

大运河线性空间所涉及的范围包括跨区域尺度、区域尺度、城市尺度以及部分乡村地区。其中，大运河跨区域因为空间尺度大、跨多个省市，认知和实施具有更大难度，从线性空间理念对其进行解析，不仅可以明晰大运河遗产的丰富内涵，还可以为大运河可持续发展以及大运河文化带的建设提供依据。因此，运用线性空间的思路对大运河遗产研究具有非凡的意义。

四、保护管理机构

作为线性的活态遗产，大运河存在多级多部门管理的特点。遗产区及缓冲区，由各级地方人民政府和流域管理机构按其管辖范围依据法律和行政法规规定行使管理职责。国务院文物主管部门主管大运河遗产的整体保护工作，并与国务院国土、环保、交通、水利等主管部门合作，依法在各自的职责范围内开展相关工作。大运河沿线各城市人民政府，负责本行政区域内的大运河遗产保护工作，并建立相应的协调工作机构。各城市的文物、国土、环保、交通、水利、建设、规划、旅游等主管部门在各自的职责范围内，负责大运河遗产的有关保护工作。

大运河申遗成功后，为做好大运河遗产的保护管理工作，国家文物局于2014年9月26日在扬州市召开大运河保护管理工作会议，将大运河保护与申遗城市联盟更名为大运河遗产保护管理城市联盟，制定了联盟章程，并在扬州市设立了城市联盟的秘书处，作为大运河沿线城市协调管理责任单位，从而为后申遗时代揭开了大运河保护管理的新篇章。

五、大运河遗产的监测管理

世界遗产的监测是运用信息化技术成果对遗产进行全面保护的一种方式。大运河申遗过程正处于信息革命带来的数字化技术应用广泛推开的阶段。在大运河申遗过程中，大运河联合申遗办受国家文物局的委托开展了大运河遗产监测管理的试点工作。研究团队将大运河遗产的监测分为4类：大运河遗产本体监测、影响因素监测、保护管理行为监测和安全保障监测。根据大运河遗产的特点，设立大运河遗产监测的主要指标、监测周期和记录保存地点。在试点的基础上向大运河全线涉及的地区推广了遗产监测指标和平台，并成为中国世界文化遗产监测指标的基础，大运河的遗产监测管理工作成了中国世界文化遗产监测管理的范本。

（一）监测机构

大运河遗产具有跨区域特性，不同地域的遗产保存现状也有所不同，受到的影响因素不尽相同。为此，建立和完善以属地管理为主体，“国家—省—市县”分级负责的监测机构。

国家级：设立专职机构，配置必要的专职人员。负责策划、协调大运河的总体监测工作，指导和培训各地开展工作；负责实施反应性监测、组织定期或不定期巡视、定期发布监测报告。

省级：设立专职机构或指定专人负责。负责监督和指导本行政区域内的遗产监测工作；负责对本行政区域内的大运河遗产区和缓冲区进行定期监测、反应性监测及定期或不定期巡视。

市县级：设立专职机构或指定专人负责。负责协同本行政区域内大运河遗产的管理机构开展日常监测和日常监测的记录工作，并根据相关信息及时采取处置措施；负责本行政区域内的遗产监测数据收集、分类进行信息整合、评估并完成监测数据上报。

国家级监测机构设在中国文化遗产研究院中国世界文化遗产中心。

（二）监测机制

监测机制包括监测数据报送、预警处置及监测报告编制。国家级大运河监测中心提出总体监测数据需求，包括数据内容及格式，通过监测平台下达数据报送任务；根据国家级大运河监测中心的需求，省、市县级大运河监测中心从所辖区域内的监测数据中提取相关数据通过监测平台予以上报；根据事件发生的紧急程度、发展势态以及可能造成的危害程度进行分级预警，预警与处置信息由大运河遗产所在地文物管理部门发布；各级监测中心按要求编制提交分类监测报告（定期报告、应急报告及专项报告）。监测报告的主要内容包括监测指标变化情况、分析评估情况、预警处置情况、监测平台应用情况、档案系统完善情况、监测机构建设与运行及人员培训情况等。

1. 协同监测机制

为使各级监测工作和成果科学、有效，县级以上的人民政府有关部门依据各自的行业领域和管辖权限，通过协同开展日常监测和定期监测、提供必要的监测数据和信息（如水质、洪水威胁、生态、通航状况等）、合作开发和使用专项监测技术（如空间信息）等方式，支持大运河遗产监测工作。

2. 成果共享机制

为不断增进有效保护和管理大运河遗产的共识，加强各方的协调合作，大运河遗产定期监测报告、反应性监测报告应及时向社会公布，日常监测数据应与相关部门共享。

3. 协调机制

大运河遗产保护是一项跨行业、多领域的工作，涉及文物、交通、水利、环保、国土、建设等各领域相关机构。为此，中国各级政府建立了有效的会商机制，协调中国大运河遗产保护所涉及的多个行业的重大问题、明确相关部门和地区在大运河遗产保护工作中的职责分工、加强不同领域之间的交流和合作。在国家层面建立了大运河保护和申遗省部际会商小组，在地方层面也建立了相应的省、市级的大运河保护和申遗领导小组（会商小组），定期召开会议，审议大运河遗产保护的法规草案、规划、重点工作安排等重大事项，使这些工作都能得到及时、有效的协调。

大运河沿线各城市人民政府设立了大运河保护与申遗城市联盟，后更名为大运河遗产保护管理城市联盟。城市联盟制定并签署了《关于保护大运河遗产的联合协定》，明确规定了城市联盟的合作机制以及大运河遗产保护的相关要求。

遗产区跨行政区域边界的，其毗邻的县级以上地方人民政府通过相关部门联席会议、城市联盟会议等方式，研究解决大运河保护中的合作和协助事宜。

（三）监测预警系统

大运河是世界上延续使用时间最久、空间跨度最大的运河，正因为其时空跨度大、遗产类型复杂、活态特征明显、保护管理的不平衡，因此给监测管理工作带来了新的挑战，在具体的监测预警系统建设中建立了“一总多分”的监测管理体系。

大运河遗产特点决定了大运河的管理模式和监测工作运行机制。大运河主要的特点在于线性、活态及管理部门和层级的复杂性。在管理层级上，大运河遗产分为国家—省—市（遗产区）三级。这就要求大运河监测预警系统必须满足不同层级的管理需求并可复制或向上扩展，满足多级管理的需求。因此，大运河遗产监测预警系统建立了“一总多分”技术体系和“两级平台、三级管理”的工作架构。各遗产地建立监测预警平台，既负责对本辖区内的大运河遗产进行监测管理，又向上对接大运河监测预警总平台；同时，各市县遗产监测管理中心服从大运河遗产监测管理中心和省级大运河遗产监测管理中心的分级管理。

作为线性遗产，大运河监测预警系统的建设，采用了试点先行、先点后面、整体覆盖的建设模式，较好完成了大运河遗产监测工作的推进。国家文物局选择大运河保护与申遗牵头城市扬州作为大运河遗产监测工作的试点。2013 年 3 月，完成了大运河（扬州段）监测预警系统二期建设，建成了大运河扬州段监测预警中心、档案资料中心，完成系统的五大基础数据建设，实现了数据汇总分析、视频监控、动态视频分析、GIS 专题图查询等功能，并对部分遗产点的视频实时监控集成；完成了实体档案、电子档案的建设，实现了动态视频监测数据采集与分析功能。形成了一个多功能的跨部门合作的立体监测网络。正如时任国家文物局局长励小捷在 2014 年 9 月 26 日召开的大运河遗产保护管理工作会议上评价说：“扬州市建立起了覆盖全部遗产点段、监测指标完备、多部门联动的大运河扬州段遗产监测预警体系，为其他大运河遗产组成部分监测预警体系和国家级总平台建设做出了重要贡献。”

在大运河（扬州段）监测预警系统建设成功的背景下，2013 年 3 月，国家文物局委托大运河联合申遗办在扬州段平台的基础上，开发大运河遗产监测预警通用型平台，并分别部署到 27 个遗产地、31 个遗产区，2013 年 7 月项目完成并通过验收。2013 年 7 月，由国家基础地理信息中心国信司南公司承建的大运河监测预警总平台也完成了软件设计，系统有遗产定位、预警跟踪、监测管理、监测报告和遗产档案五大功能模块，总平台实现了策划、协调大运河的总体监测，组织反应性监测及巡视，定期发布监测报告等各项职能。2013 年 7 月，在国信司南与川大智胜两家公司的技术对接下，大运河遗产监测预警总平台与各遗产地通用平台完成数据交换，整个大运河监测预警系统建设完成。同年 9 月，大运河监测预警系统在迎接国际专家考察评估中发挥了积极的作用。“一总多分”的工作模式既为其他系列文化遗产的监测预警探索出了一条新路，也在架构上为整个中国世界文化遗产的监测预警体系奠定了基础。

大运河遗产的保护只有起点没有终点。大运河的保护管理，在世界范围内来看也是极其艰巨的一项任务，长达 1 000 多千米的遗产河道，58 处形态各异、种类丰富的遗产要素，繁重的使用功能，使其成为世界上规模最大的活态遗产。

第二节　大运河发展与中华文化传播

一、加强大运河遗产保护展示

作为世界遗产，打造新时代大运河文化首先要恪守对国际社会的承诺，将大运河文化遗产保护好。大运河于 2014 年 6 月 22 日年申遗成功，按世界遗产组织的规定，申遗项目每 6 年要接受世界遗产组织的复验。大运河遗产是我国世界遗产中规模体量最大、保护管理状况最复杂的世界遗产，在申报遗产的阶段，我们还有不少保护管理工作仅仅开了个头，甚至还只是一个留给未来的承诺。因此，未来的大运河保护管理与展示任务艰巨，核心的问题是针对大运河活态的使用功能、复杂的管理状况以及广阔的分布范围，要毫不松懈地做好“整体保护”，不但要按《世界遗产公约》和相关法律法规的要求，将列入世界遗产的 27 段河道和 58 个遗产点保护好，将大运河非物质文化遗产保护好，还应构建协调机制、落实规划实施、促进承诺兑现，实现对大运河的科学、有效保护，以优质的保护状况接受世界遗产组织的复验，以先进的保护经验传播中华优秀文化。同时，还要加强大运河展示体系建设，通过建设一批运河博物馆和运河文化展示馆，加上实景展示、网上展示等手段，把大运河的价值呈现在世人面前，将大运河保护的成果展示在中外游客面前，更好地体现文化自信，用运河保护的成绩传播中华优秀文化。

二、提炼大运河文化价值

将运河文脉传承好，离不开对大运河文化的研究挖掘，要对大运河及沿线城市的文化价值与精神内涵做深度梳理与挖掘，形成一批研究成果。中国文物学会副会长、大运河专业委员会会长张廷皓说：“目前对大运河文化价值的挖掘远远不够，大运河文化的本质意义是什么，为什么说它是文化带，远没有说清楚。”研究不足、阐释不足、认识不足，导致大运河沿线的旅游开发、文化产业定位同质化严重，远未展现出大运河应有的价值。可以在沿线主要城市，从不同方向设立大运河研究院。运河沿线各地和社会各界都需要加强对大运河遗产价值与精神内涵做深度梳理与挖掘，通过加强对现存运河遗产资源的摸底调查、发掘研究，使大运河遗产的文化价值呈现在世人面前，唤醒沿线民众对大运河遗产的保护意识，增强全民族的文化自信，进一步继承弘扬运河文化，为实现中华民族伟大复兴的中国梦增添文化动力。对大运河文化的研究，一是要开展深入的学术研究，为大运河文化带建设提供理论基础。要加强对运河学的学术体系建设，提高基础研究水平，加强战略性、全局性、前瞻性问题研究，着力提升解决重大问题能力和原始创新能力，要逐步形成品牌效应。二是要开展面向现实的应用性研究，为大运河文化带建设提供决策咨询。理论研究要体现对实际工作的指导作用，大运河水运功能、水利功能、运河再生功能的利用，运河文旅的融合，都是研究者很好的研究切入点。在新的历史阶段，无论是高校还是社会各界的研究者都要直面火热的大运河文化带建设实践，发挥智库的作用，积极开展应用研究，为大运河文化的保护、传承和利用，为推进城市高质量发展提供决策咨询。三是要广泛培养人才，让大运河文化传承后继有人。大运河文化保护、传承、利用，一方面要通过研究成果来传播传承大运河文化，弘扬大运河文化。另一方面要利用高校的讲台、课堂传承大运河文化，让运河学成为一门学科，走进高校，引导更多的学子们学习大运河知识，了解大运河，投身大运河文化带建设的事业。

三、讲好大运河故事

党的十九大报告指出："要深入挖掘中华优秀传统文化蕴含的思想观念、人文精神、道德规范，结合时代要求继承创新，让中华文化展现出永久魅力和时代风采。"自古以来，大运河就是中华文学艺术的摇篮。要想繁荣运河文化艺术事业，就要讲好运河故事。推进大运河沿线城市地方文艺交流展演展览展示活动的提档升级，实现其表演的通俗化、市场化、国际化，增加其市场认同度，进而发展成为世界知名的运河城市，用世界语言讲好运河故事，积极推动运河文化"走出去"。要用运河边成长起来的文学艺术形式去创作新的运河文学艺术，如用京剧、昆曲、扬剧、淮剧、锡剧编演运河大戏。要撰写一批运河小说、运河诗歌、运河散文，要拍摄一批反映运河文化的电影、电视剧、微电影来传播运河文化，利用大运河这一世界级的文化遗产，通过运河历史文化，输出文化产品，潜移默化地传播运河优秀文化，让世人感知到中华文明的渊源博大。杭州歌舞剧院自创的歌舞剧《遇见大运河》在大运河沿线城市巡演 104 场后，又在大运河申遗成功两周年之际走进国家大剧院献演。在此基础上，他们又赴德国、法国、埃及、希腊、美国、巴拿马、俄罗斯、瑞典等国的运河城市交流演出，弘扬运河文化。联合国教科文组织特别授予《遇见大运河》团队“文化遗产传播保护使者”荣誉称号。目前，北京、江苏等地都在编排交响乐《大运河》，期待更多的优秀文艺作品引领大运河走向世界舞台，让世人感知到中华文明的源远流长。

四、打造运河文化平台

“运河长子”扬州自 2007 年开始相继举办了世界运河名城博览会、世界运河城市论坛，成为运河文化交流的重要平台。打造新时代运河文化传播窗口就要充分发挥这些大运河文化传播平台的作用，目前扬州的世界运河城市论坛已升格为国家层面，期待进一步推广中国扬州世界名城博览会和无锡的运河保护论坛，同时举办大运河文化带建设论坛、江南运河论坛、隋唐运河论坛等，邀请国外运河城市与国内运河研究者共议运河保护利用大计，推进国内外运河城市的文化、经济交流。还可以通过举办运河文化旅游博览会、运河马拉松赛、运河汽车拉力赛、运河国际自行车赛等形式来传播运河文化，增强运河文化的影响力和传播力。要推进企业文化交流国际化，让运河园林、运河工艺、运河美食“走出去”。大运河作为“一带一路”的交汇点，要借助对外文化交流和贸易平台，实施“一带一路”文化交流工程，以“一带一路”沿线国家为切入点，积极组织大运河文化项目参加我国与沿线国家举办的文化节、艺术节，传递大运河的文化精神，增强运河文化的核心竞争力。

五、推出千年运河旅游品牌

大运河沿线拥有水工遗存、运河故道、名城古镇等物质文化遗产近 3 000 项，国家级非物质文化遗产 450 余项，打造国际旅游目的地也离不开大运河这一世界级的文化符号。要利用大运河这一世界级的文化符号，讲好运河故事，传播中华文化，让世人感知到中华文明的渊源博大。要在重要遗产点设立遗产标志牌和解读牌，形象生动地展示各个遗产点历史演变及其真实性、完整性和突出普遍价值，让市民和国内外游客了解并尊重悠久的大运河文化，使古老的运河文化继续为城市的经济发展和社会进步服务，为中华优秀传统文化的传播做出贡献。大运河作为世界遗产不仅可以吸引国内游客游玩休闲，而且还具有相当高的国际吸引力，为旅游产业的发展提供了全新的元素。发展大运河旅游是彰显大运河文化神韵，塑造大运河文化形象，展示大运河文化名片的重要手段，要整体打造“上北京看长城、下江南游运河”这一具有国际影响力的“千年运河”文化旅游品牌体系，重点培育运河城市旅游、运河旅游产品、运河旅游节庆、运河旅游企业（服务）等子品牌，不断推出富有创意、参与度高、深受市场欢迎的系列旅游产品。成立大运河旅游营销联盟，开展大运河旅游产品品牌塑造和推广营销活动，推动大运河成为与长城、故宫、兵马俑、敦煌齐名的国际旅游目的地。

六、发展大运河文化创意产业

大运河作为一条人造的河，带动的是周边富有创新精神的人，运河两岸的桥梁、船只、人文风光都是人类的杰作，千百年来运河儿女创造了灿烂的文化。我们传承弘扬大运河文化更要发展大运河文化，要聚集大运河沿线的节点城市的关键资源要素，发展与大运河文化相关联的创意设计服务、文化软件服务、文化休闲娱乐服务、文化艺术服务等文化产业，推动文化产业与旅游、体育、农业、工业等相关产业深度融合，助力区域经济高质量发展。要提取运河文化元素，生产文化创意产品，传播运河文化。如扬州漆器产品、苏州宋锦、天津杨柳青年画等运河非遗，本身就是运河文化的一部分，通过开发创意产品并销售到国外，既传播运河文化，又产生经济效益。要推动运河园林园艺走出国门。要传承历史、着力创新、面向世界，传承和发展运河园林园艺的技艺。梳理运河园林园艺的传统核心要素，提炼出特色鲜明、通俗易懂的运河园林风格，让外国人了解运河园林“基因”，推动运河园林园艺走出国门。要通过在国外举办工艺品展销活动等多种形式，让运河工艺“走出去”，让更多的外国人感知运河工艺的文化魅力，在更大范围内扩大辐射力、影响力。还可以通过在国外多开分店、举办“运河美食国际专家论坛”等形式，让运河美食走出中国，走向世界，让世界人民共同享受中国饮食文化的璀璨成果。要承袭开放交流的运河文化特点，以包容开放的胸怀，扩大对外开放，提升国际化水平，打好运河历史人物牌，扩大与运河沿线城市及“一带一路”沿线国家和地区的文化贸易往来、文化产业交流合作，推进开放发展与合作共赢，加快发展对外文化贸易，推动运河优秀文化企业、产品和服务“走出去”，构建互利共赢的文化产业国际交流合作新格局。

大运河是一条积淀丰厚的文化遗产长廊，沿线文化遗存众多，文化资源十分丰富。众多的文化资源为大运河文化的发展与传承提供了重要的资源、灵感与思路。切实保护和传承弘扬大运河文化，不仅具有丰硕的历史文化价值，而且具有巨大的经济社会价值。中国文物学会副会长、大运河专业委员会长张廷皓说：“对于大运河文化带的建设，绝不是简单的发展旅游、文化产业。要有高层次高水平的建设意义，要研究大运河如何体现中华民族的民族精神，这是凝聚民族的建设，体现的是中国的文化自信。”因此，建设大运河文化带，就要更好地挖掘、保护、传承大运河文化，并创造新的运河文化，使大运河成为展示和传播中华优秀文化的大长廊。要加强对大运河文化的传承弘扬，打造新时代大运河文化，将大运河建设成为新时代传播中华优秀文化的窗口。

第三节　大运河线性文化空间分析

一、大运河线性空间分析

（一）内生脉络

大运河遗产作为跨区域的大型水道交通动脉，其中绿道理念是对运河自然特征的关注，与遗产保护区域化相结合则推动了遗产廊道这一保护方法的发展。遗产廊道是一个综合保护措施，将大运河历史文化内涵提到首位，同时强调经济价值和自然生态系统的平衡。大运河绿道概念强调其自然生态系统的重要性，但它不具有文化特性，生态和文化的特征用于旅游开发中，促进了大运河风景道的理念形成。同时，绿道和遗产廊道也为大运河生态廊道规划提供了新的思路。同时，遗产保护区域化也是大运河文化线路重要特征之一。大运河作为遗产廊道和文化线路的共同点是两者都建立在历史时期人类迁移与交流线路的基础上，都是一种具有动态特征的文化景观，都需要跨区域的整体性保护。然而，大运河遗产廊道强调拥有文化资源的线性景观，更多的以经济振兴为目标，如对大运河遗迹进行精心的景观设计，并与自然保护结合设立步道和游憩河道，使之重新获得价值，成为一种兼具生态效益的综合意义上的绿色通道。而大运河文化线路更强调线路在文化上的影响、交流和对话，更注重历史发展形成过程中产生的文化意义。这些遗产保护以及旅游开发等领域的理念在大运河遗产保护中得以应用，一般以城市为单元将大运河河道作为城市绿道、生态廊道、遗产廊道、风景道进行开发利用，推动了基于遗产保护的大运河线性游憩空间等理念的发展以及大运河生态网络体系、遗产保护方法、旅游开发方式的完善。

（二）空间特征

从上述分析中可以看出，大运河线性空间各个层面的概念具有一些共同的特征。

1. 生态性

大运河沿线的生态环境虽然受到战争、人类活动及自然因素的影响，但其中起决定性作用的是自然环境的变化。随着不同时期朝代的更迭及各个朝代对大运河的开凿、贯通，人类活动对大运河沿线生态环境演变的影响越来越大，尤其是近半个世纪以来，在工业化和城市化进程中，随着人类活动的加速和科技的飞速发展，大运河河道本体及沿线生态环境发生了巨大变化，出现了水体、土壤等严重的污染、河流生态系统被破坏、生物多样性减少、城市建设急剧扩张和人口暴涨、景观建设趋同和文化遗产遭到破坏等问题愈发突出。目前，提高生态环境质量，保护生物多样性是大运河线型空间规划的重要出发点。在大运河生态廊道的诸多功能中，保护生态多样性是首要考虑的功能，这也是进行大运河绿道设计的出发点。对于大运河遗产廊道保护而言，连续的绿地、植被、水道生态系统有助于为沿廊道分布的文化遗产形成统一连续的基底背景。同样，大运河作为受保护的景观，在规划过程中，植被结构设计也十分重要，其沿线土地资源的开发利用和水资源的可持续利用应适应自然的地形水文条件、不破坏重要的自然景观并能够让人欣赏体验优美的自然环境。

2. 体系化

大运河作为文化遗产最重要的是其整体性与完整性，而完整性的保护则需要通过将大运河分为多个层次来实现。大运河绿道规划的目的在于建立一个相互连通的多层次沿河绿道网络，可分为三个层次——河道层次、地区层次和区域层次。大运河遗产廊道的保护规划更加注重整体性，从系统的整体空间组织着手，保护大运河遗产所有的自然和文化资源。针对大运河文化线路则将需构建一个带状的、由文化交流与传播构成的保护网络，这个保护网络在一定程度上可以涵盖原有遗产廊道的保护体系。同时，大运河文化线路保护网络要在更大程度上包容对文化多样性的保护，展示以人类活动为脉络的线性的和区域性空间。大运河遗产作为一种体系、一种联合体，具有独特的基础构架、细胞网络、不同的地区和中心，不只是简单地看作是一系列孤立的遗产系统的总和。

3. 人本性

在大运河遗产相关研究中一直较少涉及“运河人”。笔者认为大运河遗产保护的最终目的是为了世世代代生活在运河上的居民，关注大运河遗产保护就是关注他们的社会生活，改善与提升他们的生活质量，优化生态环境以及文化环境。大运河遗产是由生活在运河两岸的居民、运河建造者、管理者和使用者共同构建而成，正是因为这些人不断持续的努力，才会赋予大运河场所的意义。这些人在使用运河及各类建筑物时，往往使其心理上产生不同的感应，这种感应反过来也会影响运河空间及建筑空间的塑造。因此，在现代绿道、遗产廊道规划设计中，正在逐步关注人们对运河的诉求，更多的从这些运河人的视角考虑现代绿道和遗产廊道的设计。这除了河道使用者的类型及其安全之外，还应体现在解说系统的设计上，对运河景观要素、结构和历史资源精确而积极的解释将大大提高公众对保护对象和政府保护策略的认识。遵循“人文关怀”和可持续发展理念，为人们提供教育、生态、文化和游憩等多种体验。

4. 参与性

强调公众参与是大运河遗产保护与发展的又一特征。大运河进行世界遗产申报便是建立在公众对运河遗产的广泛兴趣的基础上。作为文化线路的大运河，更多的关注人们利用运河进行的文化交流与传播，而在现代社会中的大运河更应强调公众的角色。大运河遗产要素中包含很多历史文化街区，古镇与历史文化名城，对这些要素的保护与管理需要当地居民的积极参与。将大运河沿途城镇作为游览的节点，那么沿河各个城镇居民就要对周围文化和自然资源的开发和管理担负一定责任，同时要为游客提供各具特色的接待服务。遗产保护的大运河线性游憩空间的规划正是基于积极引入运河居民的参与、扩展遗产功能的思路。

二、大运河文化带的空间格局

大运河连接北京、天津、河北、山东、江苏、浙江、河南、安徽 8 省市，有着 2 200 多年的历史，以大运河为纽带，形成贯穿南北的交通动脉。隋唐宋时期的“Y”型大运河，以洛阳为中心，满足了南方农区直接到达中原政治中心和北方军事中心的政治经济要求。元、明、清时期，为保证漕运对帝国政治中心与经济中心的直接联系的政治要求，对大运河进行了修直，并对原有的“Y”型进行截弯取直的改造。可见，大运河的路线随着政治中心的变化而不断调整，受到政治和地缘政治因素的影响，进一步证明了大运河的主要目的是通过漕运连接政治和经济中心。

现今，从经济地理空间来看，大运河文化带也是一条经济带，其北连环渤海经济带，南接长江经济发展带，纵贯“一带一路”在内的3大经济带。大运河文化带包含中国东部6省以及中部2省，是全国人口分布最稠密的地区，经济总量占全国的比重很大，并且发展质量相对较高。从土地和人口密度看，有很高的集聚性。总体上看，大运河文化带经济发达程度远高于全国平均水平。但是，由于地理位置、资源条件和历史发展等原因，大运河文化带内部各省市的发展水平也存在较大差异。虽然大运河内区域间的经济发展水平差异较大，但这也正是大运河文化带经济发展的动力，可以通过发达地区的示范作用来激励和带动相对落后的地区发展。大运河文化带的建设是国家一项重大战略布局，其目的是实现区域协调发展。建设大运河文化带的目标是要与京津冀协同发展、雄安新区建设、长江经济带发展、“一带一路”的建设相融合，实现共同发展。

三、大运河文化带的建设

大运河不仅是不可再生的宝贵资源，更是中华民族历史文化的重要载体。作为世界上里程最长、工程最大的古代运河，大运河承载着沿线极为丰富的文化遗产，是典型的超大型线性文化遗产。大运河文化带建设不仅要重现大运河历史上的繁荣景象，更要以文化为载体，将大运河文化带作为“文化共同体”来建设规划，这对大运河文化带所展现出的文化内涵具有十分重要的概括性意义。大运河的开通使得中国南部和中部产生了良好的交流，连接了洛阳和宁波，这两城市是陆地和海上丝绸之路的重要节点。因此，大运河也成为连接丝绸之路的内陆运输通道，在文化交流方面也产生深远的影响。大运河是一条文化之河，它不仅连接着南北，而且把黄河和长江连接起来，从而连接起更广阔的空间，它在中国文化格局的形成中起着非常重要的作用。对于大运河所承载的文化内容，大运河1 000多年来伴生的文化生活，如何弘扬历史文化是建设大运河文化带的重要内容，运河文化的认同感和凝聚能力对不同区域之间合作交流发挥着巨大作用，这是大运河文化带的建设所具有的良好的历史基础和现实基础。在此基础上，需要把大运河文化带拓展成为一个沿线地区的复合型发展带。具体而言，构建一条主轴（隋唐运河、京杭大运河和浙东运河）带动整体发展、5 大片区（京杭大运河黄河以北含雄安新区在内的片区、京杭大运河黄河以南片区、浙东运河片区、隋唐大运河北片区、隋唐大运河南片区）重塑大运河实体、6 大文化区（京津、燕赵、齐鲁、中原、淮扬、吴越文化区）凸显文化引领、多点联动（支点城市和特色村镇）形成合力的空间格局框架。

大运河文化带是一个以文化为引领推动地区协调发展的区域。因此，建设大运河文化带一是要做好文化遗产保护，突出文化遗产要素资源保护传承利用的意义和价值。二是要促进生态廊道建设。河道是大运河的主要载体，河道水系治理管护和生态系统保护修复，需要科学配置和优化调度水资源，加快恢复和提升大运河河道和岸线保护、防洪排涝功能。三是要在大运河沿线核心区建设文化旅游产业带以及生态修复带。在大运河文化带建设规划上要合理划分大运河文化带建设的核心区、拓展区和辐射区，营造文化与生活共栖的功能空间，实现保护、传承、利用的总体要求，将文化资源的优势变为产业发展优势。要不断完善基础设施和配套服务，打造精品旅游线路，体现高质量发展的要求。

第七章 文物保护研究

第一节 文物的概念与分类

一、文物的概念

文物，顾名思义即文化遗物。它首先是古代人们创造的文化遗物，是人类物质文明和精神文明发展史的遗迹。文物被用来研究人类历史及其发展规律，有其特定的科学价值。文物作为以往人类社会的物质资料，它包括存在于社会上和埋藏在地下的历史文化遗物。作为人类社会物质文明和精神文明历史的遗物，它的内容是十分庞杂的。研究文物的科学门类很多，最主要的是考古学。

目前，各个国家对文物的称谓并不一致，其所指含义和范围也不尽相同，因而国际上迄今尚未形成一个对文物共同确认的统一定义。

在中国，“文物”二字联系在一起使用，始见于《左传》。《左传·桓公二年》记载：“夫德，俭而有度登降有数，文、物以纪之，声、明以发之，以照临百官。百官于是乎戒惧，而不敢易纪律。”之后，《后汉书·南匈奴传》记载：“制衣裳，备文物。”以上所说的“文、物”原是指当时的礼乐典章制度，与现代所指文物的含义不同。到唐代，骆宾王诗：“文物俄迁谢，英灵有盛衰”；杜牧诗：“六朝文物草连空，天淡云闲今古同”。这里所指的“文物”即是前代遗物，其含义已接近于现代所指文物的含义。

北宋中期，以青铜器、石刻为主要研究对象的金石学兴起，以后又逐渐扩大到研究其他各种古代器物，把这些器物统称为“古器物”或“古物”。

对于前朝遗物，明代和清初比较普遍使用的名称是“古董”或“骨董”。到清朝乾隆年间又开始使用“古玩”一词。这些不同名称的含义基本相同，但在很多场合，古董、骨董和古玩是指书画、碑帖以外的古器物。

中国社会科学院语言研究所词典编辑室编的《现代汉语词典》中，称文物是：“历史遗留下来的在文化发展史上有价值的东西，如建筑、碑刻、工具、武器、生活器皿和各种艺术品。”

《辞海》对文物的解释：“遗存在社会上或埋藏在地下的历史文化遗物，一般包括：与重大历史事件、革命运动和重要人物有关的、具有纪念意义和历史价值的建筑物、遗址、纪念物等；具有历史、艺术、科学价值的古文化遗址、古墓葬、古建筑、石窟寺、石刻等；各时代有价值的艺术品、工艺美术品；革命文献资料以及具有历史、艺术和科学价值的古旧图书资料；反映各时代社会制度、社会生产、社会生活的代表性实物。”

世界上不同国家或组织对文物的称谓也不一致。日本国称“文化财”，联合国教科文组织等叫“文化遗产”或“文化财产”。联合国教科文组织1970年11月14日于巴黎通过的《关于禁止和防止非法进口、出口及转移文物所有权公约》写道：“文物”这个词只表示对于考古、史前史、历史、文学、艺术或科学等方面具有重要意义的文化财产。

由此看来，文物是指历史上的物质文明和精神文明的遗物。它具有历史、艺术、科学价值，是重要的文化遗产。

各类文物从不同的侧面、不同的角度反映了特定历史时期人类的社会活动、社会关系、意识形态，以及利用自然、改造自然和当时生态环境的状况，是人类宝贵的历史文化遗产。因此，加强对文物的保护、管理及科学研究，对于人类认识自己的发展历史，揭示社会发展的客观规律，认识并促进当代和未来社会的发展，具有极为重要的意义。

从文物的基本特征来看，它具有两个特点：第一，必须是由人类创造的，或者是与人类活动有关的；第二，必须是已经成为历史的过去，不可能再重新创造的。

二、文物的分类

由于文物所包含的内容甚广，而且研究文物的科学门类较多，所以也就难以形成一种固定的分类法，往往是人们根据对文物收藏、管理、研究、展览、出版、销售等不同的需要，采取相应的分类方法。常见的是断代分类法、专题分类法和地域分类法。

文物内容极为广泛，此书所研究的只是具有艺术价值的文物，就是说在造型上、色彩上、装饰上具有审美意义，能够给人们以美的享受的古人遗物。当然在文物的海洋中，并非所有文物都具有艺术价值。本书着重介绍具有一定艺术价值的文物，也就是具有某种造型艺术特征、有相应的审美意义的文物。

文物的研究工作必须结合有关学科，有些学科就是文物研究的分支。按专题分类是常见的文物分类法，如彩陶、历代陶瓷、青铜器、古钱、铜镜、铜鼓、金文、碑刻、古建筑、寺庙、石窟石刻、墓室、瓦当、印玺、封泥、兵器、玉器、丝绸、壁画、帛画、漆器等。

文物收藏、研究、陈列时往往是综合运用几种分类法。特别是陈列文物进行展览时，多以断代为纲，时代以下再划分专题。

如果从旅游和鉴赏的角度来研究文物，则不必划分得十分详细。总的来看不外以下三大方面：

第一，遗址、建筑物：属于遗址、建筑的有远古文化遗存、墓葬、石窟寺、宫殿、寺观、桥梁、古塔、石刻等。作为文物的古建筑，一般同重大历史事件、革命运动、重要人物有关，因而这些建筑具有特定的纪念意义和历史价值。另一类建筑是有科学、艺术价值的建筑物或建筑群（包括附属建筑物和装饰）。

第二，反映各时代社会制度、社会生产、社会生活的代表性物品这方面的实物不胜枚举，如礼、乐、刑、衡器，衣、食、行方面的遗物，还有工、农、商、战方面的遗物，这类遗物最丰富，因而也最生动，往往是旅游者最感兴趣的东西。

第三，具有历史、艺术、科学价值的古代字画、图书、文献资料：这类文物包括不同阶级、不同社会集团、党派对内对外活动的文书档案。它是社会变革、历史前进中各个侧面的见证，是研究历史发展规律的第一手资料。

文物，是人类在自身发展过程中遗留下来的遗物或遗迹。从时间上分类，文物有古代的、近代的和当代的；从空间上分类，文物有地上的、出土的和传世的；从管理上分类，文物有可移动的和不可移动的两大类。

不可移动文物包括古遗址、古墓葬、古建筑、石窟寺及石刻、近现代重要史迹、近现代典型建筑等；可移动文物包括古器物、古文献、古书画等。

在上述各类文物中，有的又分为若干小类，如古器物即按照文物质地分为青铜器、玉器、铁器、陶器、瓷器等，也可以根据不同的功能和属性进行分类。

目前，针对文物的科学研究已经发展成为专门的学科，如钱币学、铭刻学等。今后，随着科学研究的深入和发展，有些类别的文物还将会形成一些新的专门学科。

第二节　文物的特点

一、文物的物质性

文物是有形的历史文化载体，是人类历史发展的见证，内容丰富。先人留下的这些宝贵的物质遗产，是古代劳动人民用一定的物质材料，采用一定的技术手段建造或制作而成的，如青铜器、金银器、玉石器、竹木漆器等。文物的物质性又以一定的形态（形制、形式）存在。文物都是有形的，并且形态是多种多样的。文物的形态，是由人们建造、制作、生产的用途、目的与所用物质材料和科技水平所决定的，其最终形态则是由社会发展，以及政治、经济、文化的发展所决定的。用途、目的在不同的时代和地区不尽相同，随着社会的发展，文化和科学技术也在不断进步，文物的形态或风格也随之不断发展、变化或者消亡，所有这一切，在各类文物中都有所反映。

二、文物的时代性

文物是特定历史时期的产物，是由它产生的那个时代的一定人群，根据当时的政治、经济、军事、文化等需要，运用当时所能得到的物质材料和掌握的技术创造出来的。每个历史遗迹或遗物无不被打上了时代的烙印，蕴含着当时的政治、经济、文化、科学技术等诸多方面的内容和信息，因此没有时代（或年代）的遗迹和遗存是不太可能存在的。文物的时代特点是文物时代性和时代内容在历史遗迹和遗物上的体现，我们可以从时代特点中看出，文物在其产生的时代所处的位置，以及它的地位和作用。每个遗迹或遗物从不同的侧面，反映了当时的政治、经济、军事、文化、风情习俗等，这些都是构成文物时代性的主要内容。这种时代特点，即历史性，也是文物最重要的特点。

三、文物的不可再生性

文物的时代特点决定了文物不能被再生产、制作和建造。在它产生的时代，其地位是客观存在的，不以后人的意志为转移。即使是十分逼真的复制品也不能替代文物的作用，虽然所用的材料、色彩和纹饰基本相同，但也只能反映制作复制品时代的社会条件、技术水平和工艺，与文物所包含的时代的文化内涵和历史信息仍有区别，复制品不是历史的见证物。文物所具备的价值取决于其所凝聚的文化内涵，因而具有不可再生性，哪怕是轻微的改动，都会破坏其文化内涵，进而破坏其具备的价值。

历史遗存具有不可再生性，重建、新建的仿古建筑并非历史建筑。国际上有关古建筑保护的《佛罗伦萨宪章》就明确指出“重建物不能被认定为历史遗物”。在历史文化积淀较深的欧洲是几乎看不到重建、新建的仿古建筑的，欧洲保留下来的古建筑都具有原汁原味的历史面貌。我国有关文物保护方面的法律也明确规定，纪念建筑物、古建筑等文物在遭到全部毁坏之后，不得重新修建。

四、文物的不可替代性

文物的不可替代性是文物时代性和不可再生性逻辑发展的结果。文物是历史文化遗产，是一定时代的产物。每一件文物或每一处文物，都有它在历史上的独特地位和作用，都包涵自己所处时代的文化内涵和历史信息，不会被其他物品所替代。

不同历史时期制作或建造的各种类型的文物，其历史内涵和信息是它产生的那个时代（或年代）的历史的各个方面的实物见证。毁坏一件或一处，就可能失去了一件或一处历史见证物和象征物，也就减少了一个独特的历史符号。

五、文物的个体差异性

文物的不可再生性、多样性、时代性、地域性和不可替代性特点，决定了其保护技术需遵循审慎的原则，而所采用的技术方案也存在差异性。即便是同一地点出土的同类、同质文物，在保存现状、损坏程度方面也会有所区别，这便是文物的个体差异性，是由古代工艺技术水平、非标准化生产方式，以及文物经历的环境差异造成的。因此，不可能只采用单一的保护技术就可以解决所有的问题。

六、文物价值的客观性

文物是历史文化遗产，具有历史、艺术和科学价值，包含着政治、经济、军事、艺术等丰富的内涵，博大精深。它的价值是凝结在历史文化遗迹和遗物（包括精神的和物质的遗物）中的一般人类劳动，是人类智慧的结晶，是历史发展、进步的标志。它具有双重特性，即有形价值和无形价值。文物既是有形的物质形体，又是无形的文化或文明内涵的载体，具有历史、艺术和科学价值。

文物的价值是客观存在的，如与文物相关的数据、图片、语言表述等。人们的文物价值的认识则是不断深化的，人们对文物博大精深内涵的认识和获取它内涵的各种手段，既要靠知识的积累和深入研究，又要靠知识的更新和科技的进步。在认识和评价文物价值的具体过程中，人们会受到科学文化知识、研究水平和科学技术发展水平的限制或制约，因此对文物文化内涵和信息的揭示与对其价值的认识，不是一次或一时可以完成的。随着研究的深入，科学技术迅速发展所提供的技术手段越多，人们对文物价值深层次的认识也就会越发深入，获得的历史信息也就越多，这就需要一代又一代人的不断努力和坚持。

七、文物作用的永续性

文物是不同历史时期产生的物质文化遗存，是研究不同历史时期政治、经济、军事、科学技术、文化艺术等的实物史料。它是历史的见证，可以证实文献记载的历史；可以校正古籍记载之谬误，订正史传，纠正错误；对于有文字记载的历史，可用于弥补文献记载的缺失。文物是研究历史及专门史的重要实物史料，对史学的研究，特别是对重建上古史有着特殊、重要的价值和作用。

人类社会的发展，科学技术和文化艺术的发展、进步，都需要借鉴历史，而文物则是最好的实物教材，它有自己独特的特点，它是一种文化载体，同时也是一种精神文明的表现。它作为历史见证，真实性强，具有很强的说服力，它以具体、形象、生动的物质形态展现在人们面前，具有极强的感染力，是任何其他教育手段所不能替代的。因此，文物对研究者和大众，对一代又一代人，对国家和民族以至于全人类，对已往的历史和未来，都将发挥永续的作用。

第三节 文物保护的理念与原则

一、文物保护的理念

（一）文化多样性与保护

文化多样性指的是世界上每个民族、每个国家都有自己独特的文化，民族文化是民族身份的重要标志。历史文化遗产，作为古代历史不可替代的见证物，同时也作为每个国家、地区历史文化延续的载体，是每个民族的智慧结晶，体现了文化的多样性，因此对文化遗产的保护和长久保存是所有国家的共同利益和目标。

2007 年 5 月 28 日，由我国国家文物局组织，在北京召开的东亚地区文物建筑保护理念与实践国际研讨会，形成并通过了文化遗产保护领域的重要文件《北京文件——关于东亚地区文物建筑保护与修复》(以下简称《北京文件》)。该文件是继《奈良真实性文件》《世界遗产公约》《操作指南》及《世界文化多样性宣言》等文件关于文化多样性精神的延续和发展。《北京文件》明确指出："在修复中充分认识到遗产的特殊性，并保证在保护和修复过程中不改变遗产的历史、有形与无形的特征，这是至关重要的。"

（二）文物档案

文物档案的内容包括记录文物的挖掘、文物信息、文物保护、文物研究等与文物息息相关的工作，它可以帮助人们更好地认识和了解文物。文物档案管理工作对于文物的开发、利用和保护起着重要的作用。文物管理部门通过完善文物档案，可以为人们呈现更为丰富和全面的文物资料，这对于推进文物的保护和宣传工作起到了一定的积极作用。

文物保护工作的每一项干预、修复活动均须以正确的理论为指导，详尽的史料和考古研究、调查、勘测、记录、分析等是必要的基础和前提，进而开展相关多学科的合作，并留给后人以准确、翔实的档案记录。

由于文物是一种不可再生的资源，文物档案管理对于文化遗产保护工作有着重要的意义，文物保护工作必须尊重其内在的科学规律，否则就会酿成历史性的大错。

（三）原真性

Authenticity 一词源自中世纪的欧洲，在希腊语和拉丁语中有“权威的”（authoritative）和“原来的”（original）的含义。在我国文化遗产保护领域，学者们长期以来将“authenticity”译为“真实性”。但经过仔细推敲后发现，这种译法仅表达了“真实的”和“可信的”两层含义，未能表达出“原初的”这一含义。“原初的”对文化遗产来说，恰恰是最为关键和不可或缺的要素之一。张松指出：“原真性，可译为真实性、原生性、确实性、可靠性等，主要有原始的、原创的、第一手的、非复制、非仿造等意思。”因此，一些学者提出了更为恰当的译法——“原真性”，既强调“真”，又强调“原”，更为贴近本意。这一观点已被文化遗产界大多数学者接受和认可。

原真性的思想萌芽产生于《关于历史性纪念物修复的雅典宪章》，其第六条指出：“对于废城遗址要小心谨慎地进行保护，必须尽可能对找到的原物碎片进行保护，必须尽可能对找到的原物碎片进行修复，此做法称为原物归位。”“原真性”的概念被正式纳入文化遗产领域是在 1964 年 5 月召开的第二届历史古迹建筑师与技师国际会议，会上通过了《威尼斯宪章》，其开篇提到“人们越来越意识到人类价值的统一性，并把古代遗迹看作共同的遗产，认识到为后代保护这些古迹的共同责任。传递其原真性的全部信息是我们的责任”。此后，1994 年 12 月在日本古都奈良通过的《奈良真实性文件》，是世界遗产委员会对“原真性”问题进行了讨论之后得出的重要成果。该会议对“原真性”做了重新定义，并指出“保护一切形式和任何历史阶段的文化遗产是保护根植于遗产中的文化价值。我们能否理解这种价值部分地取决于表达这种价值的信息来源是否真实可信。了解这些与文化遗产的原始特征有关的信息源，并理解其中的含义是评价遗址真实性的基础”。

《世界遗产公约》的全名是《保护世界文化和自然遗产公约》，公约主要规定了文化遗产和自然遗产的定义，文化和自然遗产的国家保护和国际保护措施等，以及各缔约国可自行确定本国领土内的文化和自然遗产，并向世界遗产委员会递交其遗产清单，由世界遗产大会审核批准。凡被列入世界文化和自然遗产的地点，都由其所在国家依法严格予以保护。《世界遗产公约》对原真性进行了界定，即“文物古迹本身的原真性体现在诸如形式与设计，材料与实体，应用与功能，位置与环境，以及传统知识体系、口头传说、技艺、精神与情感等因素中”。在此需特别强调，“修缮与修复的目的应当是不改变这些信息来源的原真性”。而“原真性”也是个复合性多元理念，一般情况下，一座文物建筑的原真性，应当是它被作为文物建筑认定时的历史和客观属性的总和。

（四）完整性

在世界遗产领域，“完整性”长期被应用于评估自然遗产的价值与保存状况。而考古遗址的结构怎样才算完整？以往人们并未把这一理念引用到文化遗产保护工作中。近年来，这一状况已得到改善。2005 年 2 月生效的新版《世界遗产公约实施指南》已明确把“完整性”应用于对文化遗产的评判中。《北京文件》对此有如下描述：“完整性可以解释为文物古迹及其特征的整体性和完好性，包括体现文物古迹重要性和价值所必需的所有因素。”“保留文物古迹的历史完整性必须保证体现其全部价值所需因素的相当部分得到良好的保存，包括意义重要的建筑物历史层次（沿革与积淀）以及环境。”这表明，“完整性”不一定意味着整体历史结构的完整，而是指所存部分可以验证、标识大部分的历史信息。同时，这也对文物保护界长期以来关于“原状”与“现状”的争论做了一个小结，即文物的保护不应当是按照当代人的意愿与结论将文物恢复成某一辉煌时期的“原来状态”，也不可为追求风格的统一而随意拆改不同历史时期留在同一文物建筑体上的完整历史信息。

关于“环境”与遗产的关系，可以引用我国文物保护大师梁思成先生的“红花还要绿叶扶”的比喻来进行理解。在当今统筹保护有形与无形文化遗产的大形势下，国际古迹遗址理事会（ICOMOS）于 2005 年在西安召开第十五届大会。会上提出的关于历史建筑、古遗址和历史地区周边环境保护的《西安宣言》，使得相关的理解与应用会变得更为深入和宽泛。

（五）保存与修整

“保存与修整”所对应的英文单词是“maintenance and repair”，这足见国际上对保存文物真实性和尽可能减少人为干预的高度重视。《北京文件》明确提出了，保护性的保养和修缮“应当将材料、构件和彩绘表面的替换或维修降至合理的最低程度以便最大限度地保留住历史原物”。用这一标准去衡量一项文物保护工程的成败优劣，而不是错误地追求维修后的整体风格统一，应当是我们今后文物保护工作中的统一准则。

同时，保存历史的理念也影响着城市建设中新兴建筑的风格。日常的保养维修应当是古建筑文物保护工作的基本方式。日本专家伊藤延男在对古建筑的维修保养问题上也强调了这一原则的重要性。

《威尼斯宪章》是国际古迹遗址理事会于 1964 年 5 月 31 日在意大利水城威尼斯召开第二次会议通过的决议，它的一个特点是高度的概括性。该宪章不纠缠于具体实例，而是总结了世界范围内的实践经验，并升华形成了国际公认的普遍原则。例如，石质与木质文物会因各自材质的特点而具有不同的耐久性、保存周期和保护方法，但这些差异并不妨碍对《威尼斯宪章》的正确理解，以及遵循相关的真实性理念、尽可能少干预原则，维修工作中的可逆、可识别原则，以及环境意识等。

《威尼斯宪章》虽然不是一部法律，但却得到了国际同行的广泛尊重和遵从，迄今为止，还没有哪份文献能够取代《威尼斯宪章》。即便以后有了更科学的根本性文献，《威尼斯宪章》的历史地位也不会被改变。

二、文物修复的原则

（一）可再处理原则

可再处理原则，又称可持续性保护原则，取代了可逆性原则。众所周知，文物的科技保护是一个技术实施过程，这其中包括在文物上施加新材料，如在壁画上喷涂保护剂、在石刻上喷涂防风化材料、有机质文物的防霉防虫处理、饱水漆木器的脱水加固等，或者改变文物的现有保存环境。不论哪一种方式，都会使文物与外界发生物质和能量的交换，这一过程是不可逆的。因此，有必要澄清文物保护中涉及的可逆性问题，否则教条的套用可逆性原则，势必会否定所有的先进方法，无法对文物进行有效保护。

可逆性原则是文物保护中的重要原则，意思是修复中所实施的处理方法，可以采取可逆措施去除，使文物恢复原始的状态，但是这个原则已经被可再处理原则代替，其原因在于可逆本质上是难以实现的。比如，在加固疏松的文物时，加固材料会渗透到内部去，当对加固材料进行可逆去除时，文物就会遭到破坏。因而，在此种情况下，不可一味要求材料具备可逆性，而是只要不影响再次处理即可。

严格来说，可逆性原则大多只适用于实验室条件下的文物保护。在很多实际情况下，很难满足这一要求。例如，在大型石刻上涂刷防风化材料或进行裂隙灌浆，由于石刻表面不平整或裂隙较深；涂刷的防风化材料和裂隙灌浆材料极难从文物上除去，但在实验室条件下，也许很容易被清除。如果这些难以清除的材料并不妨碍文物的下一次处理，那么仍然可以考虑继续使用这样的保护方法。

而在某些情况下，不保护、不修复也是一种保护修复。这里所说的“不保护、不修复”是根据文物的保存现状、现有的技术水平和现场条件，通过综合的分析与研究，从而判断是否采取不保护、不修复的方式。

（二）最小损伤原则

保护性损伤，如在加热、酸碱、冷冻等条件下处理文物时，会引起文物自身的化学和物理（应力、外形收缩等）变化，有些变化并不是立刻就能观察到的，须经过一段时间后方能显现。而保护处理本身可能会对文物产生损伤，如在复杂的拼接修复过程中，难免会对文物造成二次损坏，且操作极其依赖于专业技术人员的个人经验；在对粘连的纺织品或纸质文物进行揭取时，由于文物本身材质的脆弱性，若用力不当，极易损毁文物；在对纸质文物进行熏蒸或冷冻杀虫时，纸质文物在受热或冷冻的情况下，都有可能遭到损坏；在对文物进行表面封护与加固时，封护或加固材料渗入文物的孔隙中，也可能会对文物造成损伤。当遇到这些情况时，必须通过严格的科学实验来评估损伤的程度，尽量控制条件，使危害降至最低。

（三）最少干预原则

《威尼斯宪章》中规定：“保护与修复古迹旨在把它们既作为历史的见证者，又作为艺术品予以保护。”其规定的古代建筑的保护与修复指导原则被概述为“最少干预原则”，成为日后有关国际文件和宪章共同遵循的原则。

对文物的干预主要包括以下两方面：保护和考古发掘所带来的材料干预、信息干预、性能干预均为人为的主动干预；环境条件的变化所带来的干预则是被动干预。

1930年在意大利罗马召开的关于艺术品保护的国际研讨会上第一次提出了“预防性保护”的概念，这一概念如今已经成为国际文化遗产科学保护的共识和发展方向。预防性保护的核心技术内涵，即是对馆藏文物保存环境实施有效的监测和控制，抑制因各种环境因素的变化对文物的危害作用，努力使文物处于一个稳定、洁净的安全生存环境，尽可能阻止或延缓文物的物理和化学性质改变乃至最终劣化，达到长久保存馆藏文物的目的。其中，博物馆环境的稳定性主要是指温度、湿度的平稳性，不可出现较大幅度的波动。关于博物馆环境的洁净概念，除涉及有关污染气体极限浓度控制指标外，尚未有系统的论述。而博物馆环境的洁净程度则依赖于现代的环境和污染控制技术所达到的水平。

文物在保护处理过程中，难免会被带入新的物质，如表面封护剂、缓蚀剂等。若未留下完整的保护记录，后人在研究时可能会误认为这些物质是文物本身所含有的。为避免影响或混淆后人对文物的研究，导致得出错误的考证结果，在文物上施加任何新的保护材料时，如果新材料与文物组成材料的反应产物不明确，那么该保护材料应不予使用。而各种保护处理方法也有可能会对文物造成保护性破坏，包括二次污染保护性破坏。如在对破碎的青铜器和陶瓷器做拼接修复时，通常无法将残片严丝合缝地拼接成一个整体，当拼接到最后一块时，由于空缺处小于其原始尺寸，需要对残片进行打磨；在对纸质文物或纺织品文物进行清洗时，常会残留水渍、清洗剂等，从而造成二次污染，对文物的不当清洗，还易造成文物的褪、变色，特别容易造成金粉等装饰物的脱落。而对石质文物进行渗透加固时；由于化学加固剂很难全部渗透进石材的孔隙中，随着环境条件的变化，保护剂渗透到和未渗透到的部分就可能产生应力差异，反复作用的应力就会导致两部分分离。

（四）“留白”原则

“留白”又称“留缺”，通常是针对古陶瓷整体复原修复来说的，是指在古陶瓷缺失的部位，不采用原材料、原工艺和原形态去修复，而是选用其他适宜的材料补填，以留出短缺的部位，并能明显地表现出缺失的痕迹。这一原则在国外已实施多年，国内也不乏实践者，但仍存在争议。

古陶瓷与其他器物不同，其毁坏的形式通常只有破碎和缺失，而无腐烂和变质现象。在修复时，若能明显地表现缺失部位，又不妨碍其外观的完整性，则可以不用完全复原缺失的部位。此外，在考虑是否“留白”时，还要从博物馆的实际需求出发，若该器物主要用于供观众欣赏，仅要求具备一个完整的形象，并不需要发挥其实际用途，那么，一个真实的整体形象胜过经修复补缺后“乔装打扮”的虚假形象。而在对古陶瓷进行修复补缺时，很难真正做到补缺后的部位与其他部位保持完全一致，这不仅涉及原材料的配制，还涉及烧制的工艺，即便是同一个窑炉烧制出的同一类器物也不会完全相同。因此，“留白”反而更能体现出古陶瓷的原真性。

（五）耐久性原则

以实验室材料老化实验数据为基础，在将多种保护技术应用到文物上时，选择耐老化时间长的材料，就是所谓的耐久性原则。文物的保存是一个长期的过程，不可能对同一件器物进行经常性的保护处理，这就要求在文物保护工作中所选用的材料要具有良好的耐久性，在外界因素的影响下，该材料能延缓文物所遭受的破坏，从而延长其保存寿命。现代文物保护研究中，对文物保护材料的耐老化性能测试经常采用工业领域内的材料性能检验检测标准，而文物保护材料与现代工业使用材料的使用目的及对性能的要求存在较大差异，因此，采用现代工业材料的检测标准对文物保护材料进行评估是有缺陷的。

（六）斑点试验原则

斑点试验又称点滴试验，是测定矿物化学成分的一种方法。将少许矿物粉末制成溶液，再将溶液滴在滤纸或瓷板上，加入化学试剂，观察反应后的产物颜色，以确定某种元素是否存在。斑点试验由于操作简便，反应迅速，对某些元素灵敏度较高，在鉴定工作中经常被使用。而文物保护的过程中，在大面积开展保护工作之前，也应依照斑点试验的原理，确保方法可行之后，再行实施。以彩陶加固为例，在加固前应进行斑点试验，检验加固剂的指标是否符合要求；在加固过程中如果出现加固强度不够致使彩绘脱落的情况，应及时调整加固剂浓度；加固后，若出现表面成膜的现象，应用水或酒精等溶液擦拭彩陶表面，观察眩光是否消失，尽可能保证在损伤最小的前提下，恢复文物原貌。

（七）可辨识原则

可辨识原则，指文物在修复过程中，添加的残破或缺失部分要与文物原有部分在整体外观上保持和谐统一，但又要和原有部分有所区分。应做到既可以让观者从外观上辨别“真”与“假”，又不会出现以“假”乱“真”的现象。

20 世纪 50 年代，唯美主义保护理论家布兰迪提出文物的美学完整性与历史真实性为兼顾二者的平衡，布兰迪在其所著的《文物修复理论》中指出补缺物远观达到美学整体性，近看仍与原作有别，不消除历史痕迹，整体呈现“和而不同”的可识别效果。1964 年《威尼斯宪章》第十二条指出，“缺失的替换物应与整体和谐，但又须与原作有别，以达到修复不臆造美学与历史证据的要求”，这便是布兰迪“可识别”原则的体现。目前，在可移动文物修复工作中，在实际中的具体运用被普遍接受的是“六英尺乘以六英寸”原则，即在 1.8 米的距离内是看不出修复痕迹的，但在 20 厘米的距离内，修复痕迹是可以看出来的。

而中西方在“可辨识原则”的实际运用中还存在着些许差异，主要表现在西方修复理念强调补缺部位要与本体部位有所区别，整体上应呈现出可识别的修复效果；而我国的文物修复工作通常要求修复后的文物整体应呈现出浑然一体的效果。以书画修复为例，修复师对残缺部分的全色、接笔都是力求与整体画面呈和谐统一状，而不是要求在视觉效果上将其补全与本体区分开来。这两者之间的差异是由文化背景、主观认知的不同所造成的。以青铜器修复为例，国内修复专家主要采取“内外有别”的可识别修复方法。做色时，将文物对外展示的一面做到与周边的颜色浑然一体，而观众不易观察到的内侧部位通常不做色，有时也会大体做上颜色，但仔细观察之下，仍可以区别出修复的部分。

综上所述，可辨识原则就是指修复过的部分与文物本体应有所区别，远观不会感到整体的不协调，近观则应能辨别出修复痕迹，而不需借助其他手段来识别。

（八）风险管理原则

许多文物因遭受自然或人为因素的破坏，正面临损毁和坍塌的风险，因此在文物的保护方案设计和技术实施过程中加强“风险管理”刻不容缓。所谓风险管理，是指管理人员采取各种措施和方法，消灭或减少风险事件发生的各种可能性，或者减少风险事件发生时造成的损失。在文物保护中，风险管理原则包含三层含义：一是在文物未受到损害前采取预防性保护措施，避免文物受到损害；二是对已经受损或正在受损的文物及时采取有效措施，终止破坏的继续发生，尽可能保留文物的最大价值；三是对人身安全、财产、环境等进行风险管理，避免或减少损失的发生。此原则要求，在文物保护过程中，必须对每一个操作步骤可能面临的风险进行预估，且做好相对应的可控措施。

第四节　文物保护技术

一、传统文物保护技术

传统文物保护技术，指世代相传的对文物保护行之有效的技艺。各个国家都十分重视采用传统技艺保护文物。有些学者称之为“适用技术”或“中间技术”。他们指出：“引进资本密集的尖端技术，对于发展中国家来说，不仅是一项极为沉重的财政负担，而且造成不平衡和各种矛盾。”“从工业发达的国家照搬先进的保护技术，对于发展中的国家往往并无必要，或不甚理想。”“但并不是说，现代化的技术一概不能采用，这是违反保护工作常识的。但是一味指望最新式的设备和物料，往往降低了人们创造性发挥传统技术的自觉性。”这些专家们正在努力探索一种更理想的“混合技术”，从而使传统技术与现代技术在保护文物方面融为一体。专家们的看法，与联合国教科文组织提出在文物保护工作中应“使用传统的技术和设备，以及地方的人力和资源，以适应社会经济现实和现代化要求”是相吻合的。“在中国对于开展保护科学技术的研究，是采取利用现代科学技术手段与传统保护技术相结合的，既要充分利用现代科学技术，又要研究总结和提高行之有效的传统技术”的方针，也与前面提及联合国教科文组织对文物保护提出的“使用传统的技术和设备，以及地方的人力和资源，以适应社会经济现实和现代化要求”的要求相一致。

对传统文物保护技术的研究和运用传统技术保护文物的实践，世界各国都做出了自己的贡献。中国在这方面也取得了丰硕成果。如用传统技术保护与修复青铜器。传统技术在青铜器的保护和修复技术中占据重要地位。从修复技术看，运用的主要方法有锡焊接法、打制法和修配法。这些方法单独使用或并用，将残破的青铜器复原，然后用胶水调颜料涂抹，再涂黄蜡一层，这样可以成为完整器。

锡焊法，是指将烙铁加热，衔挂锡在青铜器的断口处进行焊接，这是焊接青铜器的主要方法。此法的运用，不仅技术性强，而且需具备有关青铜器的知识和对青铜器保护状况有较深的了解。如对修复对象的腐蚀程度、锈层下面的花纹及铭文所处位置的了解，以便选定最佳的焊口位置，以增强悍接强度和避免花纹和铭文遭受损坏。

锤打法，指用木槌锤打青铜器的变形部位，使变形的青铜器恢复原状。这是整修变形青铜器较常用的方法之一。对韧性好、胎薄及腐蚀轻的青铜器，也可采用模压法矫形，但用此法需预制锡质内、外模具，尔后缓慢加压，并要随时观察变形的恢复是否正确，以便及时调整，对经模压矫正后仍有微小变形，可采用锤打法继续矫正达最满意的程度。而对弹性差、胎壁厚的青铜器不宜采用锤打法矫正，可采用锯解变形部位，矫正变形后，再行焊接成形的方法。

补配法，指对残破不全的青铜器进行修补，使其恢复为完整器的方法。其具体方法有多种，有的用锡补而成，有的用铸形补配或用紫铜片锤补而成，等等。

铁器的传统保护技术，主要是采用传统的方法——机械去锈法。此法主要是用于除去锈层，至于去除的程度及范围，可根据保护需要进行控制和掌握。此外，对铁器锈层的去除，还可采用加热剥离法，即对已被锈蚀的铁器进行适当加热，使其锈蚀部分受热膨胀，至冷却时又收缩，如此反复，热胀冷缩，锈层遂于器体剥离，从而达到除锈目的。不过，如若铁器只轻度有锈，一般应带锈保护为宜，即便锈蚀严重，也只能除去外层疏松锈，内层锈仍保留，以稳定强化它对铁基体的保护作用。

二、利用现代科学技术保护文物

利用现代科学技术保护文物，系指把一些现代科学技术引入文物保护领域，运用于某些文物的保护和维修。主要是对某些馆藏文物的保养和修复，以及对某些不可移动文物的保护和维修。现代科学技术被引入文物保护，始于20世纪50年代，所取得的成果已越来越丰硕。保护的对象不断扩大，保护的效果良好是其标志。

（一）青铜器的保护

这主要是运用于防治“青铜病”，它是一种破坏性很强的一种氯化物粉状锈。防治时是将氯化物转化为不含氯离子的稳定物质，或将氯化物用化学和物理的方法封闭起来。其采用的具体方法有：碱液浸泡法、氧化银法及苯骈三氮唑法。

（二）铁器的保护

铁器所含腐蚀物较多，主要有铁的氧化物、氯化物、硫化物、碳酸盐等对铁器具有较大的破坏性。其中氯化物尤其是铁器锈蚀的活跃因素，经检测若存有氯离子，应立即除去。其具体方法有：用蒸馏水多次浸泡，用倍半碳酸钠溶液浸泡，用电解法清除。此外，用碳酸环已胺和亚硝酸二环已胺缓蚀剂，可预防铁器腐蚀或阻滞腐蚀。

（三）竹、木、漆器的保护

竹、木、漆器类文物出土时，一般都存在饱水的问题。解决这一问题除采用传统的脱水法外，亦可用聚乙二醇渗透加固法、胺醛树脂渗透加固法、冰冻真空干燥法、醇—醚连浸法等。而对竹、木器进行保护还需防虫蛀和霉菌的侵害。常用的杀虫灭菌的熏药剂有甲醛、二硫二碳和环氧乙烷等，或用药剂浸透，另亦可用氧化钠、五氯苯酚等溶液喷涂、注射、浸渍或减压渗透等。

总之，现代科技手段被运用于文物保护的情况已越来越多，而且前景看好。但这里必须强调的是，在运用现代科技保护文物时，一定要认真研究和试验，根据不同保护对象的质地、工艺、保护和损坏情况，用最佳配方、最精细的工艺，谨慎处理。切忌用同一配方去处理不同对象。

三、文物保护中的专门技术

文物保护中的专门技术，系指采用某一技术手段保护某一类或某些类文物而形成的技术。这是由于馆藏文物和古建筑中所处时代、地区及所用材料、工艺、特点不同，其保存状况也不同，而决定了对它们进行保护时，必须采取不同的、相应的技术手段加以保护。所选用的技术依保护对象的实际情况而定，既可以采用传统技术，也可以选用现代科学技术。在中国，往往是采用传统技术与现代科学技术结合进行，而形成具有中国特色的文物保护技术。

（一）漆器的脱水

在考古发现的漆器中，保存完整或较好的漆器，往往都是饱水漆器，因而漆器出土以后就有一个脱水问题，否则就会干裂乃至变形。对新出土的漆器（竹器、木器、竹筒、木牍的处理与漆器相同），应先行浸泡于水中，并以缓慢的流动水或蒸馏水浸泡效果为最佳。尔后，可采用传统的缓慢干燥法对含水率在 60% 以下而又腐朽不严重的杉木胎漆器进行脱水处理。其具体的操作方法主要有：一是把湿漆器置放于较阴暗潮湿处，反复铺撒干纸屑吸水，直至干燥为止。二是用宣纸包裹湿漆器十数层至百层，放陶器内加盖，使其逐渐阴干。三是把湿漆器埋放在湿木屑或湿砂抑或麦草节内，使其缓慢干燥等。

（二）纺织品类文物的保护

纺织品文物（含丝、毛、棉、麻等古代纺织品）属有机物品，是较难保护的对象。往往会因自身材料、染料结构和性质不稳定等内因及受到外界光（阳光、灯光）、湿度、温度、微生物等外因的影响，而导致强度的降低或褪色。保护实践表明，以创造低温和干燥的环境加以保护为最佳。因而对其保护措施主要如下：

1. 控制温、湿度

收藏纺织品的文物库房或陈列用的展柜的温度，以控制在 14 ～ 18℃为宜，夏季不高于 25℃，其温度变化控制在 2 ～ 5℃；相对湿度应控制在 50% ～ 65%，变化不应超过 3% ～ 5%，因过于干燥会引起干裂、脆化。

2. 防止阳光直射，尽量避免外界光的影响

收藏纺织品的文物库房或陈列的展室，要防止采光中光线直射，尽可能降低光照度及减少曝光时间。珍贵的纺织品文物不宜拍照，若确需拍照则要严格控制照明度。

3. 防虫蛀和霉菌的侵害

可采用传统办法和现代科技手段相结合，如用樟脑精，或用环氧乙烷、溴甲烷类气体熏蒸消毒，抑或用防霉剂甲醇或溴丙酰胺的水溶液，喷、浸之。

4. 对纺织品进行加固

如用丝网膜托衬，即将脆弱的纺织品残片，按其纹理或密度拼接，粘贴在单根蚕丝制作的各种规格的格网上，使纺织品有一个柔软的新骨架，置于垫有棉花或丝绵的有机玻璃盒内保存，或只衬托丝网，夹在有机玻璃片中封存。另亦可采用裱托法加固，即按装裱书画的方式裱托纺织品。

（三）纸质类文物的保护

纸质类文物也是较不易保护的对象。经处理后的纸质文物有防虫蛀、防霉菌的好处。保护纸质类文物时可采用甲醛蒸气和环氧乙烷气体等熏蒸，或用四氧化三铅（俗称红丹）制成的防虫纸以防虫菌对纸张的侵害。出土的纸类文物，还存脱水、脱酸问题。纸张脱水法，可采用缓慢干燥法或置放于蒸笼蒸之。纸的脱酸法，可用氢氧化钙溶液或硫酸氢镁溶液浸渍，约 20 分钟纸的酸性即被中和。

第五节　文物保护和维修

一、文物保护和维修的原则

文物保护和维修的原则是保持现状或恢复原状。这是文物包含了它产生的那个时代各方面的信息所决定的。所谓现状，是指现存事物的现状，它可能是原状，如青铜器原件，又如保存原貌的石窟寺等，即未经后人修复、修葺过的文物。但也可能不是原状，因有的青铜器原件曾被后人（非近现代）修补过，又如有些古建筑被修葺或重建过（非近现代重建的），此类文物已不是原状，因而不能把“原状”理解为最早的形态，有些文物在历史长河中历尽沧桑已不纯属最早的形态。所谓原状，只是相对而言，有的确实堪称原状，有的则是产生后历史形成的现状。所以各类文物的原状的内容，既有相同之处，又有各自特色。一般而言，所谓文物原状应包括以下几方面：文物构成的材料与文物形式、内容及工艺；文物规模（或范围）、布局（或分布）及其相互关系；建筑结构、形式和营造法；文物周围的地形、地貌及自然环境等。

世界各国对文物的保护，都有各自的保护原则。中国早在 1961 年制定的《文物保护管理暂行条例》就规定了“保护现状或者恢复原状”的原则。在开展文物保护的实际工作中，又确定了古代建筑的修缮实行“保养为主，重点修缮，维持不塌不漏”的方针。1982 年制定公布的《中华人民共和国文物保护法》第十四条又进一步明确规定：“核定为文物保护单位的革命遗址、纪念建筑物、古墓葬、古建筑、石窟寺、石刻等（包括建筑物的附属物），在进行修缮、保养、迁移的时候，必须遵守不改变文物原状的原则。”这是我们进行文物保护与维修时必须遵循的原则。

二、文物保护和维修技术

文物保护和维修技术，受文物保护和维修的原则所制约，同时也受保护与维修对象所制约。不同的保护和维修对象都应有相应的专门的保护和维修技术。如古建筑的保护与维修，一般是本着以预防为主，维修为辅的方针。如古建筑保护中的防潮、防漏、防火、防雷、防震等问题，主要是依靠工程技术来解决，而对虫害、鼠害、鸟害的防患则主要采用工程技术和化学处理相结合的办法加以解决。如若遭大气污染的危害，则要除对污染源进行处理外，还要防止在文物保护范围内新出现污染源。

古代建筑的保护维修工程，由于维修对象的损坏程度和使用不同，因而所采用的维修措施和要求也有所不同。就中国的古建筑维修情况来看，大致可分为以下几类：

（一）保养工程

系指不改变建筑物原来结构而进行经常性的小型维护工程。也就是在不改动原结构（如梁架木大小）、外貌（如建筑形体）、装修（如门窗隔扇）、装饰（如彩画的图案与色彩）的前提下，对古建筑进行保养维护。如屋顶勾抹以防漏、局部揭瓦以补漏。又如对柱或梁架抑或墙壁等进行简易的支顶加固。再如疏导排水设施，复如庭院和环境的清理等。凡此均属保护单位或经批准使用的单位应做的经常性工作。

（二）抢救工程

系指建筑物（如梁架、墙体、壁画）发生严重危险而危及建筑物安全时采取的紧急措施。如支顶、捆绑、牵拉、堵挡等。此类工程需在认真进行技术检查的基础上，拟定加固施工方案，经有关行政管理部门批准后，在技术、材料、经费、施工力量等条件具备时方可进行修缮。在修缮过程中忌用灌式固结法，以免妨碍以后修缮工程的进行。

（三）修缮工程

修缮工程指对古代建筑进行较大的修缮。其工程范围包括揭宽瓦顶、局部或全部拆卸木构架、更换或拨正歪斜梁架等。拟进行此类修缮工程时，必须先行做好勘测工作，在充分研究的基础上制定详细的实施方案，征求有关专家意见，并按照文物保护单位的级别，向上一级有关行政管理部门履行申报批准手续后方可施工。

（四）修复工程

修复工程指对古代建筑或纪念建筑的基址留存而地面建筑已残缺不全，或已荡然无存的复原工程。抑或对有的建筑经历代增添、歪曲的部分的复原工程。进行此类工程须十分谨慎，必须先行查阅原有资料（有关文献、图纸、绘画、照片等），勘测、清理原来的基址，弄清其平面布局及尺度等，在掌握了充分的科学资料的基础上，制定修复方案和进行设计，并履行报批手续后方可实施。

（五）迁建工程

迁建工程指为解决保护文物与基本建设的矛盾，把文物保护对象依原貌迁往他处的保护性工程。这就涉及拆与复原问题，因而要求在拆迁之前应对拟拆迁的建筑物做好详细的勘测、拍照、绘图、记录等工作，选好新址，制订详细迁建计划，履行报批手续后方可实施。

（六）保护性建筑工程

保护性建筑工程指为保护碑碣、雕刻、造像、金属铸造物等文物安全而增建的保护设施。如建保护石碑的碑亭等。进行此类工程时应注意新建的保护性建筑与保护对象的时代风格及环境风貌相协调。

三、维修工程设计

上述各类古代建筑的修缮、修复工程中，无论是拟用哪类工程，都必须拟订方案和进行工程设计。其主要内容应包括以下几方面：

（一）拟订方案

其主要内容是对拟修缮的对象的现状及属何类性质修缮工程的文字说明；经费预算及经费来源说明；现状实测图；修缮设计方案图；现状勘察报告（含历史沿革、法式特征、现状残破情况、必要的线图、照片等）；修缮的起讫时间和工程要求。

（二）技术设计

其主要内容是修缮对象的修缮设计图及施工详图（含文字说明）；工程费预算（含设计预算总表、工程量计算表、材料总表）；现状照片或图（含残破状况和法式特点）；拟用材料（含必要的材料试验报告）等。

在古建筑修缮方面，在中国，以富有中国特色的木构古建筑的修缮工程为最多，并积累和形成了自己的技术系列。

1. 瓦顶保养与维修技术

对于木构建筑来说，瓦顶起着重要的防护作用，因而瓦顶的保养显得至关重要。对瓦顶保养的主要措施是：除草和勾抹。除草可采用人工拔除和喷化学除草剂除草两种方法。前者宜选在春天或初秋进行，并务求拔草除根，后者要选用对人畜和建筑物均无害的药剂。在除草过程中，往往会造成瓦缝松动或勾灰脱落，长期的风吹雨打日晒也会出现此种情况，因而要及时清扫瓦垄，及时用灰勾抹严实，以防漏水。而如若发现瓦顶漏水严重或维修梁架需要允许进行揭宽维修。但在揭宽前，必须先行做好现状的文字、图、照片记录，对瓦件（含瓦当）及艺术构件（雕花脊筒、大吻、小兽等）进行编号、计数、绘制编号位置图并注明名称和编号，以免定瓦时装错位置。在拆瓦件时一般先从檐头开始，逐垄进行。坡面瓦拆除后，依次拆卸翼角小兽、戗脊、垂兽、垂脊、正脊，最后拆卸大吻。重新安装前，对各种瓦兽件进行清理或挑选，在加固或修复时要尽量使用原件。必须重新烧制的瓦兽件，需尽早拟计划，挑出样品，由窑厂复制。拆瓦后（未设苫背层者除外），即见屋顶的苫背层（起防漏和保温作用），此层构成南北方有别，南方一般仅用灰泥背，而北方则自下而上由护板灰、灰泥背、青灰背三层构成。其中护板灰的材料是由白灰、青灰、麻刀等调配而成，其重量比例是 100 ：8 ：3。由于该层处于隐蔽处，可选用新的防水材料替代，即在望板上先刷冷底子油一道，再铺二毡三油防水层。或在望板上刷沥青膏一道，再抹护板灰。而灰泥背所用材料南北方有所不同，如北方常用掺灰泥，其体积比例为 1 ：3 或 1 ：4，泥内另掺麦草或麦壳，一般是每 100 公斤加 5 至 10 公斤。明清宫殿建筑不用麦草，而用麻刀代之，即泥灰与麻刀的重量比例为 100 ：5。南方则多见砂灰背，亦见蛎灰苫背。此外，还有用焦渣背者。至于青灰背，其用料比例与护板灰同，系待泥灰背七八成干后，再抹上的，此青灰背厚约 1 至 2 厘米。当苫背层维修毕，遂可进行宽瓦。瓦件底部需用灰泥垫牢，底瓦下垫4至5厘米，筒瓦下需用灰泥装满。灰泥料重量比为1 ∶ 2 ∶ 3，也有在泥内加麦草或麻刀的。焦渣苫背苫宽瓦，可用细焦渣调白灰，其体积为2 ∶ 1。宽瓦毕即安装翼角小兽、戗脊、垂兽、正脊和大吻等。

2. 梁架维修技术

古代建筑中的木结构梁架是由梁、柱、檩、枋、斗拱构成。无论哪一构件受损，都会危及建筑物的安全。因而对梁架的维修是修缮工程的主要项目之一。一般是根据建筑物梁架损坏程度，而采用偷梁换柱、打牮拨正或落架重修等不同方法进行。所谓偷梁换柱，系指更换个别损坏的梁、柱。如更换檐柱，先用千斤顶或华杆支牢柱头的梁、枋、斗拱，卸去残坏柱的荷载，接着将残坏的柱撤出，换上预先仿旧柱制作的新柱，最后归位，即将斗拱归回原位，安插好柱头与额枋、大斗等相交构件的榫卯。所谓打牮拨正，是指对梁架主要承重构件基本完整的歪闪梁架进行拨正的方法来调整。所谓落架重修，系指建筑物的主体构架中的大梁和柱子残损严重需进行局部或全部拆卸进行维修或更换某些构件再归位。

3. 油饰彩画维修技术

古代木构建筑，一般都有油饰彩画装饰兼起保护木材作用。但因年久失修常常出现地仗损坏、油饰残毁、彩画脱落等现象而需进行维修。地仗维修，若遇地仗破裂，可用细腻子或细灰通抹，将缝内挤严，平后磨平擦。发现灰麻地仗空膨处，可按原做法控补。遇局部残缺，按原法补平。若已大部分残损，可全部铲除，依原法重新制作。油饰维修，一般需先刮去残损油皮，依原法重新做地仗。待地仗干后，用桐油与颜料调配至原色，重新刷上油。彩画维修，如遇原彩画破损严重，确需重新绘制时，必须先按原来的色彩详细描绘旧有的彩画画面和文字记录，待地仗做好后，再将依临模的画面复制上去。如果原彩画已荡然无存，复制无根据，则不宜再彩画，而可采用“断白作旧”法或“多色断白”法代之。前者是在新旧木构件上通刷土红油2至3道。后者是将连檐、柱子、门窗刷暗红土油，而额枋、檩、椽、斗拱刷灰绿色或灰蓝色，以求达到近似原状的效果。最后，为防止彩画褪色或变色，可选用胶矾水、桐油进行表面封护。

以上所介绍的是运用传统技术维修木构古建筑。至20世纪70年代初，开始把现代科学技术引入古建筑维修。主要是运用高分子材料加固残坏构件。如木柱、梁、斗拱等构件朽损、糟朽或梁、枋大木构件榫头朽坏，可选用 E-44 环氧树脂粘接加固，继续使用。又如木柱糟朽中空（多见于北方）或遭白蚁蚀空（多见于南方），采用不饱和聚酯树脂加入适量填料进行浇注加固，使中空柱子保留下来，其强度不亚于新替换的木料。再如维修劈裂的大构件，除粘接外，还应在关键部位做环氧树脂玻璃钢箍加固，此法不仅操作简便，而且工艺精细，可不露痕迹，既增强牢固性，又不露出维修痕迹。

对木构古建筑的保护，除需有一套专门的保护维修技术外，平时的防护也很重要，因而也需有一套行之有效的专门的防护技术和设施。如防火设施，由于木构或砖木结构建筑易于引发火灾，因而需开辟消防通道、解决灭火水源，必要时可安装自动喷式消防设备。需设置沙袋、水桶、泡沫灭火机或干粉灭火机等。又如安装防雷设施，单体建筑可仅用避雷针，而建筑群则需采用避雷针与避雷网相结合的方法来安装避雷设施。再如防虫技术，木构古建筑的构件易遭霉菌和虫蛀的侵害而糟朽、霉烂、中空等。在维修时，北方地区可在墙壁内的木柱部位，位于墙外、柱根处、留通风口及在木柱外表涂刷防腐剂。而南方地区因多雨潮湿，木构古建筑不仅需防糟朽，还需防白蚁、木蜂蛀蚀。实践证明，防治白蚁，用化学药剂毒杀效果最佳。常用亚砷酸分别与水杨酸、升汞、砒红等调配，地区不同可选用适合本地区用的配方。“六六六”粉也是灭白蚁较好的药物之一。此外，也有采用土坑诱杀法、灯光诱杀法或挖巢法灭白蚁的。防治木蜂，采用氯丹油剂效果较好，油剂浓度一般为 1% ～ 5%。如用棉球堵塞洞口，需用 5% 浓度的油剂浸蘸。若向洞内喷注或在木构件喷涂，则用 1% 浓度油剂。此二法均以晴天傍晚实施效果较好。

第八章　文物展陈设计研究

第一节　展陈设计概述

一、展陈设计的定义

展陈活动具有主动性，指的是公众参与的活动。公众是展陈活动中信息交流与传递的主体，在接收信息的同时反馈信息。公众参与展陈活动，动手操作或进行互动交流，这个行为过程本身已经超出“展”字所包含的行为范畴。而“陈”的外延除含展示之意外，还有陈列的含义。

在现代社会，由于涵盖内容之繁，涉及范围之广，展陈业已经成为一门综合的信息服务产业，也是以创造愉悦舒适的信息传达环境为目的的综合服务业。现代展陈空间范畴主要包括展览会，如博览会、交易会等；展示场，如剧场、商场等；展示馆，如博物馆、美术馆、纪念馆等；展示园，如动物园、植物园、世博园等。

展陈设计是一种综合性设计工作，以招引、传达和沟通的方式进行有目的、有计划的形象宣传，并为满足形象宣传的需要进行互为补充或共荣关系的空间环境设计。展陈设计采用一定的视觉手段，借助道具、设施和照明技术，通过展陈空间环境的创造，将一定量的信息内容传达给参观者，以期对观众的思想、行为、心理产生有意识或潜在的影响。

二、展陈设计要素

纵观各种展陈设计，博物馆的展陈设计要素尤为鲜明且具有典型性。博物馆是保存、展览和宣传人类文化遗产，为大众提供鉴赏和教育的社会公共机构。中国博物馆主要有艺术类、历史类、综合类、科学与技术类四种类型。博物馆展陈体系主要由专题陈列、基本陈列、临时展览三个部分构成。一般而言，博物馆陈列是在一定空间内进行的，必须要有符合自身要求的展陈设计形式与空间布局，这样才能满足博物馆的展览需要和参观者的审美需要。

（一）空间布局

空间是一种无形的事物，是根据我们对于形式要素所限定的空间界限的感知而形成的区域范围模式。形式是指事物和现象的内容要素的组织结构和外在形式。空间的形成来源于形式的限定，通过物质手段的围合规划创造空间的体积，不同的大小、界面、造型、装饰等要素都影响空间的形成状态。在空间设计中，形式是能够让空间创造出表现效果的主导。

一个博物馆展览陈列的成功取决于诸多方面的因素，就其形式设计来说，空间与流线设计是最基本的要素。整个建筑空间应根据人流动线，在平面划分上避免作用力的平均化使用，重点突出，以点带面，同时各展厅设置适当的视觉中心，以提升参观者的兴奋点，给其留下较深印象。

对于场馆设计来讲，合理的平面功能和里面布置显得尤为重要。如果处理不当，那么对于参观的人来说会造成不良的视觉效果。空间设置依次布局，把握参观节奏十分重要。在视觉分割处理上，设计者需要运用比例的转换、空间形态的对比、材料的穿插以形成在平行面张弛有序、递进适度的空间节奏。

博物馆空间的主体是社会各种层面的人群，而非局限于个别族群。随着博物馆功能的不断增加，人们到博物馆的目的不同。这就要求设计者在博物馆的空间规划、流线划分设计中要考虑不同群体的需求，从而减少不必要的周折。

在一定程度上，博物馆空间艺术形式的美是设计者对历史演进轨迹以及当下社会生活进行观察、体验、思考、创作的结果，其独创性能够成为人们生活态度的指向标，使人们产生向往、追求，进而改变生活本身。

（二）艺术氛围

由于场馆展陈活动都是长期固定的，并且展品多以珍贵的历史文物和文献为主，所以在设计上审美层次应从形式美感转向文化意识，从过去的为装饰而装饰或一般地创造气氛提高到对艺术风格、文化特色和美学价值的追求以及意境的创造中去，充分考虑展示的环境空间、交通流线、照明采光、展品安全、欣赏效果等，采用先进的技术手段，以既含蓄又鲜明的室内设计风格来展现自身文化的艺术内涵。

氛围就是内部环境给人的总印象，艺术氛围就是内部环境通过艺术作品或其他物件的设置给人在视觉上和心理上的艺术感受。它的内涵是丰富的，形式是多样的。室内环境需要一种什么样的氛围，主要由空间的用途和性质决定。在住宅之类的建筑中，其环境还与主人的职业、身份、性别、兴趣爱好等有关。换句话说，用途、性质和使用对象不同的空间，应给人以不同的感受。艺术氛围的创造一定要与空间的用途和性质相一致。而要做到这一点，设计者必须要做认真的思考和分析。在室内营造艺术氛围和饰品的经营布置是室内装潢后续的一个重要环节，也是室内装饰个性化、艺术化的外在表现。饰品装饰性效果的展现有其讲究的方法以及原则。饰品的选择与布置的艺术价值对空间装饰的风格和质量起着决定性的作用。饰品的运用不仅为装饰环境扩大了视觉的享受，还为空间注入了更多的艺术气息和文化内涵。

博物馆自身具有承载和传播文化的社会功能，并且经常是所在城市文化地图的重要一环，因此其展陈设计应考虑地域特色和历史文脉。很多地域文化符号独具装饰情趣，其与现代化的技术手段相结合，能够使博物馆的室内设计，展现出特有的文化特质和视觉意趣。在设计路径上，设计者应发掘当地文脉特色，尊重原有文化背景，延续历史脉络、文化格局。在室内的设计风格上，设计者应提炼相应的设计元素加以融合，更好地展现地域文化特色。

（三）色彩运用

色彩是大自然赋予人们的财富，也是人们共同拥有的一种语言。因此，在对博物馆进行展陈设计时，设计者一定要在展示空间中将色彩所具有的功能表现出来，进而使人们的情感需求得到满足。展览活动从其规模上一般可分为大型展览、中型展览和小型展览。无论何种规模的展览，就其共性来讲，都具有鲜明的主题性。

在展陈设计中，色彩的统一可以把展品的竞争关系或互相排斥的紧张力调和起来，让它从属于一种有秩序的主调。从这一层面看，色彩是影响甚至决定博物馆展陈艺术水平的重要原因。一个陈列的主题和内容要结合多方面的手段才能完美表现出来。而色彩的运用是其重要的表现手段之一。色彩的运用不仅在深化陈列主题、突出展品方面有重大作用，还影响着陈列的整体风格。

比如，社会历史性博物馆的陈列色彩多以沉静色调为主；纪念馆多以兴奋色调为主；民族、民俗性博物馆应尊重该民族的传统色调；艺术性博物馆的陈列色彩以沉静色调为宜；自然性博物馆的用色应更贴近自然科技性博物馆，以沉着的中性色为佳。

色彩在视觉传达中有先声夺人的重要作用，设计者需要运用色彩先被观众感知的特征创造性地进行色彩配置，使展陈的主题得到更全面、更完美的阐述。例如，象牙色、米色等细腻、温馨、精致的色彩情调非常适合用来营造历史博物馆的氛围。另外，设计者可以利用电子技术和专业照明系统的光色效果，如光导纤维、荧光胶管、塑料灯带、激光技术等新兴的光电技术，打造不同光亮的效果，以渲染气氛，增强展品的吸引力和感染力。

博物馆展示设计重在突出色彩，以提升整体设计的内涵与构思。主展厅作为整个展会的核心，其色彩的运用不仅要起到烘托展品的作用，更重要的是运用自然光与人工光切换，营造色彩斑斓的主题，以促使参观者沉浸在博物馆环境中。而色彩本身的视觉识别性也可以用来进行博物馆室内的空间区域划分，让参观者在纷繁复杂的展示内容包围下产生较为清晰的参观逻辑。

（四）多媒体技术运用

多媒体技术专指电脑程序中处理图形、图像、影音、声讯、动画等的电脑应用技术，即利用电脑把文字、图像、影像、动画、声音及视频等媒体信息数字化，并将其整合在一定的交互式界面上，使电脑具有交互展示不同媒体形态的能力。它极大地改变了人们获取信息的传统方法，符合人们在信息时代的阅读方式。多媒体技术的发展改变了计算机的使用领域，使计算机由办公室、实验室中的专用品变成了信息社会的普通工具，广泛应用于工业生产管理、学校教育、公共信息咨询、商业广告、军事指挥与训练，甚至家庭生活与娱乐等领域。

从扁平化的设计风格开始流行到现在成为一种设计原则，信息的传递变得快速又直接。因为设计的最终目的是传递信息，省略无必要的修饰是必然。

未来是全空间的智能化生活，而我们在通向它的道路上还要经历很多的革新。现在是移动媒体终端炙手可热的时代，而产品的软硬一体化、信息跨平台的网络共享化也在迅速发展，不久的将来智能终端会逐步成熟，当科技、媒体和艺术三位一体共同进步时，新的时代就将开始。

博物馆展陈设计中运用多媒体是在新时代的背景下，为了满足展陈和受众的新需求所采取的新尝试，是博物馆数字化发展的新标杆，也是未来博物馆展陈设计发展的方向。作为一种有效且速度的信息化手段，多媒体在博物馆展陈设计中的运用能够更加全面、更加直观和快速地传达主题信息，使参观者获得全新的参观和学习体验。

在博物馆展陈设计中，多媒体技术的介入从艺术形式和内容上都表现出与传统展陈设计完全不同的走向。它所呈现出的互动性、虚拟性、综合性、娱乐性等多种独特的艺术特征推动了展示设计的新发展。多媒体技术的产生与发展使博物馆旧貌换新颜，那些曾经生硬枯燥的知识在多媒体交互技术的改装下，正通过多媒体设备“主动”地与参观者进行交流沟通，带着参观者愉快地观展。

三、现代博物馆展陈设计取向

国内外博物馆陈列设计先后历经了传统的单一图板展示、文物摆放陈列阶段，以及图文展示陈列与静态场景化设计相结合的阶段。进入21世纪，信息传播的全球性、快捷性给博物馆的展陈设计带来了新的思考。博物馆的展陈设计如果只是停留于传统意义上的以图文为主的视觉效果展示，其存在和发展的意义就会越来越窄。例如，历史博物馆的展陈，如果单纯地依靠历史图片、实物来传递信息，便很难满足当代人对历史时空的真切感受。大量的图文、实物资料完全可以通过网络、影视等各种视觉传播途径，让人们感知、了解历史。

因此，伴随信息化社会的进程，博物馆展陈设计无疑会面对设计理念、展陈功能的转化，空间维度的拓展，展陈手段与技术运用的更新等一系列问题。

当今博物馆的功能与类型已走向多元化，其展陈设计越来越强调人的参与和互动，关注空间场所精神及展陈内涵的表达，注重寓教于乐的展陈效果，陈列形式向交互式、场景式、参与式转化。同时，高新科技的发展使得博物馆进入了数字化、集成化、网络化、智能化的数字化博物馆设计时代。

（一）创造最适宜的陈展与观展空间场所

在信息时代，发达的信息网络与传媒给现代人的生活方式带来了新的体验。比如，网络以其自身的特点改写了人类在空间中的活动方式，使各个处于不同地理位置上的人，能通过电子技术的联结，在虚拟环境中互动。同样，发达的信息网络与传媒可以让人们无须走进博物馆的真实空间，足不出户就能快速地了解到各类博物馆的陈设内容及主题。

从现实情况看，寻求情感上的共鸣和心灵的触动、追求现场空间的真实体验和感受主题空间营造出来的气氛和情境是公众参观博物馆的初衷。

现代博物馆的陈列设计越来越依赖空间的创造来表现展馆特有的文化内质和场所精神，展陈空间已成为设计的重点。陈列空间设计从围绕着局部的展品组合拓展到对展厅空间意境的创造和展馆整体空间环境的营造，甚至扩展到对整个外部环境空间的整合设计。不断拓展和充实展陈空间内涵，营造一个与博物馆内容主题、文化特征、环境特质相吻合的“陈展与观展空间场所”，为观展者和陈列展品创造一个最适宜的观展与陈展空间，是现代博物馆展陈设计适应时代发展要求的必然结果。

（二）强调参观者的情感体验和参与性

从时代的发展角度来看，“寓教于乐”是现代教育特别提倡的教育方式。在当今社会，满足公众的娱乐性需求已经与满足公众的教育性需求一样，成为博物馆一项重要的社会功能。因此，现代博物馆展陈设计在重视功能、人体工学原则的基础上，还应进一步正视和尊重人的需求，促成参观者与陈列内容在情感上的共鸣，真正把参观者引入解读历史真实、见证辉煌文明、增长科学知识、陶冶艺术情操的展陈空间中。

（三）关注人的空间体验

在过去相当长的一段时间里，博物馆满足于单一的交流形式——看。参观者边走边看，他们的眼光从展品游移到文字说明，经过一个个展室，以此来完成与展品的“沟通”。

当代博物馆展陈设计更加注重参观者与展品的互动与交流，注重扩展人们的生活经验、经历和感受，以促进参观者与空间、环境的对话。博物馆陈列形式不仅是陈列内容的载体，也是情感的一种传递方式。人们常说的“场景令人感动”“场面震撼”“气氛庄严”等，其实并非指博物馆本身令人感动、受人喜爱或者敬仰，而是因为在博物馆及其所形成的环境、空间、场所中凝聚着人们特定的情感体验和丰富的精神生活内容。

从强调视觉之美到追求人性化的空间感受，从静态的观展到动态的空间体验，博物馆展陈空间已逐渐成为展陈设计的主角。人与空间、展品与空间的互相融合、互相渗透，使当代博物馆陈列空间设计呈现出空间多义化的趋向。展陈空间基于人的体验而不是展品的原因而存在。这是现代博物馆展陈设计关于展品、建筑、参观者之间关系的一种阐述。

有时，博物馆展陈空间以其独特的空间魅力和空间体验诠释博物馆的精神内涵，足以让参观者不去关注博物馆陈列展品。这说明，在传递博物馆的主题内容中，陈列空间与陈列展品具有同样的功能。

（四）展陈、建筑、环境的一体化设计

展陈设计中需要综合考虑博物馆建筑及其外部环境与展厅陈列空间的关系，应关照展陈内容、建筑空间形态和地域环境特征三者之间互为依存的关系，避免三者间的分离、冲突与对峙。一方面，设计者需要把建筑的美感、文脉、外部环境的地域特征融入陈列空间中；另一方面，设计者要注重将陈列内容的精神内涵向建筑空间及其外部环境空间予以渗透。这种互为转换与融合有利于实现展陈内容、建筑空间形态与地域环境特征三位一体的整合。

在博物馆的改扩建中，相关人员应保持“一脉相承”的延续性，本着去其糟粕，留其精华的原则，有选择地吸取和传承原馆建筑形态、环境空间、陈列手法的精髓。这种传承可能是一种空间尺度比例的延续，也可能是一种肌理、饰材、色彩的借鉴。例如，苏州博物馆通透开敞、景随人意、步移景换的设计充分体现了建筑、室内陈列空间与园林景观的和谐统一。

（五）形式与内容的完美结合

博物馆展陈设计应体现形式与内容的完美结合，并以最佳的视听观展效果将博物馆陈列主题和内容呈现出来，使整个展览主题思想能够深刻映入观众脑海，让参观者在了解历史史实的同时，得到情感和精神上的升华。这其中，空间分布、展线安排、场景设置、展品陈放、展具工艺、灯光效果、视频媒体、声光特效、图文展板、雕塑绘画、装修饰材等一系列设计要素都影响着展陈效果。

技术与艺术的完美结合也是现代博物馆展陈设计的一个趋向。在博物馆展陈设计中，设计者除了要合理解决展览功能和常设的工艺技术问题之外，更重要的是赋予展陈空间以特定的意境和艺术气息。这是博物馆有别于一般的商业或公共空间设计的一个特质。

第二节　博物馆展陈空间设计

一、设计总体构思

设计总体构思一般是指博物馆陈列布展的总体设计思路和全面规划。其主要包括展陈主题及内容的确定、展陈空间的整体布局、展陈效果和艺术风格的把控。总体设计贯穿整个工程建设和陈列布展的全过程，并已扩展到博物馆的建筑设计和外环境的整合设计中。

博物馆陈列布展的总体设计构思需基于展馆的类型和功能而展开。不同类别的博物馆其馆陈属性和展陈主题不同，必然要有与其相协调的展示设计风格、手段和形式。大量的资料收集、归纳、分析，准确的主题定位，合理的功能使用，展示材料、技术手段的合理选择，设计方案的可实施性。这些是我们在总体设计构思阶段需要综合考虑的。

一个大型展馆的陈列布展设计一般包括以下几大部分内容：博物馆的建筑及外环境的整合设计与景观规划、博物馆的陈列布展设计、附属功能空间的设计及服务设施的完善等。

展馆的陈列布展设计要解决的主要内容：展馆平面分布、参观流线、展陈空间设计、展馆总体的色调、版式设计、照明形式、装饰材料的确定，其他的专项技术设计以及整体艺术效果的把握和推敲等。

由于博物馆展陈空间常常受建筑空间结构的制约。因此，现代博物馆展陈设计一个侧重点就是要准确地处理好博物馆的陈列内容体系、容量、参观序列、流线与建筑空间的合理逻辑关系。此外，博物馆展陈空间设计需严格按照无障碍设计标准进行，展厅安全消防通道设计要符合博物馆安全、消防、保卫等方面的要求与规范。

二、平面规划布局

（一）功能区域划分

展陈空间的规划，需根据脚本的要求，从宏观的角度来分配展陈内容的位置和面积安排和组织观展空间的序列；确定观众流线、功能区域分布。空间的布局和安排应满足参观者的生理及心理两个方面的最佳需要。

根据观展的时序性，大型展馆空间功能区域可分为展馆外环境空间、博物馆展陈空间、辅助功能空间及室外展场等几大序列空间。

设计中可根据展陈内容、观众及内容对顺序性的要求决定平面布局，并从观众参观顺序、人流速度、展陈空间、滞留空间、场景设置、各展厅之间的联系以及展墙、展板的布置，展柜与展台分布等多个方面进行统一考虑。设计师可以用各类总平面和平面分析图示方式来表达展陈空间、公共空间与主要交通空间之间的关系，可以采用轴测图或鸟瞰图的方式来展示各展区之间的空间关系，对主要展陈区或重点展区进行分析。

（二）观展流线设计

观展流线设计应注意与内容的关联性、与平面布局的呼应性，依据展陈内容所具有的内在秩序性，可通过对序厅、展陈重点、尾厅等核心空间的统控，使整体展陈序列左右连贯、有张有弛、富有节奏。此外，重点陈列内容是构成展馆空间观展流线的核心。设计中要视其主次、体积、面积情况，尽量将其调整在展馆中的最佳位置。

参观路线与通道宽度的确定与展出内容对顺序性的要求，观众人流的多少有直接关系。历史类博物馆对展线的顺序性要求高，观展路线设计要求连贯性强。而科技、科普馆以及一些专题陈列馆对时序性要求不高。参观的人流量大，参观通道必须宽大，参观人流少时，参观通道可以窄些。另外，有些展品除近看之外还需要退远观赏，因此参观通道也要宽些。通道宽度设计以 8 ～ 10 组人员计算，主通道宽度不小于 4 米。

观览路线一般是按顺时针方向设计，设计的原则是为参观者提供一条合理、便捷、顺畅且易于识别的引导性参观路线。避免参观路线的交叉、逆流。同时，设计中需考虑参观者可以根据自身的兴趣来自主选择观展路线的需求。

（三）观展节奏控制

在观展过程中，人是在运动中体验空间的，其观览行为是流动而多视点的，基于这一动静结合的展示活动规律。展示空间的设计必然要利用动态与静态的空间组合形式来调控和引导观众的观展行为和情绪。这就要求展陈空间序列处理犹如音乐般流畅，通过对空间序列轻慢缓急、抑扬顿挫、分明有致的把控，让观展者的观展节奏张弛有度。

一般来说，国内博物馆的整体展陈设计是通过序厅、展陈重点、亮点场景及展厅等几大序列空间来调控观展节奏的。在展陈效果上应形成凤头、熊腰、豹尾的艺术特点。

三、展陈空间设计

作为实现博物馆社会功能的展陈设计，其陈列布展设计本身是一个充满创造性的设计过程，是根据当代的设计技术要求，博物馆建筑空间特征，展陈内容，结合一定的地域性、时代性进行的鲜明个性特色的创造。

人们喜爱和认同某个博物馆，是因为它们使人们在物质和精神上获得了一种收益和满足。例如，历史博物馆为人们提供了一个切身感知博物馆丰富的馆藏文物，解读其蕴含的深厚历史文化信息的具体展陈空间场所，因此，博物馆陈列空间的设计，不仅仅是从视觉上创造完美感。如何把观众的情感需求，审美追求，精神境界客观化，即用空间的形式和语言将它们表现出来。在充分考虑到人的观展需求等因素的前提下，将展陈内容在一个个真实而具体的展厅空间中，生动形象地展现出来，是陈列空间设计的真正意义所在。展陈空间的特性如下：

（一）展陈空间的开放性与流动性

博物馆展陈空间是一个面向公众开放的空间，在这个高度开放的空间中，空间并非只是一个局限于三维立体的场地空间，对观展者而言，在展厅空间中走动，时空不断在变化，观看角度与位置在不断变化，人的观展行为是以一种动静交替的过程性活动进行的，观众通过调动视、听、触、嗅等多感官，在动态的观展过程中来全方位地获取展场空间所传达出的丰富信息，观众的观展行为及过程呈现为一种自主、流动和动态的特征。

（二）展陈空间的专属性与观展的时效性

博物馆展陈空间存在于专属的展馆建筑中，而非一般的临时或公共空间环境中。博物馆展陈空间设计属于永久性陈设，其馆陈空间的改扩建周期一般为十年。

观展的时效性指人们的观展活动是在一定的时段内进行的。

（三）展陈空间的文化属性

在博物馆陈列布展设计中，除了要合理解决展览功能和常设的工艺技术问题之外，更重要的是赋予展陈空间以特定的意境和文化气息，展陈空间设计需要深入挖掘博物馆的文化内涵、着力呈现展陈空间的主题和属性，要强调空间整体气氛的营造和观展者的情感体验。

（四）展陈空间的延展性

展陈空间的延展性主要体现在两方面：从实体限定空间向无限时空环境的拓展，这种意识转变强调的是人的参与和情感体验；从实体空间到环境心理空间的延展。

四、基本陈列空间设计

在博物馆的整体建筑空间中，基本陈列空间所占空间比例较大，此空间是博物馆观展活动的主体空间，是博物馆陈列展览及馆藏文物的主要载体空间。

博物馆基本陈列空间的一个根本使命，就是把博物馆的馆陈特色、展陈内容、主题精神予以揭示、彰显，使博物馆陈列空间、展品与环境共同构成一个具有显著特性的统一整体。这一陈列展示空间的创造是陈列展品、空间形态、观展人群的有机结合。

基本陈列空间的设计需强调展陈空间自身的展示功能。避免空间仅成为一个摆放文物展品的地方。设计应围绕展陈内容、主题、馆陈特征来进行形式创意设计。通过对展厅空间形态、展品陈列、展具、灯光、色彩、材料、多媒体技术的综合设计，使每个具体的展陈内容和主题都有一个与之相适宜的展示空间。实现展陈空间与展陈内容的互为映衬、融合，达到相关资讯的多维交流和有效传播的目的。

基本陈列空间一般是由文物展品、立面展板、展墙造型及各类陈列场景空间构成。设计中如何实现人与展品、空间的互动以及光、色、材质等展示设计要素之间的对话关系。呈现出空间的灵性，往往是设计成败的关键。一个好的展陈空间必须具有最佳的展示环境场所、高效的空间使用、舒适的视觉观感和独特的展示艺术效果。空间的限定，空间的功能，空间的节奏，空间的拓展是展陈空间设计的切入点。

（一）基本陈列空间设计要素

基本陈列空间设计要素包括展陈空间创意设计，文物、展品陈列与展具设计，灯光与照明设计，图文版式设计，多媒体与数字信息技术运用以及材料运用与施工工艺等。

（二）设计中的注意事项

（1）平面布局应做到顺序性强、看得全，要尽力减轻观众的疲劳程度。同时，主次通道的宽度要适当，应符合消防、保卫等方面的要求与规范。

（2）善于发现并合理使用新材料、新工艺、新技术来创造新颖的空间形式。立面展墙的造型应简洁，具有鲜明的个性。

（3）展陈内容的安排应力求主次分明、条理清楚。围绕展示主题，确立展具、照明、装饰、材料、工艺等设计要素。

（4）陈列展品、图文展板、标题文字、视频影像，应当从人体工程学的角度，充分照顾到观赏者在视力、视野、视角、视距、视觉容量、视觉感知度等方面的舒适度。

（三）展厅空间立面

展厅空间立面效果通常都是通过二维及三维的深度感体现出来的。因此，展厅空间界面的造型、饰面材料以及依附其上的图文展板设计是体现和丰富展陈效果的主要手段。

（四）文物陈列空间

以大型文物、重点展品结合图文展板、多媒体影像为主的文物陈列空间。

（五）陈列场景空间

根据文物展品的内在关联性，常常将文物展品陈列于与之相关的特定空间环境中，利用展示道具，通过创造出真实感极强的场景，表现展品存在或应用的特定环境空间，形成大型场景化的陈列空间。

设计布置出古代造船制作场地的环境，周围摆放造船的生产用具等，临场感就很强。

五、展陈主题空间设计

主题展陈空间是观展者与展陈内容产生交流、沟通、接受的情感空间，是观展者解读展陈主题的媒介和载体。在展陈空间设计中，不同的展示主题必然要有与之相协调的展陈手段及设计形式，展陈主题是决定博物馆展陈基本特征和基本信息的指南。

在博物馆的观展过程中，观众是以其感官来获取博物馆的各种信息、感受博物馆的特殊体验。因此，展陈的主题及内容应以一种观展者易于接受的空间形式呈现出来，以求达到对观展者心理与行为的有效引导和影响。作为展馆的展陈亮点，展陈主题空间是陈列布展方案设计的重点，在展陈主题空间的设计中，主题空间的特征、基调和氛围需依据展陈主题来确立，设计中，从整体的展陈空间效果营造，到材料的选用、色调的把握以及展陈形式语言和展陈手段的运用，都应较好地表现其展陈主题的实质。成功的展陈主题空间设计应是对展陈主题内容的一种全方位、多层面的全新诠释。并以富有创意的空间形态和新颖的艺术形式来引人入胜。

在博物馆展陈空间设计中，常通过对“主题空间”的重点设计，使之成为展馆的统控空间，达到以点带面、调控观展节奏的效果。展陈主题空间创意设计一般说来是围绕主题的形象化表现和主题的准确诠释，从情感、感官和形态等多层面展开的。为确保设计创意不偏离主题，需要设计者拥有丰富的设计资讯素材和对观展群体、展陈内容、设计要素等全方位的深入了解和准确把握。同时，展陈主题空间的设计风格定位、艺术形式、展陈手段和新媒介技术的运用都应与主题表现相协调。

（一）序馆或序厅空间设计

序馆或序厅空间作为观展人流的集散空间，具有将建筑外部空间与展陈空间衔接的功能，同时也承载着点明展陈主题的空间特性。

序厅空间的设计与创意，要求立意不俗，形式新颖。多以艺术展陈手法，如主题雕塑、浮雕创作来营造富有独特个性的空间，体现展馆的属性和展陈主题。

（二）大型复合场景空间设计

运用各种媒介和陈列手法来再现历史时空，利用典型的空间场景来定格历史瞬间的永恒和传递丰富的解读信息。

以大型场景绘画、置景配以声、光、电等高科技技术手段，通过视觉、听觉、触觉等多感官体验来再现历史场景。如原状复原场景、景观艺术场景、情景再现场景等。

1. 原状复原场景

一般来说，历史场景复原陈列应该严格地按照翔实的历史事实记载进行，原状陈列应以严谨、科学的态度还历史以原貌，给观众身临其境的真实感。

2. 景观艺术场景

强调展览效果的真实性和观众的临场感，通过艺术展陈手段创造出的景观场景再现，给观众身临其境的现场感，多感官的空间体验和参与其中的共享感。

3. 情景再现场景

由仿真高分子硅胶塑像，配以复原景观场景及现代多媒体影像合成营造的展示空间，给观众身临其境的空间体验和真实历史空间的视觉意境。

（三）交互式场景空间

以现代多媒体技术为主要展陈手段的交互式展示空间。如虚拟现实场景、体验式展示场景、介入式场景、幻影成像场景等。

1. 虚拟现实场景

虚拟现实场景与视频游戏类似，在封闭的环境中生成感官模拟。通过将用户与现实的感觉隔离，重视日常生活中常见的物体、景色，并获取视觉和音频反馈，从而使体验者产生处于另外一个地方的错觉。

2. 体验式展示场景

设计应该具有很好的互动效果，感染力和视觉冲击力强。同时，互动展示中的应用技术要相对成熟，具有较好的可操作性和稳定性，设备设施易于维护，具有较好的性价比。

3. 幻影成像场景

幻影成像是近年来博物馆、展览馆设计中运用的一种辅助陈列手段。整个展示系统由立体模型场景、光学成像系统、影视播放系统、灯光、音响及自动控制系统组成。

幻影成像中的影像制作将通过实拍或三维数码制作手段共同制作完成，充分表现人物的生活形态、场景模型、人物影像与灯光的相互转换，给观众以视觉上的冲击。这种表现形式新颖直观，可以给观众留下深刻的印象。

（四）艺术场景空间

强调展示空间的艺术性和创意性设计，这是人们在对物质的需求得到相应满足以后，所体现出来的一种精神层面的需求。展示设计艺术如今已成为人们社会生活的一部分。观众参观陈列展览的过程是一个汲取知识的过程，也是一个审美的过程。通过对展陈空间的艺术化创造，可以更好地突出展陈内容、弘扬主题精神。

由绘画、雕塑、多媒体影像制作等艺术手段创造出的大型艺术场景空间，可将有限的室内展陈空间拓展为深远的视觉空间。艺术场景主题空间主要包括全景画、半景画等大型绘画场景和雕塑艺术场景、微缩景观及模型等。

大型复合场景的制作，普通的设计图纸难以表述得完整，制作过程的艺术效果把握需要设计师的现场指导，一些艺术效果的创造有待于设计师、艺术创作者在制作的过程中予以完善和深化。

1. 全景画艺术

全景画艺术属于大型的综合艺术，集文史、绘画、建筑、造型、服饰、视听艺术等多学科为一体，是大型写实油画与建筑设计、立体置景、灯光音响设计等众多艺术门类的有机结合。

如何再现真实的历史场景，创作人员需要大量收集有关的历史资料、有关书籍、回忆录、地图图片，收集有关的创作素材，深入历史事件发生的现场，进行实地的深入考察，寻觅形象和感受，观察实地的历史残存遗痕，经过提炼和艺术的加工，使创作中的每一个情节、细节都经得起历史的考证。

2. 主题雕塑空间

主题雕塑空间是表现历史博物馆陈列内容最为直观形象的展陈艺术形式。具有代表性的是纪念记载重大事件及人物为主题的雕塑，以其鲜明的主题极具张力和视觉冲击力艺术形象，给人以精神的激励和美的享受。

3. 微缩景观及模型

微缩景观，指将现实世界已存在，或已有过描述的场景按照一定比例等比缩小并用材料制作出来，向观众展示的模型。微缩景观有助于观众更全面、整体地观察。著名景点的微缩景观还具有装饰性。设计师们也会通过对微缩景观的艺术加工使其成为闪亮的装置艺术。

微缩景观不同的缩小比例会给观众带来不同的视觉感受。某些大型建筑的微缩版虽没有原型那般宏伟，却格外精致。微缩景观模式类似某些数码相机的智能模式，通过模糊处理指定范围以外部分以模拟微缩景观画面效果。

六、辅助功能空间设计

博物馆辅助空间的内装设计，重点在于创造一个能充分展现博物馆文化内涵、独特空间品质的公共场所。设计应强调艺术性与功能性的完美结合，通过装饰陈设、景观植被、艺术小品以及配套服务设施的提升来带动和提升整个空间大环境的品质。

（一）辅助功能空间

辅助功能空间主要包括学术报告厅、演示厅、贵宾室、文物库房、接待室、休息区、商业服务空间、办公室等展馆附属空间。

停车场、售票、咨询引导处、小件寄存处、书店、餐厅、休息区等服务空间也属于博物馆的辅助功能空间，它在整个建筑空间序列中起着配角作用，是展陈空间的衬托，服务空间一般都以形象简洁的中性风格来设计。

（二）商业服务空间及设施

博物馆现今已逐渐成为集参观、休闲、旅游为一体的文化消费场所。完善的商业性服务空间和配套服务设施是现代博物馆的一项主要指标。

博物馆商业服务空间的设置必须尽可能满足观众的需求，与博物馆的环境空间格调相适宜并具有文化特色。

同时，博物馆的商业服务空间和设施是基于保障观众体验过程的舒适度与愉悦感的目的而设立的。因而博物馆需要具备多种形式的功能空间和服务设施，如各类餐厅、咖啡厅、特色礼品商店、信息查询设施、停车场、活动场所、清洁的卫生间、休息厅以及残障人士所需要的设施等，这些为观众提供全方位服务功能内容是形成博物馆愉悦体验的基础。

第三节　博物馆展陈方案设计流程

一、研究确定展览选题

博物馆无论是进行长期展览还是进行临时展览，都要从确定展览选题开始。只有明确了办展方向，后续的工作才能有条不紊地开展。在研究确定展览选题时，要把握以下特性。

第一，要保证展览主题和内容的科学性和思想性。博物馆陈列展览是进行社会教育、传播信息、提供审美欣赏和科学研究的直接窗口。展示的主题思想、内容和传递的信息，必须符合我国宪法所规定的基本原则和制度，符合各种法律法规，必须具有科学性和思想性。科学性是指能客观反映真实的历史史实，不能够歪曲历史故事及历史人物。思想性是指具有时代特点、与时俱进，弘扬社会主义核心价值观，为人类的发展和社会进步提供正能量。博物馆也是随社会发展而不断变化的机构，每个博物馆建设的时代，所处的环境，人们的生活状态、思想观念和价值取向等都不尽相同，博物馆展示必须关注社会发展、社会环境、社会需求，勇于创新。

第二，选题要有一定的综合性。基本陈列的选题应根据多方面因素加以考虑，根据博物馆的地域、类型特点，博物馆宗旨使命，馆藏文物特色，学科学术和社会文化环境综合考虑确定，特别是要对文物藏品进行深入的研究分析。从藏品角度来说，除引进展览外，博物馆的藏品优势是展览策划者在选题时会首先考虑的问题。陈列展览的选题还需要做广泛的观众调查和专家咨询。结合博物馆的发展规划、财政预算、教育资源以及目标、观众等现状进行综合分析，并对展览的主题、内容和形式做出明确定位。临时展览、流动展览的内容要与本馆的性质息息相关，使其成为基本陈列的有机延伸。切不可为了热闹，在展览选题上天马行空，为所欲为，脱离本馆的基本属性，这样会造成展览策划的混乱，降低展览质量。

第三，选题要与当下社会、普通公众有相关性。博物馆的陈列展览要回应当前的社会关切。社会关切体现了民众的兴趣所在，是人民群众美好生活的愿望，也是影响选题策划的因素之一。日常工作和生活中，人们热衷于关注和追踪的社会热点，包括政治、经济、文化、教育、体育、卫生、科技、军事、环保等各个领域的事件以及自然灾害、自然现象等，有的直接影响着人们的生活，有的则是人们茶余饭后的谈资。博物馆虽属于高雅的文化殿堂，但并不独立于社会而存在，而要密切关注社会。特别展览的策划者应当具有敏锐的社会观察力，结合社会热点策划展览，往往能起到事半功倍的效果。这样的展览既能够吸引大量观众，又可以从正面引导、教育观众加深对热点事件的理解，弘扬时代精神。

第四，选题要注重特色性。特别是地方馆的展览必须因地制宜，既要追求地方特色，又要顾及自身藏品的数量与质量，条件不具备的不必求全。应策划最能体现本地历史文化的、最具特点的展陈内容，不求全面而追求突出重点亮点。

需要注意的是，展览选题并不等于展览标题。展览选题是大方向，而展览标题是在确定选题方向后，在撰写陈列脚本时为展览起的一个名字。为展览找到一个合适的标题，能够决定人们如何认识、记住一个展览，也往往会决定展览吸引观众眼球的程度，进而影响参观人数。有时展览主题大方向确定，但展览标题却迟迟不能最终确定。

评价一个展览标题的好坏，可以从以下几点考虑：标题是否直接，快速切入展览主题，是否具体化，是否吸引人，是否勾起了人们的好奇心，是否避免使用了含糊的标题，是否避免使用负面的表达方式。

二、收集分析相关资料

博物馆陈列展览内容策划的水平高低，在于视野水平和表达能力的高低。胸中有丘壑，笔下才能有文章。没有深广的阅历，丰富的阅读，深入的研究，终究撰写不出好的展览脚本。博物馆陈列展览的主题多样，地方通史、民俗文化、历史名人、地方物产等都可能涉及，而博物馆陈列展览的内容策划人员也不是全能的百科全书，面对如此多变的主题，往往也会力不从心。因此，查阅资料，吸收领会，融会贯通成为重要的基础性工作。

收集分析相关资料涉及几个问题，收集资料、研究资料、管理资料。

第一，收集资料。围绕着展览主题来选择和收集是收集资料的首要原则。首先要弄清楚，博物馆能提供的现有资料有哪些。一般博物馆都有实物资料、图片资料、研究资料以及地方史研究成果，问题在于资料的丰富程度与质量。我们可以制作《展览资料情况调查表》，全面了解博物馆的资源现状。

更为重要的是，围绕展览主题，内容策划人员要检索收集与之相关的所有材料。很多人现在都是利用网络，在网上搜索资料是必做的功课。就搜索引擎而言，谷歌、百度、雅虎等都能检索出相关材料，然而这样的检索方式对我们搜集相对专业的资料而言无异于大海捞针。运用知网、万方、龙源、读秀、瀚堂、全国报索引、中国基本古籍库等都是重要的技术手段。

第二，研究资料。大量纸质的、电子的资料堆在面前，内容策划人员要一一分辨，消化吸收。对于本次展览内容策划哪些有益，哪些无用，哪些资料可能目前没有太大作用，但以后随着内容策划的深入发现其有用。重要的是了解这些资料都起到什么作用。

第三，管理资料。这些资料的用途广泛，不仅是内容策划人员撰写展览脚本的依据，也可以由展览讲解员使用，增加自己的知识储备，成为观众问不倒的专家型讲解员。因此，从方便自己利用，同时也方便他人的角度，我们都要对资料进行有序管理。在电脑中可以建立文件夹，命名方式可以是“时间年月日 + 博物馆名称”，下设若干子文件夹，命名方式为“时间年月日 + 展览主题”，每个展览主题文件夹下设若干子文件夹，命名方式为“历史朝代，如旧石器、新石器、秦汉、隋唐、宋元、明清”等历史轴线，在每个历史朝代文件夹下设若干子文件夹，命名方式为“历史沿革、地方名人、历史故事、风土人情”等横向历史的资料，此文件夹下可再设若干子文件夹，如该地名人很多，那一个名人可以单独建立一个文件夹，而此文件夹下就是具体的文件了。

三、熟悉藏品后诠释“物”

博物馆的物大多离我们今天的生活比较遥远，观众并不能直接与它们对话。通向多个维度的价值呈现物品变成藏品，意味着“物”经历了一个“博物馆化”的过程。在此过程中，“物”与其原生环境发生离散，因为去脉络化、去功能化、去时间化而使置身于博物馆场域里的“物”呈现为一种特殊的状态，即原价值状态。所谓去脉络化、去功能化，是指将物品从原有的历史脉络，即特定的自然环境和社会文化环境中抽离出来，从而使原本具有实用功能的物，在离开其使用价值所赖以存在的特定时空后，超越了原本的实用形态而变成一个历史象征、一个文化符号。所谓去时间化，尚·布希亚在《物体系》一书中如下解释：“在谈收藏时，时间是最基本的问题。收藏最首要的意义，却是强烈意义下的一个‘杀时间的消遣’。它干脆把时间取消了。或者，它将时间记录为一个一个的固定项，以便可以往复逆转地把弄它，收藏象征了一个被引导的周期的永恒更始，而人在其中，可以由任何一个项出发，又能确定他可以回到此点。”也就是说，博物馆的收藏行为截断了物的线性延展的自然时间，而赋予其某些新的时间序列。

展示“物”的过程，是重新赋予、诠释其意义的过程，博物馆在通过展示行为而使“物”的意义达成与观众的沟通之前，还必须完成另一个相向的沟通，那就是对于“物”的原生意义的还原。博物馆操作者在多大程度与何种角度呈现出物的自身意义与价值，这决定了藏品将架设起一座什么样的桥梁，建构起一种什么样的传播价值，以通向新的意义目标。也就是说，如果围绕着博物馆藏品的意义还原与价值传播是两个相向的沟通行为，那么，前一个沟通行为的深度与广度，将决定后一个沟通行为的质量与效应。

这样，在失去原有历史脉络、实用功能以及线性自然时间后，“物”在博物馆场域里，其价值归于一个元点，也就是一个暂时的凝固点。但这只是一个极其短暂的点。自从藏品在博物馆里被贴上第一个标签，就意味着藏品开启了与其被隐藏的自身意义相沟通的历程。所以，处于价值元点的藏品其实是处于一个通向其意义还原的准备阶段。就像一个胚胎拥有成长为多种形态的可能性一样，一个处于价值元点的藏品也拥有在多种维度还原其意义与价值的可能。

事实上，物品在离开其原有自然环境、社会历史文化背景后，就失去了自我阐释其意义的能力，也就是失去了信息自足性。比如，我们有时会面对一些无法探知其来源的文物，即便通过碳 -14 已经准确地测定出它是两千年前的古物，但与其原生环境的离散却使其一直遮蔽在历史深处，这时，这件文物对于我们来说是沉默的，是失语的。但这并不意味着这件文物没有价值，而是说，它的价值处于一个元点。

在价值元点上的物，博物馆一般从三个维度去还原或阐释它的价值，或者说我们一般从三个维度去进行与“物”的自身意义的沟通，这就是历史维度、科学维度、艺术维度。经由这三条道路，我们便可以将一件文物的基本价值释放、呈现出来。

四、展览传播目的设定

我国现在很多博物馆都是信息定位型展览，以传播信息为主要目标，因此“展览传播目的”就成为展览的灵魂，展览传播目的的准确提取与设定，影响到整个展览的架构与实现。展览传播目的是建立信息导向，基于展览主题的，有策略的多次重复或组合，从而引导观众的认知，达到策展人希望传递信息的方向。展览传播目的就是让观众了解物，进而了解展览，最终的目的是让观众知晓、认可和接受策展人所想要传播的信息。展览作为一个传播系统，其总目标就是通过传播信息，引导、影响观众的思想认识过程，让其改变或建立新的知识体系。因此，展览传播要有具体的目的，如果目的不明确，就会花了钱没效果，甚至会产生负面效果。

从展览的结构来看，展览传播目的有总传播目的，各部分、单元、展品组的传播目的。这是一个层层递进的关系，各部分传播目的要服从和服务于总传播目的，各单元传播目的要服从和服务于对应部分传播目的，下一级传播目的是对上一级传播目的的深化和再具体。

展览传播目的的设定，第一，以观众为中心。策展人要明白观众是谁，他们的情况如何、兴趣在哪儿，有针对性地进行传播。要研究和实施如何抓住观众，打动观众，不同观众的先前经验和期待不同，所以传播目的要充分考虑观众实际情况，有时可能要分类对待。最理想的传播目的应该是观众、行业专家、策展人共同商议后确定的，但现实情况往往并非如此，观众经常被忽略，即使这样，我们也要充分考虑观众要素。第二，以主题为导向。传播目的不是凭空想出来的，而是在展览主题下设定的，要紧密围绕展览主题主线，为突出展览主题服务。第三，以有效传播为目标。传播目的的设定要考虑具体实施情况，无论什么传播目的最终都是要撰写为陈列大纲，深化为展览脚本，然后具体实施。而且策展人的目的是让展览传播有效，观众获得有用信息，否则传播过程本身就失败了。第四，以准确为准则。传播目的的设定要适宜，不能过大或过小，整个展览、各部分、单元、组都要有准确的传播目的。

博物馆展览的传播有三个层次。

一是引起观众注意。现实生活中，公众文化活动非常丰富，展览传播的首要目的就是要使公众注意该展览，只有注意到这个展览公众才有可能走进博物馆来参观。因此要靠传播内容及方式的新鲜、奇特等引起公众注意。

二是诱发观众兴趣。成功引起公众注意之后，就要考虑如何让传播的内容与方式同观众兴趣相结合。了解观众的兴趣、爱好、先前经验，并据此确定展览传播目的，是使公众对展览发生兴趣的又一条件。

三是取得公众的肯定态度。展览传播不仅要使公众产生注意、发生兴趣，而且要使他们走进博物馆，观看展览，并产生肯定、认可的态度。

五、撰写陈列展览大纲

陈列内容策划基本上有自己一套固定的工作模式，即在了解馆藏的基础上，确定陈列的大主题，然后根据大主题的要求对展品进行选择和分类，并从每组展品中归纳出若干小主题，进而从若干小主题中归纳出若干中主题，若干中主题则从不同角度说明大主题，这是一项强调科学逻辑性的工作，其展开过程如同一棵树，由主干分出若干支干，每根支干上又分出若干树枝，树枝上则长有若干树叶。国外有的博物馆学者称为“计划树”，我们称为“主题结构”。

编写陈列主题结构的工作方法，与撰写一部书时先拟定章节框架结构的做法类似。主题结构就像一部书的目录，它只显示出陈列内容的逻辑框架，看不出多少空间意味，还不符合工作计划书的要求。在以往的实践中，陈列内容策划的成品就是“陈列展览大纲”，其思维形式主要是逻辑的，其表达形式是文字或表格化的，其内容则要具体到每件展品的描述。

陈列展览大纲的完成，即标志着内容策划工作告一段落，转入深化大纲的展览脚本撰写阶段。大纲凝聚着内容策划人员的辛勤劳动，体现着严肃的科学精神，其中的文字几乎都将以各种形式出现在未来的陈列中，没有什么冗余的成分。然而，类似的陈列大纲却很难令下一道工序的形式设计人员满意。那么，问题究竟出在何处？分析形式设计人员的要求，笔者认为问题不在于大纲内容的科学思想性是否有什么错误，而在于大纲还缺少有助于同形式设计工作衔接的内容。换言之，问题不在于学术性，而在于工作方法。

六、展览脚本及其编写

陈列展览的工作过程类似于拍摄一部电影。首先要将一部文学著作改编成电影文学剧本和分镜头剧本，然后才能交给导演进行拍摄。陈列大纲像是一部学术著作，这只能相当于文学著作，还不是电影剧本。难怪有些人认为内容部分不能称“策划设计”，实属一种“编辑”行为。从功能来看，内容策划的成品只是一种工作计划，它应该像一部电影剧本，而不是停留在文学著作的阶段，这就要求陈列计划书的内容不仅有将要对观众说的话，还应有对下一步形式设计人员有用的工作性说明。正因为增加了这种工作性说明，才使内容策划的成品有别于以往所谓“陈列大纲”，我们称之为“陈列脚本”或“展览脚本”。

内容策划的成品不能光有标题和展品名录，还应有各种尺寸数据、器物形态描述（图或照片）、辅助展品设计参考文字说明、展品组合的工作性说明，等等，这才便于形式设计的构思。而那种将陈列大纲作为内容策划的成品交给形式设计的做法，恰似将文学著作交给电影导演，必然产生衔接问题。因此，内容策划提交给形式设计的成品，应该是一份类似于电影剧本的展览脚本。

具体怎样做，这在实践中没有统一的模式。有的是同时提交两份材料，一份是大纲，看起来简洁明了；另一份是包含了数据和形象材料的脚本；也有的是一个相对学术的脚本，由内容策划人员向形式设计人员详细解释大纲，就像是演出排练时的“说戏”。但最好还是编成一份综合了大纲内容和工作性说明的陈列脚本，这对形式设计的构思最方便。

撰写展览脚本的人员必须要有空间感和形象思维能力。虽然看似展览脚本都是文字，但未来都是要通过形象的手段呈现在某个特定的空间中。因此内容策划人员应该对展品的空间安排进行较为具体的规定，颇具立体感，编写过程较多运用形象思维。按以往习惯的做法，其中不少工作是形式设计思考的内容。这也正是很多展览目前内容策划不够好的问题所在。除了美术品或自然造型物以外，一般广义的科学技术类展品的空间安排并不是一个纯粹形式美观的问题，如果按展品原来所在环境背景中的形式加以安排，便能直接产生揭示其功能含义的视觉性语言。从陈列语言的角度（好的陈列表达形式）来安排展品，势必要求内容策划人员对空间安排进行具体的规定。因为内容策划人员最了解展品原来所在的环境背景，也最善于处理展品内涵之间的关系，但为展品进行空间安排的根据是来自学术考证工作，而不是凭空想象，更多的属于科学工作而非艺术创作。总之，内容策划的成品应该做到这一步，如果说这样做就渗入了形式设计的思考范围，也并没什么奇怪，陈列工作就应该是内容和形式相互渗透的关系，你中有我，我中有你，唯其如此，才能避免内容策划与形式设计难以达成共识的问题，也是双方得以通力协作的前提。

七、展品的说明牌撰写

展品的说明牌上的说明文字是观众参观博物馆陈列展览时最简单直接的解说文字，是观众与展品交流的桥梁。没有使用导览器的观众主要通过展览的说明牌来获得关于展品的信息。展品说明牌的内容包括展品的名称、时代、质地、来源与收藏单位等，重要的特殊展品还会说明制作工艺、纹饰等艺术价值和历史科学价值。

展品的信息包含了基本信息和其蕴含的文化信息。基本信息是指通过考古调查发掘、研究获得的信息，主要是物理属性的信息。而展品所蕴含的文化信息就是其历史价值、艺术价值和科学价值。大体来说，博物馆陈列展览有器物定位型和信息定位型两大类。器物定位型展览的主要传播目的在于让观众欣赏物的艺术性特征，即把展品的美传递给观众，因此说明牌的主要功能并非传播展品的信息，而是通过简单的说明让观众加深对展品的认识。信息定位型展览的传播目的就在于让观众充分了解展品背后的历史文化信息，而说明牌正是这些信息传播的载体，承担着传递信息的使命。观众的历史知识有所不同，大多数观众并非历史文博专业人员，并没有文物相关的专业知识，如果没有说明牌，观众很难认识这些文物，自然很难深入认识文物的历史文化内涵。从这点出发，展品说明越详细、科学、生动有趣、有吸引力，观众就越喜欢观看，接收的信息也就越多越丰富，对展品的认识也就更深入全面。

展品说明目前存在的问题主要有以下几个方面。第一，从展品说明的内容来看，我国博物馆大多采用传统的三项信息表述，略显简单。文字太多会引起观众阅读的不适，分散观众的注意力，造成疲劳，因此我们需要对说明牌文字的数量有所限制。目前绝大多数博物馆说明牌都是对展品的基本信息进行说明，而背后的历史文化信息少有涉及。但是这种简单的文字方式并不能很好地让观众理解展品。第二，从说明牌文字的表述方式来看，我国绝大多数博物馆还是采用较为专业的术语表述，特别是文物名称，其中不乏生僻字。相同类型的展品说明牌往往都一模一样。因而有些说明牌的存在对于观众而言并无太大意义，看过说明牌之后不但对展品没有深入了解，甚至可能连名称都不会读。

展品说明牌的内容与形式要遵从以下几个原则。第一，内容撰写要具有科学性，说明牌的文字虽少，但说明了展品的多重信息，字字重要，不能误导观众，对于学界尚未定论的问题，应采用变通的方式。如，司母戊大方鼎国宝现展出于中国国家博物馆青铜厅，更名为“后母戊鼎”。第二，文字内容要有通俗性。说明牌的意义就在于让观众看懂其中涉及的文物知识，对于一些生僻字，最好括号内注明拼音或同音字。只有这样，说明牌才真正有用。第三，说明牌内容要有侧重，说明牌要为展示主题服务，同一件展品在不同题材的展览中可能说明牌上的内容也不尽相同。第四，说明牌文字在不改变原意的基础上应注意其艺术性尽量采用优美的诗词类文字，已达到吸引读者的目的。“展览说明牌写作卓越奖”旨在认可与鼓励优秀的展览说明牌撰写者与编辑，从而为高质量的说明牌写作提供标准与启迪。

陈列中使用的文字说明牌，是一种需要观众集中精力阅读的媒介，在放置方式上也有考究。人的两眼综合视野约为横向较宽的椭圆形，这种构造使人眼左右移动比上下移动方便，而且在垂直方向上，看上面的物体容易疲劳，看视平线以下则较便利。同样，对于人的颈部，左右移动也比上下活动省力，仰头就比低头肌肉活动量大。因此，高于视平线的文字材料应仅限于标题等醒目的短文字，一般说明牌的位置应与视平线一致或低于视平线。标签式展品说明牌应朝着便于观众观看的角度放置。

关于标签式说明牌的放置方法，常见的有两种，一种是“跟随式”，即文字说明牌紧附于对应展品旁，其优点是连贯性强，使观众一目了然。但缺点是不宜与小件展品组合，否则会影响整体美观；另外，在复原性陈列中有些展品与观众距离较远，也不宜采用这种方式。针对这个问题，可采用另一种方法，即“检索式”说明牌放置法。它是将若干展品说明汇总罗列在一个说明牌上，置于方便观众阅读处，并在展品旁附上相应的数字标记或展品的图形以便检索。这种“检索式”说明牌放置法可以解决美观和避免视距过长的问题。但对观众而言，寻求与展品相关信息，或者是寻找说明标签，又或者是看了说明再去寻找对应展品，这是十分麻烦的，属不得已而为之的做法。检索图形的方式有点像“看图识物”，一方面需要绘画的准确，另一方面对观众的识图技能也有一定要求。

有些博物馆为了照顾特殊群体观众的需求，针对视障观众提供盲文说明牌，使视障人士运用触觉“读”懂说明文字，获取知识。如英国的牛津大学自然史博物馆、英国的V&A博物馆、日本的大阪府立飞鸟博物馆，都提供有盲文触摸的说明文字，V&A博物馆还把瓷罐上的龙纹纹饰处理成盲人可触摸的形式。

西方的一些博物馆为了让观众了解更多的展品信息，在展厅中放置“label book（标签书）”，如果观众感兴趣，可以取阅，能够获得比小说明牌更详细的信息。有的博物馆还把说明牌或模拟书做成可翻页的形式，观众可以通过翻阅看到更多信息。

有的博物馆为了使展览品符合该馆主题，在说明文字上也进行小的创意。如伯明翰一直被认为是英国主要的珠宝生产中心，而伯明翰珠宝角则是生产制造珠宝的主要地方。珠宝角博物馆展示了伯明翰悠久的珠宝贸易史和珠宝制造。博物馆将说明版文字的第一个字母做成金属样式，突出该馆的特性。

八、内容的审查与备案

2015年出台的《博物馆条例》第三十一条第一款规定，博物馆举办陈列展览的，应当在陈列展览开始之日10个工作日前，将陈列展览主题、展品说明、讲解词等向陈列展览举办地的文物主管部门或者其他有关部门备案。因此，对陈列展览的审查与备案就十分必要。各级文物事业管理部门也开始出台相关规定，如北京市博物馆陈列展览备案就规定国有博物馆举办展览向其上级主管部门备案；非国有博物馆举办展览向馆址所在地的区文物行政部门备案。

为加强博物馆意识形态主阵地建设，规范博物馆展览管理，发挥展览在传承发展中华优秀传统文化、丰富人民群众精神文化生活、促进文明交流互鉴中的积极作用，在习近平新时代中国特色社会主义思想指导下，根据《中华人民共和国文物保护法》《中华人民共和国公共文化服务保障法》和《博物馆条例》有关要求，天津市文化广播影视局印发《关于印发加强我市博物馆意识形态主阵地建设做好展览备案管理工作暂行规定的通知》（津文广规〔2018〕1号），对博物馆举办展览及备案工作提出规定。这是进入2018年以后，全国首个针对博物馆展览备案的政策文件，此前，各地亦有类似"博物馆展览备案"的政策要求，天津出台的文件则进一步强调了"加强博物馆意识形态主阵地建设"。其中明确了展览备案审核的重点内容，包括以下内容：①展览主题内容应符合《中华人民共和国宪法》要求，遵守党和国家的方针政策、遵守国家法律、积极健康。②凡有可能泄露国家机密或歪曲丑化我国人民、中国文化，妨碍正风良俗、扰乱社会秩序，危害国家统一、民族团结、社会稳定等在政治上造成不良影响的展品、资料等，一律不得展出。③违反《国际博物馆协会博物馆职业道德规定》，展览主题内容凡涉及人类遗骸、宗教、民族等敏感题材的，不尊重人类尊严，不符合国家利益和民族信仰的，一律不得展出。④展览主题内容凡涉及党和国家领导同志的，应遵守《中央宣传部、文化部关于举办党和国家主要领导人生平图片展览的规定》及相关文件精神，并履行相应的报批手续。⑤展览内容凡涉及地图的，应遵守国家文物局、国家测绘地理信息局《关于规范文物博物馆单位使用地图的通知》等文件精神，并履行相应的送审手续。⑥展览展品来源必须合法，来源不明或来源不合法，以及以假充真，可能对公众造成错误引导的展品，一律不得展出。⑦展览场地必须具备安全保卫设施，确保展品及观众的安全。⑧备案材料齐全、真实、有效，符合相应的法律法规要求。

2018年中共中央办公厅、国务院办公厅印发了《关于实施革命文物保护利用工程（2018—2022年）的意见》，其中明确革命博物馆纪念馆要建立展陈内容和解说词研究审查制度，宣传、文物、党史文献部门要按照意识形态工作责任制切实把好政治关和史实关，增强展陈说明和讲解内容的准确性、完整性、权威性，反对历史虚无主义和文化虚无主义。

针对展览中经常使用的地图等辅助展品，国家也专门出台相关法律法规。2017年，国家文物局、国家测绘地理信息局印发《关于规范文物博物馆单位使用地图的通知》（文物博发〔2017〕25号），其中规定地图在展览展示前应依法送审（景区图、街区图、地铁线路图等内容简单的地图除外）。对于展览展示中确需使用的中华人民共和国成立前其他国家或机构测绘的历史地图、古地图，原则上只能作为必要的文物展品展出，并应辅以明确的地图来源等文字说明，且一般不得引用上述地图用以制作新的展示内容。中华人民共和国成立前我国测绘的历史地图、古地图，一律按程序报审。

2014年，甘肃省文物局印发《甘肃省文博单位陈列展览方案审核办法》的通知，规定省文物系统各级文博单位陈列展览方案均应报省文物局审核。审核按照先内容设计方案后形式设计方案的顺序开展。内容设计方案原则上由各文博单位自行组织编制。内容设计方案通过省文物局审核后由各文博单位自行或委托其他单位编制形式设计方案，报省文物局审核通过后方可制作展览。

第四节　陈列布展与施工

一、博物馆展示陈列形式

（一）常规展陈方式

常规展陈方式主要是指悬挂式陈列、展柜式陈列、放置式陈列等展陈方式，该种方式不需要特殊的科技手段，展示方式比较传统，也比较普遍。一般书籍、古钱、文物、织物、工艺美术、标本等物品的展示，多采用这种布局形式。常规展陈方式的悬挂与展柜往往是同时在一个展陈空间中共用的，采取在地上放置展柜、地台等方式展示立体展品，在墙上用展板来悬挂展品。这种展陈方式一般要求展陈空间的跨度较大，可按照平面布置及观赏视距确定跨度。

1. 悬挂式陈列

悬挂式陈列在墙上设有可固定展板的装置或悬挂展品的轨道，更换展品比较灵活。

2. 悬吊式陈列

悬吊式陈列是将展品陈列区移至于半空中，让展品或陈列道具的下方不会直接接触地面，而上方则借助承重较大的线状材质将其悬吊于空中，不仅如此，如果我们采用的悬挂材料为透明材质，视觉冲击力更强。

3. 展柜式陈列

文物的不可再生性特点和其重要的历史、艺术、科学价值，决定了文物在展示中，都要充分考虑文物的安全。展柜式陈列能将展品真实、完美地展示，方便观众的参观欣赏，同时展柜还能为展品提供一个安全舒适的保存和展示环境。用展柜保存展示展品时，要根据展品的具体特点和要求，进行展柜的设计制作，确保展柜给予展品一个安全可靠的保存环境。

4. 展台式陈列

博物馆空间展示中多采用聚光灯照明，观众在参观过程中容易因为光线较暗磕碰展台，造成展品损坏，因此，博物馆展示展台一般用于承托体积、重量较大的展品，如大型雕塑、模型等。通常较大的展品使用较低的展台，小型的展品则用较高的展台。展台还可以用标准化的小展台组合而成，小型的展台类似积木（也称堆码台），多被制作成正方体、长方体、圆柱体等几何形体。其特点是灵活性、机动性强，可得出新的展台效果。

5. 地台式陈列

壁龛最早出现在宗教建筑上，基本都是在建筑物上凿出一个空间，例如佛龛排放着佛像，教堂的壁龛根据面积大小可以摆放神像也可以镶嵌画框甚至可以做内窗。在博物馆展示陈列设计中，在展墙上预留壁龛空间用于展品陈列。它的深度受到构造上的限制，通常从墙边挑出 0.1 ～ 0.2 米。壁龛可以用来陈列体积较小的展品。它不占建筑面积，使用比较方便。

（二）特殊陈列方式

博物馆的特殊展品多是指博物馆的大件展品或重要展品等，如大型雕塑、珍贵画作等，因一般展陈方式无法满足观展视线要求，需要更大的空间或单独的展陈空间。该类型的展品不但要求较大的空间，而且还要有充足或定向的光照条件。如广东省博物馆自然展厅的恐龙骨架，为便于参观者观察，特占用两层的空间。

1. 互动陈列方式

互动陈列方式主要是让参观者通过模拟操作或直接操作等方式，对展品建立直接的感受，该类展陈空间的特点是要在展品周边留出足够的操作空间，同时需要留出足够的参观者等候空间。

2. 场景式陈列

场景式陈列是根据陈列内容还原或模拟一个场景，使参观者更切实地了解陈列内容，一般分为场景复原和原状复原两种手段。场景复原是将原本破损或已不存在的事物，通过科学技术将文献记载或考古发掘的内容重新复原再现。其中包括一些文化遗迹的复原，如青铜器铸造、制陶作坊的复原等，还包括一些远古科技仪器的复原，如张衡的地动仪，苏颂的水运仪象台等。这样的场景复原比文字图片说明更加生动、直观，场景复原的设计中每一个细节都要做到有据可查，有利可证，切忌妄加推断想象，力求达到最真实的复原，否则不但起不到对文化遗产的传播和保护效果，反而会误导参观者，篡改历史。因此，场景复原的设计要做到科学性与艺术性并重，一切的艺术手段、技术手段都要以真实、可信为最终目的。

原状复原与场景复原是两个不同的概念，其中场景复原要求的是要符合复原场景的历史特征，而原状复原则要求用实物将历史原状复原，不能用现代的仿制品代替。任何实物都要按照历史记载中的位置摆放，不可以随意挪动、删减。原状复原是一种难度较高的陈列展示方式，需要设计者做大量的前期工作，对空间中的每一个物品都要有史可查。原状复原与场景复原相比，更真实可信，但难度更高。

无论是场景复原还是原状复原，都要求陈列空间的比例尺度与原状相当，对于这些场景需要存在于什么样的空间中的这一考量就要求设计师对整体的布置进行考虑，要衡量好怎样做能与其他空间进行更好地衔接与过渡。

而对于要出现多少个场景复原或原状复原，则要考虑到陈列空间整体的序列编排和参观者情绪波动的效果而定，经过整体的推敲与规划，才能做到整个陈列空间浑然一体，且重点、难点得到突出。

3. 多媒体式陈列

该类展陈方式主要是通过模拟一种场景或通过视频、音频等方式将信息传递给参观者，这种方式主要是通过独立的多媒体展示厅实现，随着博物馆科学技术的发展和科学普及功能的强化，这种展陈方式变得越来越普遍。其展陈空间的设计除了满足基本的功能流线条件外，声、光、视线等相关设计也尤为重要。另外，由于该类展陈空间一般都设有简单的座椅，还能够起到缓解参观者疲劳的作用。

英国的经验主义哲学家托马斯·布朗用“提示”代替“联想”，提示是由此及彼的，不是简单的集合，而是像化学反应一般，产生心理化学作用。博物馆的展示就是通过陈列手段把带有时代信息的展物传递给观众，这种手法就是提示。不同的展品有着不同的个性，不同的个性搭配有不同的展览手法，有时候不只是单一的设计手法的使用，同时还有几种设计手法的共同作用，从而让展品的内在信息更加直观、不加遮挡、全方位地与观众接触不论是对原场景的复原还是稍加修饰的景观布置，最终目的就是使展览通俗易懂，并且吸引观众自发前往参观。

二、展陈的工程实施

（一）准备阶段

准备阶段是按照设计方案的每一项要求，深入细致地进行备料、制作等各项事宜的安排、落实的重要工作。这是关系到能否按照计划准时、顺利地推出展示活动，并确保达到预期效果的过程。

（1）根据展示脚本（包括细目脚本）以及总体或单项的具体方案要求，列出具体的展品清单，并按照清单目录准备到位。展品要登记注册，写明品名、数量、规格、特征、编号等。这一方面可为具体的布置陈列提供准确的依据，另一方面也能避免撤展、清退等善后工作出现差错。

（2）按照展示空间设计制作好空间主体形象构架，并逐一准备好所需的各种展具。

（3）按照展示内容和版式设计的要求，制作准备好所需图表、文字、照片等。

（4）设计制作好所需的招贴、标志、宣传册、纪念品、请柬、票券。

（5）准备好展示中所需的音响、电视、录像、屏幕、灯箱等设备。

（6）备好所需的照明设备，包括电线、插座、灯具等。

（7）准备好布展时所需的各种装饰材料和工具，以便布展时能方便、快捷地进行施工。

（二）布展阶段

一般而言，展示活动的布展时间是非常有限的，故要求有计划、有条理地进行，要杜绝因违反施工程序，带来返工的现象。布展工作主要包含以下方面的内容：

（1）组合安装展示空间主体构件。如搭装摊位、构架、吊挂展板等。有时，展具是同展示空间主体构架同时进行安装施工的。

（2）安置展具。将诸如展台、展柜、展架、展板等展具安置到位，并进行清洁和装饰。

（3）敷设照明线路，安装照明设备，粘贴装饰面材，并安排标牌、标志、文字、图形等平面形态。

（4）布置展品。一般应按照先上后下、先后后前、先高后低、先里后外的顺序进行布置，要避免违规操作。

（5）检查、调整。展品布置完后，应从远到近、从上到下、从左到右地全方位进行检查、审视，找出不妥或不如意之处，及时进行处理、调整。

（6）收拾、打扫场地，保证展示环境清洁、卫生。

（三）管理与接待

展览正式开幕后，意味着设计、准备、布置的工作已告结束。但在展出期间，还必须做好以下方面的工作：

（1）接待工作。在博物馆、展览馆可有计划地接待观众，进行有组织的集体参观活动。一些商业展览会在开展期间要进行洽谈、交易工作，应设有接待洽谈空间或咨询处，工作内容包括对观众发放宣传材料、纪念品，介绍展品和企业的情况，回答观众提出的问题等。

（2）修理、清洁工作。展示过程中，应考虑突发故障的应急处理措施，如机械故障、电力故障，展品出现受损、移位、脱落以及被尘埃、污渍侵蚀等事故，须及时处理，以确保良好的展示效果。

（3）安全保卫工作。展示活动往往是在人群簇拥、展品向观众敞开的环境中进行，安全保卫工作十分重要。特别是一些贵重的小展品，必须设专人看管，避免展品的损坏或丢失。同时，还必须注意防火、防爆等事故，确保观众和展品的安全。

（4）撤展、善后工作。这一工作要有序地进行，首先是小心收放展品，避免损坏。展品要按原清单查收入库，防止丢失。对于展具的拆撤，应注意拆装有序，按类收存，以方便今后再用。

第五节　展陈效果的调整与评估

一、陈列展览评价指标体系的系统构成

根据博物馆展览评价指标体系的评价思想和原则以及系统评价学的理论和方法，博物馆陈列展览评价体系主要由三大系统构成：陈列展览内容策划设计、陈列展览形式设计与制作、展览宣传推广和服务。另外附设一项“观众反映”评价指标系统，该系统可以作为附属系统，既可供评审专家在前三项系统评价的基础上到现场进行测评，也可以作为博物馆自评使用。

同时，系统评价要从明确评价目标（指标）开始，通过评价指标来达到系统评价的目的。评价指标指的是评价的条目和要求，是用来评价陈列展览的一系列规范，如果陈列展览要为观众提供良好学习机会的话，这些指标必须在陈列展览中呈现。为了使陈列展览评价体系具有实际执行力，必须提炼和确定出那些反映陈列展览效果的相对独立的、可以定量或行为化的指标。

除了陈列展览评价指标体系由上述多个子系统及其众多评价指标构成外，每个子系统及其众多评价指标因其价值不同而有主次之分。为了使评价指标体系真实反映陈列展览的优劣效果以及具有导向作用，必须根据子系统或指标的价值分别确立不等的权重。

博物馆陈列展览是一项面向大众的思想与观点、知识与信息、文化与艺术、价值与情感的传播工程，其目的和宗旨是进行知识普及和文化传播，满足服务公众教育的需要。一个没有思想知识内涵、不能起到知识普及和发挥

公共教育作用的博物馆陈列展览，纵然其表现形式如何花哨，那它一定不是一个合格的博物馆陈列展览。因此，陈列展览内容是博物馆陈列展览的核心需要认真对待。

陈列展览的形式表现是对陈列展览内容的物化，是对内容的准确、完整和生动的表达。虽然陈列展览传播的观点、思想、信息和知识是理性的，但作为一种视觉和感性艺术，其表现的形式应该是感性的。即一个好的博物馆陈列展览，不仅要有思想知识内涵、文化学术概念，还要符合现代人的审美需求。只有具有较高艺术水准和引人入胜的感观效果的陈列展览，才能吸引观众参观。因此，形式表现是陈列展览的手段。

而陈列展览的推广与宣传则是对陈列展览的“销售”。观众和社会反映则是前三项效果的综合反映。

根据前三者在陈列展览中的重要程度，确定三者在陈列展览评价体系中的权重，而“观众反映”子系统则为独立系统。

二、陈列展览内容子系统评价指标

根据上述陈列展览评价指标体系的评价思想和原则，结合陈列展览内容设计的一般规律，可以确定展示内容子系统评价指标如下：

（一）陈列展览的选题意义

即陈列展览的题目和内容。陈列展览好比是提供给观众的“产品”，产品要有意义和思想性，要让观众感兴趣，就必须根据观众的需求来思考陈列展览的选题和内容。只有符合和满足观众需求的陈列展览，才是观众喜欢的陈列展览，才能取得理想的效果；反之，陈列展览也不会取得成功。

（二）陈列展览的思想性

思想性是评价博物馆陈列展览的重要原则。博物馆陈列展览必须坚持正确的舆论导向，遵循党和国家的方针政策，体现“以科学的理论武装人，以正确的舆论引导人，以高尚的精神塑造人，以优秀的作品鼓舞人”的宣传精神。

（三）陈列展览的科学性

科学性是博物馆陈列展览的前提。博物馆陈列展览不同于娱乐类商业陈列展览，其宗旨是传播思想、文化和知识，因此陈列展览所提出的观点、思想都必须是建立在科学研究基础上的，其展示的材料必须是科学的、真实的，辅助展品的创作必须符合科学性、真实性的原则。

（四）陈列展览的知识性

知识性是博物馆陈列展览的核心。陈列展览是一项面对大众的文化、知识、信息传播媒介，必须传达给观众观点和思想、知识和信息、文化和艺术等。没有知识性的陈列展览必定不是合格的博物馆陈列展览。

（五）陈列展览传播目的

博物馆展览是一种观点、思想、知识和信息的传播，任何展览都必须明确自己的传播目的，即展览想告诉观众什么。传播目的是陈列展览的灵魂，是博物馆展览策划、设计和表现的出发点和归宿，展览内容策划和形式表现设计必须以传播目的为导向，传播目的应贯穿于展览策划设计和表现的全过程。

（六）陈列展览主题演绎

陈列展览的主题是其灵魂，主题提炼愈充分，陈列展览的思想性和教育意义就愈强，主题统领和贯穿于整个陈列展览的全过程。陈列展览的主题结构类似于一部小说和电影的故事线，其演绎包括故事线的策划和点、线、面的规划，以及部分、单元和组的上下左右逻辑清晰度。主题结构演绎直接关系到观众参观的效果和陈列展览信息传播的有效性。

（七）陈列展览重点亮点规划

展览需要作秀，需要有“秀”的支撑。所谓“秀”，即是展览各部分或单元的重点内容，或展览传播的重要知识点和信息点。一个成功的展览，离不开展览“秀”的支撑。在展览文本策划中，我们要认真研究并选择每部分或单元的重要内容及其重要知识点、信息点，合理地做出规划。

（八）陈列展览的展示素材

陈列展览的展示素材包括两个方面，一是文物标本，二是故事情节素材。博物馆陈列展览主要是依靠实物“说话”的，通过实物揭示事物的本质，体现陈列展览的主题思想。实物是陈列展览的“主角”。实物展品的质量直接影响到陈列展览传播的质量，要选择那些最能揭示主题、最具典型性、最有外在表现力的实物做展品。同时，陈列展览要强调那些感人的故事性、情节性材料，那些见人见物见精神的素材。

（九）陈列展览的展品组合

展品组合类似电影的分镜头。展品组合的要素包括文字说明、实物、图片、音像资料、辅助展品，它们之间必须是相互关联和呼应的，共同揭示一个主题。展品组合设计得愈恰当而巧妙，愈能传播陈列展览的信息。

（十）陈列展览的文字编写

陈列展览文字编写是陈列展览的重要组成部分，包括各级版面文字、辅助展品创作文字和背景信息文字。其中，前言部分以及重点展品说明文字尤其重要，它们是展览重要的传播媒介，直接关系到观众对展览的阅读理解和参观效果。

三、形式设计与制作子系统评价指标的设定

根据前面陈列展览评价指标体系的评价思想和原则，以及结合陈列展览形式设计、创作和布展的一般规律，我们确定展示形式设计、创作和布展子系统评价指标如下。

（一）空间规划

空间规划是指在博物馆展陈空间结构、陈列展览内容和参展展品分析研究的基础上，科学合理地划分各单元内容的平面布局和面积分配，包括点、线、面布局规划以及陈列展览的走向和观众参观动线。

（二）重点亮点

通过对陈列展览传播目的、陈列展览主题和内容分析的基础上，准确理解和把握陈列展览各部分和单元的重点和亮点。陈列展览要突出重点和亮点，重点和亮点就是陈列展览的重要知识点和信息点，是陈列展览的“秀”。

（三）图文版面

图文版面是陈列展览的重要组成部分，是陈列展览信息传达的主要媒介，图文版面设计主要包括陈列展览的版面说明文字、图片、图表等的信息组合和视觉审美两个方面。

（四）辅助艺术

辅助艺术是指陈列展览中作为辅助表现手段的二维和三维辅助艺术品，例如壁画、油画、国画、半景画、全景画、场景、雕塑、蜡像、模型、沙盘、景箱、场景等。辅助艺术品对陈列展览主题和内容的表述、信息的阐释和艺术感染力的营造具有重要的作用。

（五）科技装置

科技装置是指陈列展览中作为辅助表现手段的科技信息装置，包括多媒体、互动装置、虚拟现实、幻影成像、情景剧场、视频投影、实验装置等。通过这些高科技辅助系统，能使展示手段突破传统的文字图片加说明的做法，强化陈列展览信息的传播和交流，增强陈列展览的参与性、交互性和趣味性。

（六）展品组合

展品组合是指在同一主题下文物标本、图片、声像资料和辅助展品的集合组团。展品组合越合理巧妙，信息层次安排越清晰，就越能起到传播陈列展览信息和知识的作用，越便于观众接受陈列展览传递的信息。

（七）展示家具

展示家具是指陈列展览用的展柜、展具、展板、支架等，展示家具对文物展品的保护以及展示效果具有重要作用。

（八）照明设计

照明设计是指陈列展览中使用的照明工具及其作用。博物馆陈列展览中的照明设计有三方面的作用：一是文物保护，二是艺术表现，三是环境和氛围营造。

（九）人文关怀

陈列展览的人文关怀是指陈列展览的人性化设计，包括陈列展览的人体工程学、陈列展览标识系统、绿色环保和安全等方面的考虑和安排。

（十）环境氛围

陈列展览的环境氛围是指展厅的环境和氛围设计和营造，其作用主要体现在两个方面：一是为观众营造一种舒适、温馨、引人入胜和富有艺术感染力的参观环境；二是起到烘托展示内容的作用，与建筑空间、陈列展览内容完美结合，相互呼应，相得益彰。

四、陈列展览推广与服务子系统评价指标的设定

现代博物馆的核心服务理念是“以人为本”，强调为观众服务，重视陈列展览的宣传推广和社会服务，将满足公众和社会的需要作为博物馆工作的出发点和落脚点。

陈列展览推广与服务是博物馆陈列展览的重要组成部分，积极的宣传推广、热情的接待、优质的服务直接影响到博物馆陈列展览的效益。

根据前述陈列展览评价指标体系的评价思想和原则，以及结合博物馆陈列展览推广与公众服务的一般规律，我们确定陈列展览推广与服务子系统评价指标如下。

（一）宣传推广

博物馆利用大众传播媒介以及其他宣传手段，积极主动地宣传陈列展览。同时，加强公关工作，积极与社会各界联系，特别是与大中小学、旅行社和社区联系，积极争取和吸引观众前来参观陈列展览。

（二）观众接待

热情接待观众是增强博物馆陈列展览吸引力的一个重要方面。观众好比是博物馆的客人，只有热情亲切地接待观众，才能吸引更多观众参观陈列展览。观众接待工作的好坏直接影响博物馆陈列展览的参观体验和参观效果。

（三）导引讲解

导引讲解是博物馆陈列展览教育活动的一个重要组成部分，其重要性不能被低估。研究表明，大部分观众在陈列展览参观中希望得到博物馆的导引讲解。这项工作直接关系到观众在陈列展览参观中的学习和体验，关系到观众能否从陈列展览中获得尽可能多的信息、知识和快乐。

（四）延伸教育

陈列展览固然是博物馆主要的教育方式，但仅有陈列展览是不够的。现

代博物馆经营越来越重视围绕或配合陈列展览开展一系列延伸和拓展服务，以提高博物馆陈列展览的效益并提供给观众更丰富的知识和信息，推动博物馆实现教育功能最大化。

（五）生活服务

参观陈列展览的观众还包括老年人、残疾人等需要被照顾的人群，他们往往有种种生活上的不便；另一方面，观众除了参观陈列展览外，往往有各种生活上的需要。因此，为了方便观众的各种生活需求，博物馆应该为观众提供生活便利，这也是博物馆陈列展览教育活动必不可少的组成部分。

（六）文化产品

为了满足观众的文化需求，博物馆精心设计和开发了一系列具有本馆特色、文化个性和艺术品位的文化产品，包括礼品、图册、书签、纪念章、贺卡等，这不仅能带给观众美好的记忆和回味，也是陈列展览教育活动的重要延伸部分。通过一系列文化产品和服务，使得博物馆真正融入民众的生活。

（七）观众研究

为了更好地服务观众，博物馆开展了专门的观众调查工作，了解观众的兴趣和需要，以便更好地满足观众各方面的需要。

五、“观众反映”子系统评价指标的设定

根据前面陈列展览评价指标体系的评价思想和原则，特别是依照“陈列展览是否提供给观众富有信息和教育意义的参与式体验”为评价指标首要原则，并结合陈列展览观众参与、学习和体验的研究成果，我们确定“观众反映”子系统评价指标如下：

（一）舒适度

一个优秀的陈列展览会带给观众身心两方面的舒适感。高舒适度将带来其他积极的经验，相反则不然。

（二）吸引度

一个优秀的陈列展览对观众来说是有吸引力的，它吸引观众提高注意力，吸引观众是通向他们发现陈列展览传播意义的第一步。

（三）提升度

一个优秀的陈列展览应当提供给观众众多机会去感受成功以及丰富他们的学识，帮助观众获取有意义的经验。

（四）有意义程度

一个优秀的陈列展览应该为观众提供认知和情感上的体验，让观众发现他们在认知和情感上发生了短暂甚至长期地改变。

六、博物馆展陈效果评价指标体系建设的意义

为了加强对我国博物馆陈列展览的管理，不断提高我国博物馆陈列展览的质量和水平，推进陈列展览的规范化和指标化管理，我国博物馆亟待研究和制定一套比较规范科学的、为业界认可的展览评价指标体系。具体而言，其目的在于以下几点：

（1）为博物馆陈列展览质量评价提供一个基本标准，引导和鼓励博物馆在陈列展览建设上达到公认的基本标准，促进我国博物馆陈列展览质量和水平的提升。

（2）为博物馆主管部门进行陈列展览建设质量评价提供一个考核标准，满足相关部门对博物馆陈列展览质量管理的需要，以便于对博物馆陈列展览质量和水平进行考核、监督、纠错和激励，并提供相应的依据。

（3）满足博物馆界同行观察、评价的需要，为全国各类博物馆进行陈列展览建设理念、经验和技术的讨论和观察提供一个交流平台，促进我国博物馆陈列展览整体水平的提高。

（4）为“全国博物馆十大精品陈列展览”评选提供客观的评价标准，增强评选的合理性、科学性、公正性和信誉度。

（5）满足博物馆陈列展览工程验收和自评的需要，为各个博物馆陈列展览工程的竣工验收和自评提供考核标准。

七、博物馆陈列展览的评价思想和原则

任何系统评价都有其评价的目标（指标）和内容，这些目标和内容的提出又取决于总的评价思想和原则。展览评价思想和原则是陈列展览评价指标体系设计的基本指导思想。

（一）以知识信息传播和观众受教育意义的绩效为评价核心

博物馆是非正规教育机构，教育不仅是博物馆对社会的责任，而且是其首要任务。陈列展览是博物馆开展观众教育的主要形式和手段。做好博物馆的陈列展览，不仅是博物馆的社会使命，而且直接决定着博物馆发挥的社会效益。现代博物馆应该秉持“全民教育和终身教育”的理念，针对不同的观众规划不同的陈列展览教育活动，提供给观众多元化的观点、思想和丰富的知识、信息及学习体验，其终极目的是为了达到陈列展览教育活动效益的最大化。

博物馆陈列展览不是普通建筑装饰工程，而是一项面向大众的知识、信息和文化传播工程，强调陈列展览的思想性、科学性和艺术性。因此，其评价指标体系不同于普通建筑装饰质量管理指标体系，不是强调材料和设备的品质、性能和规格，以及施工和安装的流程、工艺和质量，而是一个基于定性分析，强调以知识信息传播效益和观众受教育意义为绩效考核标准的评价指标体系。

（二）以专家视角评价博物馆陈列展览

从博物馆专家的视角看，博物馆陈列展览的宗旨是进行文化知识传播，旨在传递给受众以信息、知识和文化，起到影响观众观念、思想和行为的作用。并且，博物馆陈列展览是一项集学术、文化、思想、创意和技术为一体的活动。因此，只有具有思想知识内涵、文化学术概念并符合当代人审美情趣的陈列展览，才是成功的博物馆陈列展览。博物馆陈列展览必须有明确的传播目的，必须是一种视觉和感性艺术，除了实物性、直观性、形象性外，其展品展项必须符合博物馆的核心特征，即知识性和教育性、科学性和真实性、趣味性和娱乐性。

（三）以观众视角评价博物馆陈列展览

博物馆陈列展览主要是为大众设计的，是一种面向大众的知识、信息、文化的传播媒介。因此，评价一个陈列展览的优劣，主要看它在鼓励观众参与和学习方面所取得的成绩，是否给予每个公众积极、有益地参观博物馆的机会，是否符合或满足普通观众的认知、兴趣和需要，是否达到影响观众认识和行为的目的，是否提供给他们对其生活有特别意义的展示。通俗地讲就是，观众是否看得懂陈列展览；观众是否喜欢看并觉得有意思；能否给观众留下记忆和印象，达到知识、经验、价值和情感上的满足。

（四）陈列展览评价指标体系为总结性效果评估

一般将陈列展览评估分为形成性评估和总结性评估两种形式。形成性评估是一个陈列展览筹建的组成部分，是在整个陈列展览由策划到实施完成的过程中进行的；而总结性评估是衡量一个陈列展览计划执行的结果，是在陈列展览全部制作完成之后进行的。所谓总结性评估是对陈列展览效果的评估，是指对其社会效益和经济效益的评估，如陈列展览为受众提供的知识量、陈列展览带来的社会影响等。

（五）叙事型主题性展览评价的原则

博物馆的陈列展览看似丰富多样，但归根结底只有两类陈列展览——以审美为导向的文物艺术品展览与叙事型主题性展览。鉴于以审美为导向的文物艺术品展览相对比较简单，主要强调文物艺术品本身之美，其策划、设计与制作主要是照明设计和环境氛围，较少辅助展品，所以本陈列展览评价指标体系主要针对有明确传播目的、有主题思想统领、有严密逻辑结构的叙事型主题性博物馆陈列展览——历史陈列展览、自然生态展览、科学技术展览、人物和事件陈列展览等。

（六）评价指标体系强调突出关键性指标原则

考核博物馆陈列展览效果的指标很多，但要区分主次突出关键性指标，不分主次就会影响评价标准的实际执行力和导向。因此，强调以知识信息传播和观众受教育意义的绩效为陈列展览的评价核心。由此出发，从众多反映陈列展览绩效的相对独立的、可以定量或行为化的指标中提取关键性的指标作为考核绩效的指标，再通过关键性指标构成标准的主体框架。

参考文献

[1] 刘紫薇 . 让文物保护成果更多惠及人民群众 [N]. 法治日报，2022-06-11（4）.

[2] 马志国 . 如何强化博物馆的文物保护工作 [J]. 中国文艺家，2022（6）:172-174.

[3] 丁洁雯 . 文化遗产的价值判定、功能梳理与当代利用：以世界文化遗产点庆安会馆为例 [J]. 浙江工商职业技术学院学报，2022，21（1）:7-10.

[4] 刘佳欣 . 我国非物质文化遗产旅游开发演化博弈研究 [D]. 哈尔滨：哈尔滨商业大学，2022.

[5] 司一鸣 . 新时期非物质文化遗产的传承与保护研究 [J]. 科技资讯，2022，20（9）:236-238.

[6] 徐晓波 . 非物质文化遗产与旅游融合开发模式研究 [J]. 普洱学院学报，2022，38（2）:43-45.

[7] 刘嘉仪，刘秋杰 . 全面建成璀璨的大运河文化带 [N]. 洛阳日报，2022-04-26（3）.

[8] 薛楠，樊旭，刘芮彤 . 基于非物质文化遗产的文创产品开发探究 [J]. 天工，2022（9）:32-34.

[9] 刘敏 . 非物质文化遗产融入教育的实践：以非遗研学为中心的探讨 [J]. 非遗传承研究，2022（1）:29-33.

[10] 张蝶，田德新 . 大运河文化传播状况研究 [J]. 商业文化，2022（8）:125-126.

[11] 朱阳，刘小溪 . 文化空间视角下大运河天津段非物质文化遗产保护路径研究 [J]. 中国非物质文化遗产，2022（2）:96-103.

[12] 秦宗财 . 大运河国家文化公园系统性建设的五个维度 [J]. 南京社会科学，2022（3）:162-170.

[13] 李静．文物保护意识背景下的文物陈列与保管 [J]. 今古文创,2022(8):107–109.

[14] 贾芳．新时期加强文物保护的策略研究 [J]. 参花（上），2022（2）:59–61.

[15] 房阳．博物馆文物类展品展陈空间特色研究 [J]. 收藏与投资，2022，13（1）：141–143.

[16] 钦媛．新时代非物质文化遗产保护与传承探索 [J]. 文化创新比较研究，2022，6（3）:88–91.

[17] 谢锦，雷锦锦．城市文化遗产旅游开发研究 [J]. 当代旅游，2022，20（1）：10–12.

[18] 巩妙音．非物质文化遗产的传播研究 [J]. 传媒论坛，2021，4（24）:137–138.

[19] 艾蓉．大运河文化带大名段建设研究 [J]. 邯郸学院学报，2021，31（4）:80–85.

[20] 杨茗．博物馆展陈的空间设计研究 [J]. 文化月刊，2021（12）:108–109.

[21] 李胜杰．非物质文化遗产整体性保护研究综述 [J]. 贵阳学院学报（社会科学版），2021，16（6）:73–77.

[22] 周燕，张洁．非物质文化遗产旅游产品开发策略研究：以红安大布传统纺织技艺为例 [J]. 西部旅游，2021（17）:33–35.

[23] 郭哲延．文化遗产旅游资源转型升级的初步建议 [J]. 文化产业,2021(32):68–70.

[24] 饶壮．加强文物保护传承文化基因 [J]. 党政干部论坛，2021（11）:39–41.

[25] 谢佳．非物质文化遗产传播路径创新研究 [J]. 新闻爱好者，2021（10）:61–63.

[26] 钟志强．对博物馆展陈设计的几点思考 [J]. 东方收藏，2021（19）:103–104.

[27] 许晴，陈亚孟．非物质文化遗产在博物馆中的展示方式探析 [J]. 美与时代（城市版），2021（9）:94–95.

[28] 郭翠潇．非物质文化遗产的确认与清单编制 [J]. 民间文化论坛,2021（5）:113–123.

[29] 冯巍．探析博物馆展陈设计创新路径 [J]. 大观，2021（8）:32–33.

[30] 田湘萍．文物保护视域下博物馆展陈照明研究 [J]. 东南文化,2021（S1）:32–35.

[31] 宗毅．非物质文化遗产生态旅游开发研究 [J]. 旅游与摄影，2021（13）:75–76.

[32] 张静．学校教育对非物质文化遗产的选择研究 [D]. 成都：四川师范大学，2021.

[33] 王莉莉．中国大运河的历史变迁、遗产构成与当代价值 [J]. 黄河．黄土．黄种人，2020（21）:3–4.

[34] 鲁莎莎，来守英，于兴兴．现代博物馆展陈空间设计方法探究 [J]. 东方收藏，

2020（21）:105–106.

[35] 赵力冬 . 京杭大运河历史演变和文化遗产价值 [J]. 炎黄地理，2020（5）:9–12.

[36] 张虞昕 . 大运河文化遗产活态保护与地域经济振兴 [J]. 参花（上）,2020（3）:73.

[37] 周峨春，闫妍 . 大运河文化与生态融合保护制度及其实现 [J]. 河南财经政法大学学报，2020，35（2）:50–57.

[38] 袁玉婷，汪琳，吴莎莎，等 . 让非物质文化遗产成为学校教育的璀璨内容 [J]. 教育文汇，2020（Z1）:44–46.

[39] 孙静 . 非物质文化遗产的传承与学校教育 [J]. 教育家，2019（46）:68.

[40] 杨茗 . 博物馆展陈的内容策划研究 [J]. 艺术教育，2019（10）:215–216.

[41] 孙婷，李永乐 . 运河历史档案与大运河文化遗产的阐释与展示 [J]. 档案与建设，2019（7）:32–35.

[42] 李玉岩，潘天波 . 大运河文化的媒介化传播策略 [J]. 戏剧之家,2019（16）:208–209.

[43] 邓伟志 . 开发利用世界文化遗产资源促进遗产地精准脱贫 [D]. 武汉：中南民族大学，2019.

[44] 张秉政，李华锡 . 隋唐大运河非物质文化遗产的三个特点 [J]. 淮北师范大学学报（哲学社会科学版），2019，40（1）:110–111.

[45] 杨振威，王安坤，王理香 . 大运河文化遗产保护与利用：以河南段为例 [J]. 文物建筑，2018（1）:124–130.

[46] 李骥悦 . 浅析博物馆展陈设计原则与表现形式 [J]. 中国民族博览，2018（12）:218–219.

[47] 张海涛，曲贵卿 . 论非物质文化遗产教育传承的复合主体 [J]. 通化师范学院学报，2018，39（9）:13–17.

[48] 崔玉洲 . 纸质文物保护技术及环境控制对策 [J]. 文物鉴定与鉴赏，2018（11）:104–105.

[49] 葛剑雄 . 大运河历史与大运河文化带建设刍议 [J]. 江苏社会科学，2018（2）:126–129.

[50] 彭璟 . 博物馆文物类展品展陈空间特色研究 [J]. 艺术评鉴,2016（14）:180–182.

[51] 韦玲 . 试论博物馆陈列展览评估体系的构建 [J]. 中国博物馆，2015，33（3）:88–93.

后　记

随着社会的发展、人类文化创造能力的增强和人类文化创造成果及其价值的增加，世界各地的人们也越来越热衷于保护和研究文化遗产，而且从对各种单体的文化遗产的珍爱和研究发展到对各类综合的文化遗产的保护和研究。在文化软实力日益重要的今天，对文化遗产进行保护与开发利用尤为重要。本书从大运河文化保护与文物保护两个角度切入进行研究，希望能使读者从中受益。同时，我国的文化遗产保护与开发利用任重道远，希望业内同行能够共同努力，使文化遗产得到更好的保护，发挥更大的价值。

本书在编写过程中参考和引用了相关专著和资料，在此谨向这些文献的作者表示衷心的感谢。对所有关心、支持本书编写的人员，在此一并表示衷心的感谢！